TAYLOR SWIFT
DER AUFSTIEG EINES SUPERSTARS

IMPRESSUM

Titel der Originalausgabe: Taylor Swift: Rise of an Icon
© 2024 Future Publishing Limited, UK

Herausgeberin:
Jacqueline Snowden

Grafikdesign:
Katy Stokes

Mitwirkende:
Sarah Bankes, Ella Carter, Rachel Finn, Amy Grisdale, Jessica Leggett, Kate Marsh, Elaine McClane, Hannah Wales, Lotti Watson-Fry

Leitung Grafik:
Andy Downes

Leitung Kunst & Design:
Greg Whitaker

Redaktionsleiter:
Jon White

Bilder:
Alamy, Getty Images, Shutterstock

Alle Urheberrechte und Warenzeichen wurden anerkannt und beachtet.

FÜR DIE DEUTSCHE AUSGABE

Produktmanagement:
Lille Haase

Übersetzung:
Andreas Kasprzak

Lektorat:
Lille Haase, Stephanie Iber

Coverfoto:
Getty Images, Allen J. Schaben (Los Angeles Times)

Covergestaltung:
Lena Sofie Schmitt

Herstellung:
Carina Scheffel

Satz:
Dennis Winkler

Druck und Bindung:
PNB Print Ltd, Lettland

Die Inhalte in diesem Buch wurden von den Autoren und den Mitarbeitern des Verlags sorgfältig geprüft. Eine Garantie wird jedoch nicht übernommen. Autoren und Verlag können für eventuell auftretende Fehler oder Schäden nicht haftbar gemacht werden. Das Werk und die darin gezeigten Illustrationen sind urheberrechtlich geschützt. Die Vervielfältigung und Verbreitung ist, außer für private, nicht kommerzielle Zwecke, untersagt und wird zivil- und strafrechtlich verfolgt. Dies gilt insbesondere für die Verbreitung des Werkes durch Fotokopien, Film, Funk und Fernsehen, elektronische Medien und Internet sowie für eine gewerbliche Nutzung der gezeigten Inhalte. Bei Verwendung im Unterricht und in Kursen ist auf dieses Buch hinzuweisen.

1. Auflage 2024

© 2024 frechverlag GmbH, Dieselstr. 5, 70839 Gerlingen, ein Unternehmen der Penguin Random House Verlagsgruppe GmbH, München

ISBN 978-3-7358-5353-0 • Best.-Nr. 25353

Penguin Random House Verlagsgruppe
FSC® N001967

100% INOFFIZIELL

TAYLOR SWIFT
DER AUFSTIEG EINES SUPERSTARS

WILLKOMMEN

In den vergangenen zwei Jahrzehnten hat Taylor Swift bewiesen, dass sie mehr als eine Musikerin ist. Sie ist die Stimme einer Generation, ein Vorbild, ein kulturelles Phänomen … eine Ikone. Mit ihren Erfolgen bricht sie immer neue Rekorde, ohne je von ihrem Weg abzuweichen. Damit hat sie die Musikindustrie auf den Kopf gestellt. Es überrascht kaum, dass das *TIME Magazine* sie zur »Person des Jahres 2023« ernannt hat. Die *Eras*-Tour ist dabei nicht bloß der bisherige Höhepunkt von Taylors einzigartiger Karriere, sondern demonstriert eindrucksvoll ihre unglaubliche Bühnenpräsenz und ihren kulturellen Einfluss.

Dieses Buch beschreibt Taylors unglaublichen Werdegang, von ihrem Durchbruch als Teenagerin bis hin zu ihrem Aufstieg zum internationalen Superstar. Erfahrt, wie sich ihre Musik und ihr Stil im Laufe der Jahre weiterentwickelt haben, von ihrem Country-lastigen Debüt über den Retro-80er-Vibe von *1989* bis hin zum träumerischen Elektro-Pop von *Midnights*. Entdeckt, wie Taylors Beziehungen und ihr Privatleben ihr Songwriting und ihre Bühnenauftritte beeinflussen und wie sie ihren Status nutzt, um wohltätige Zwecke zu unterstützen, die ihr am Herzen liegen. Und während die *Eras*-Tour die Welt weiterhin im Sturm erobert, werfen wir einen Blick in die Zukunft und beleuchten, was Taylor über das Jahr 2024 hinaus vorhat. Are you ready for it?

INHALT

9 1. KAPITEL
DER WEG ZU MISS AMERICANA

24 2. KAPITEL
DIE ENTWICKLUNG VON TAYLOR SWIFT

108 3. KAPITEL
TEAM TAYLOR

128 4. KAPITEL
STIL & SUBSTANZ

150 5. KAPITEL
SUPERSTAR

170 6. KAPITEL
ERAS & DIE ZUKUNFT

DISKOGRAFIE

		TAYLOR'S VERSIONS
34 TAYLOR SWIFT (2006)	64 REPUTATION (2017)	
40 FEARLESS (2008)	70 LOVER (2019)	100 FEARLESS (2021)
46 SPEAK NOW (2010)	76 FOLKLORE (2020)	102 RED (2021)
52 RED (2012)	82 EVERMORE (2020)	104 SPEAK NOW (2023)
58 1989 (2014)	88 MIDNIGHTS (2022)	106 1989 (2023)

1. KAPITEL

DER WEG ZU MISS AMERICANA

DER WEG ZU MISS AMERICANA

Von einer Christbaum-Farm in die Metropole der Country-Musik – Taylors Weg zum Durchbruch in der Musikindustrie

Taylor Alison Swift war für Großes bestimmt, als sie am 13. Dezember 1989 in Reading, Pennsylvania, auf die Welt kam. Ihre Eltern gaben ihr den androgynen Namen Taylor (nach dem US-amerikanischen Sänger/Songwriter James Taylor), weil sie hofften, ihr so von vornherein eine bessere Erfolgschance im Leben zu verschaffen. Schon als winziges Neugeborenes waren die Weichen für eine strahlende Zukunft für Taylor also bereits gestellt ...

Taylor verbrachte einen Großteil ihrer Kindheit in Wyomissing, Pennsylvania, wo sie mit ihren Eltern, Scott und Andrea, und ihrem jüngeren Bruder Austin auf der Christbaumfarm der Familie lebte. »Ich hatte eine magische Kindheit«, verriet Taylor 2009 dem *Rolling Stone*. »Ich war völlig frei und konnte in meiner Fantasie hinreisen, wo immer ich wollte.« Die Familie hielt auch Pferde, mit denen Taylor bei Reitwettbewerben antrat. Doch wie viele andere Kinder war sie vor allem vernarrt in Märchen, Disney-Songs und – natürlich! – Musik.

Taylors Großmutter mütterlicherseits, Marjorie Finlay, war Opernsängerin. Der Swift-Familie zufolge sind sich die beiden in vieler Hinsicht sehr ähnlich, und es war Marjorie, die ihre Enkelin dazu inspirierte, Sängerin zu werden – dass sie das Zeug dazu hat, konnte ohnehin jeder sehen. In einem Interview mit *Esquire* beschrieb Taylor ihre Großmutter 2014 als schön und anmutig. »Oft stand sie morgens auf und sang einfach drauflos. Sie hatte diese perfekte, wunderschöne Opernstimme. Ein herrlicher Sopran.«

Die Swifts sind eine verschworene Gemeinschaft. Taylor beschreibt ihre Mutter, Andrea Swift, als ihre »liebste Person auf Erden«. Außerdem ist Taylor ihr dafür dankbar, dass sie sie dazu erzogen hat, logisch und praktisch zu denken, zugleich aber auch nach den Sternen zu greifen. Die Unterstützung der ehemaligen Marketing-Leiterin spielte für Taylor eine wichtige Rolle, als ihre Laufbahn und ihr Bekanntheitsgrad immer neue Höhen erreichten. Zu Beginn von Taylors Karriere half Andrea ihr beispielsweise dabei, eine MySpace- und eine Webseite für ihre Tochter einzurichten. Taylors ehemaliger Manager, Rick Barker, erzählte *Entertainment Weekly* 2008 in einem Interview: »[Taylors] Eltern haben einen großartigen Riecher fürs Marketing. Ich will jetzt nicht sagen ›durch Schein zum Sein‹, aber wenn man sich Taylors Sachen ansieht, war das alles bereits sehr professionell, noch bevor sie ihren ersten Vertrag bekam.«

Ihren Vater, Scott Swift, beschreibt Taylor als »riesigen Teddybär, der alles, was ich mache, grundsätzlich immer großartig findet. Außerdem ist er in geschäftlichen Dingen einfach brillant.« Auf die Frage, wie es ist, die Musikkarriere ihrer Tochter zu managen, entgegneten die Swifts bescheiden, das wäre „genau wie Fußballtraining".

Mit Unterstützung ihrer Familie begann Taylor schon sehr früh, aufzutreten. Andrea reiste mit ihrer Tochter regelmäßig nach New York, wo sie sich Broadwayshows ansahen. Zudem belegte Taylor Musical-Kurse. Aber es war das Singen, das ihre

RECHTS Die 18-jährige Taylor auf dem Roten Teppich bei den 2008 MTV Video Music Awards in Los Angeles, Kalifornien.

wahre Leidenschaft wurde. Im Alter von zehn Jahren trat sie bereits auf lokalen Festen und Events auf. Mit elf Jahren performte sie bei einem Basketballspiel der Philadelphia 76ers »The Star Spangled Banner«, die Nationalhymne der Vereinigten Staaten von Amerika, und erhielt dafür stehende Ovationen.

Anfangs unternahmen Taylor und ihre Mutter regelmäßig Ausflüge nach Nashville, damit Taylor den Labels und Produzenten in der Music Row – dem Herzen von Nashvilles Musikszene – ihr Talent demonstrieren konnte. »Ich hatte meine Demo-CDs mit Karaoke-Songs dabei, wo ich klinge wie ein Chipmunk«, erinnerte sich Taylor in ihrem Interview mit *Entertainment Weekly*. »Meine Mom wartete mit meinem kleinen Bruder im Auto, während ich überall in der Music Row an die Türen klopfte. Ich sagte: ›Hi, ich bin Taylor. Ich bin elf. Ich hätte gern einen Plattenvertrag. Rufen Sie mich an.‹«

Doch ihre Demo-CD mit Coversongs sorgte nicht dafür, dass das Telefon klingelte. Taylor erkannte schnell: Wenn sie bei den Labels Eindruck machen wollte, musste sie anfangen, ihr eigenes Material zu schreiben.

— ✦ —

LINKS Die junge Taylor singt bei einem Baseball-Spiel der World Series 2008 die US-amerikanische Nationalhymne.

OBEN Bevor die Swifts nach Tennessee zogen, verbrachte Taylor ihre Kindheit in diesem Haus in Wyomissing, Pennsylvania.

Im selben *Entertainment-Weekly*-Interview von 2008 beschreibt Andrea Swift, wie ihre damals 12-jährige Tochter zum ersten Mal eine 12-Saiten-Gitarre in die Finger bekam: »Sie hielt diese Gitarre für das Tollste überhaupt.« Taylor ist berühmt für ihre Entschlossenheit, und so wurde Gitarre spielen lernen für sie zu einer Herausforderung, die sie unbedingt meistern wollte, um zu beweisen, dass sie das Zeug zum Star hat. »Natürlich sagten wir sofort: ›Oh, nein, deine Finger sind zu klein!‹ Doch das hat sie nur noch mehr angespornt. Man kann Taylor nicht sagen, dass etwas ›nicht geht‹ oder sie etwas ›nicht kann‹. Sie fing an, jeden Tag vier Stunden zu üben.«

Die Netflix-Doku *Taylor Swift: Miss Americana* von 2020 zeichnet Taylors Aufstieg zum Starruhm nach und bietet seltene Einblicke in ihren Alltag und den ihrer Familie. Man sieht Aufnahmen der jungen Taylor, die als Kind bei diversen Events auftritt – und das mit der Selbstsicherheit eines erfahrenen Profis. Andere Clips zeigen, wie sie zu Hause auf ihrer Gitarre ihre ersten eigenen Songs spielt.

Bei einer dieser Heimvideo-Performances leitet die kleine Taylor einen ihrer selbstgeschriebenen Song mit den Worten ein, dass das Lied »von einem Mädchen handelt, das … anders ist.« Sie begann, Lieder zu schreiben, in denen sie ihre eigenen Erfahrungen und Emotionen thematisierte – etwas, das im Laufe ihrer langjährigen Karriere sowas wie Tradition geworden ist. »Ich hatte nie das Gefühl, dass die anderen Kinder in der Schule mich verstanden. Die sagten: ›Taylor ist

»Als Taylor 14 war, traf ihre Familie die folgenschwere Entscheidung, Pennsylvania zu verlassen und in Tennessee ein neues Leben zu beginnen.«

komisch. Taylor ist nervig. Ich will nicht mit ihr abhängen««, erinnerte sich Taylor 2014 in einem Interview mit *Esquire*. »Ich weiß noch, dass ich ständig Tagebuch schrieb und mir sagte, dass ich weiter Songs schreiben muss. Dass ich einfach weitermachen muss, damit sich eines Tages vielleicht alles für mich ändert. Ich musste einfach weitermachen.«

Taylor war ein zielstrebiges, entschlossenes Mädchen, eine Perfektionistin, wie sie selbst sagt, und letztlich sollte sich ihre Entschlossenheit auszahlen. Was ihr Songwriting angeht, so liegt Taylors Hauptinspiration in der Country-Musik. Ihre Liebe für dieses Musikgenre wurde geweckt, als ihre Eltern sie im Alter von sechs Jahren zu einem Konzert von LeAnn Rimes mitnahmen. Anschließend beschäftigte Taylor sich intensiv mit klassischen Country-Sängerinnen wie Dolly Parton und Patsy Cline, die sie zu ihren Vorbildern zählt. Nach eigener Aussage wurde sie »stark von den großen Country-Stars der 1990er Jahre« beeinflusst. Auch Shania Twain war eine wichtige Inspirationsquelle für sie, Faith Hill in jeder Hinsicht eins ihrer Idole – egal, ob Mode oder Musik –, und sie bewunderte The Chicks, weil sie so selbstbewusst auftraten und ihre eigenen Instrumente spielten. Taylor nennt noch eine Vielzahl weiterer Künstlerinnen, die ebenfalls den Weg in den Schmelztiegel von Taylors Inspiration fanden (beispielsweise ist sie seit jeher ein riesiger Fan von Britney Spears), doch letztlich war es die Country-Musik, die Taylor die Möglichkeit gab, sich in der Musikwelt einen Namen zu machen.

»Country-Musik lehrt einen den Wert von harter Arbeit«, erklärte Taylor in dem *Esquire*-Interview. »Ich bin stolz, aus einer Community zu stammen, die so im Songwriting verwurzelt ist, wo es darum geht, hart zu arbeiten und anständig zu anderen zu sein.«

Das mit der harten Arbeit haben Taylor und ihre Familie wörtlich genommen. Im Alter von 13 Jahren bekam Taylor einen Platz im Künstler-Förderprogramm der Plattenfirma RCA Records in Nashville. Allerdings war damit nach einem Jahr schon wieder Schluss, denn statt ihren Vertrag zu erneuern, wollte Taylor sich lieber auf ihren Traum konzentrieren, eigenes Material zu schreiben und aufzunehmen.

»Einen Plattenvertrag hinzuschmeißen, kommt in Nashville nicht besonders gut an«, gestand Taylor 2007 in einem Interview mit *Entertainment Weekly*. »Aber ich habe es trotzdem getan, weil ich ein Label suchte, das bereit war, viel Zeit und Arbeit in mich zu investieren.« Weiter erklärte sie: »Ich wollte nicht einfach nur ein weiteres singendes Mädchen sein. Ich wollte, dass mich etwas von den anderen abhebt. Und ich wusste, dass das mein Songwriting sein muss.«

Angetrieben von diesem Wunsch, eigenes Material zu schreiben und zu performen, wurde sie im Alter von 14 Jahren zur jüngsten Person, die von Sony/ATV Publishing jemals einen Vertrag als Songwriterin angeboten bekam.

Angespornt von Taylors extrem ehrgeizigen Zielen, wurde ihrer Familie klar, dass Taylors Karriere mehr erforderte als regelmäßige Ausflüge nach Music City, ein Mekka für Künstler und Plattenstudios, das nicht umsonst den Spitznamen ›Songwriting-Hauptstadt der Welt‹ trägt. Ihre Eltern waren entschlossen, sie bei ihrem Wunsch von einer professionellen Musiklaufbahn nach besten Kräften zu unterstützen, wollten ihr gleichzeitig aber auch ein möglichst ›normales‹ Leben bieten. Als Taylor 14 war, traf ihre Familie darum die folgenschwere Entscheidung, ihrer bisherigen Heimat, der Christbaumfarm in Pennsylvania, den Rücken zu kehren und in Hendersonville, Tennessee, ein neues Leben zu beginnen, ungefähr 20 Minuten nördlich von Nashville.

Jetzt, wo sie ganz in die Musikszene von Nashville eintauchen konnte, begann Taylor mit noch mehr Hingabe und Herzblut als zuvor, ihr außergewöhnliches Talent unter Beweis zu stellen. Bei einer sogenannten Writers Round, wo Künstler zusammenkommen, um ihr Material vorzustellen, lernte sie Liz Rose kennen, eine *der* Songwriting-Legenden von Nashville. Rose sollte später auf Taylors ersten Alben als Co-Songwriterin fungieren und erzählte 2016 in einem Gespräch mit *The Washington Post*, ihre gemeinsamen Sessions mit Taylor wären »der müheloseste, spaßigste Teil meiner Woche« gewesen. Das lag maßgeblich an Taylors untrüglichem Songwriting-Gespür, wie Rose hinzufügt: »Nachdem wir das erste Mal zusammen geschrieben hatten, verließ ich den Raum und sagte: ›Keine Ahnung, warum ich überhaupt hier bin.‹ Sie brauchte mich nicht wirklich.«

Dank der örtlichen Nähe zu Nashville konnte Taylor viele wichtige Kontakte in der Branche schließen, die sie so liebte. Neben dem Schreiben von Songs nahm sie weiter CDs und Demos auf, die sie an Plattenlabels schickte, auf der Suche nach der richtigen Plattform, die den Startschuss für eine außergewöhnliche, preisgekrönte Karriere geben würde.

Eins ihrer Demo-Päckchen landete auf dem Schreibtisch von Scott Borchetta, einem Musikproduzenten, der damals

RECHTS »Das ist definitiv das Highlight meines Abschlussjahres!«, freute sich Taylor, als sie 2007 den CMA Horizon Award verliehen bekam.

COUNTRY MUSIC ASSOCIATION AWARDS | TENNESSEE | 07. NOV. 2007

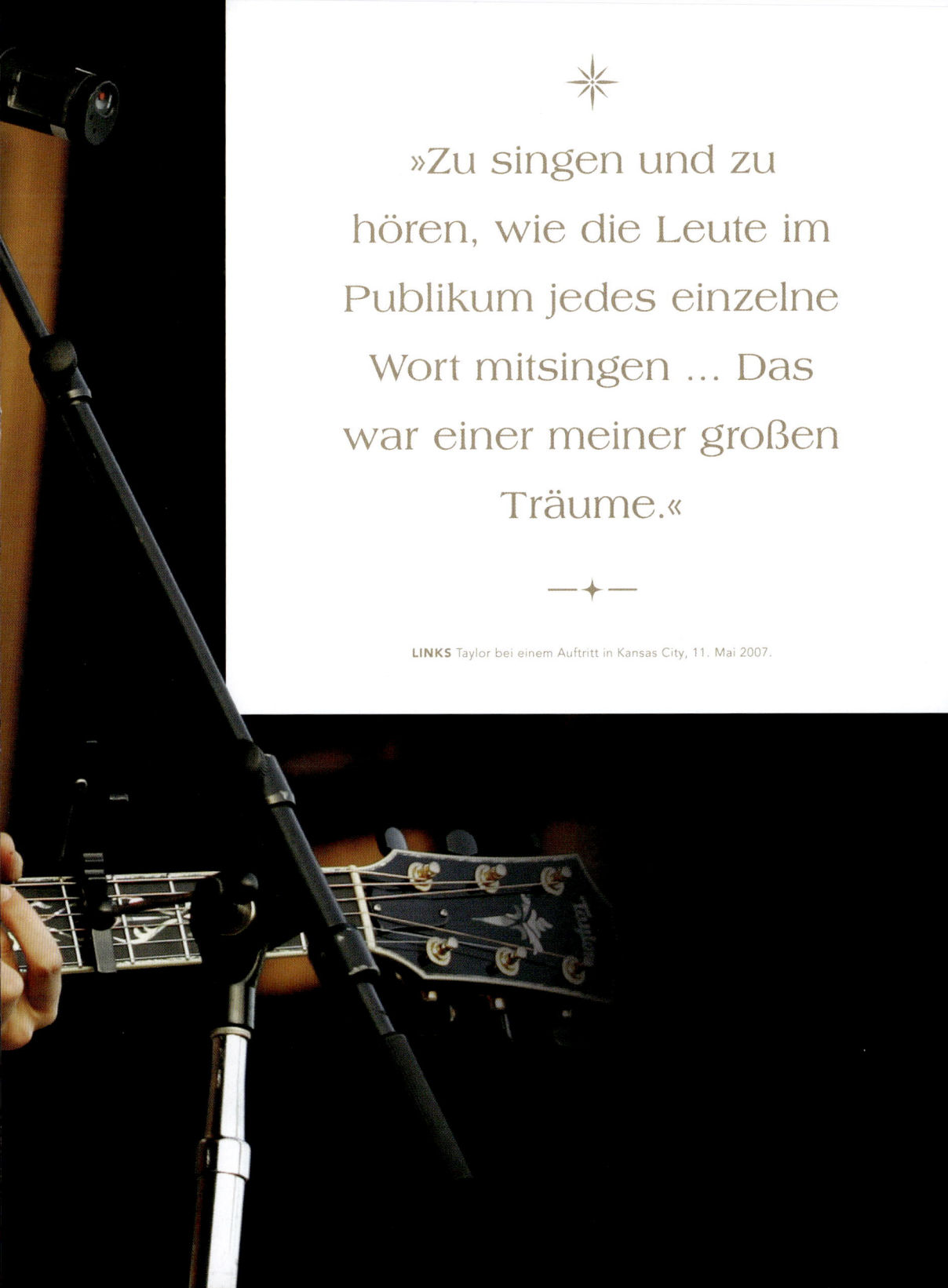

»Zu singen und zu hören, wie die Leute im Publikum jedes einzelne Wort mitsingen ... Das war einer meiner großen Träume.«

LINKS Taylor bei einem Auftritt in Kansas City, 11. Mai 2007.

für Universal Records arbeitete. Während eines Auftritts bei *Larry King Live* erzählte Borchetta, dass er daraufhin das *Bluebird Café* besuchte, um Taylor live spielen zu sehen. Dieses Lokal in einer Ladenzeile mitten in Nashville mag unauffällig wirken, ist aber eine wahre Institution der Musikbranche. Die 90 Sitzplätze sind Abend um Abend voll besetzt, während junge Künstlerinnen und Künstler auf der Bühne ihre eigenen Lieder vorstellen. Im November 2014 war die 15-jährige Taylor Swift eine davon. Nach ihrem Auftritt traf sich Borchetta mit Taylor und ihrer Familie. Sie verstanden sich gut, und obwohl der Produzent anbot, sie den Leuten bei Universal Records vorzustellen, beschloss Taylor, stattdessen lieber auf das Label zu setzen, das Borchetta gerade selbst aus der Taufe gehoben hatte: Big Machine Records. »Ich hatte das Gefühl, dass ich meinen eigenen Weg gehen will und dass ich dabei die Art von Unterstützung brauche, die man eher von einem kleinen Label bekommt«, sagte Taylor 2007 zu *Entertainment Weekly*. »Ich wollte ein Label, das mich braucht und darauf baut, dass ich Erfolg habe, um so selbst Erfolg zu haben. Ich liebe diese Art von Druck.« Big Machine Records veröffentlichte sechs ihrer Alben, bevor Taylor ihre Beziehung zu dem Label wegen eines Streits um die Rechte an den Masteraufnahmen ihrer Songs beendete.

Das erste ihrer Alben bei Big Machine, ihr nach ihr selbst betiteltes Debüt, erschien am 24. Oktober 2006. Darauf finden sich elf Tracks, alle von ihr selbst geschrieben oder mitgeschrieben; fünf davon wurden als Singles ausgekoppelt, angefangen mit ›Tim McGraw‹, benannt nach und inspiriert von einem ihrer liebsten Country-Musiker. Diese erste Single ist ein großartiges Beispiel für Taylors sehr persönliches Songwriting, denn nach eigener Aussage schrieb sie den Song, als sie versuchte, sich über ihre Gefühle für einen Jungen klar zu werden, den sie damals datete. »Die Idee für das Lied kam mir im Mathe-Unterricht«, erzählte sie später. »Ich fing einfach an, vor mich hinzusingen.«

›Tim McGraw‹ ist extrem eingängig und ein Paradebeispiel für einen typischen Taylor-Swift-Song. Das Lied schaffte es bis auf Platz 6 der Country Charts und erreichte Platz 33 in den *Billboard Hot 100*, den wichtigsten Single-Charts der USA, was Taylor schlagartig als vielversprechende junge Künstlerin etablierte, die man besser im Auge behalten sollte. Ihr Debütalbum mit seinem mühelosen Spagat aus Country-Musik und Mainstream Pop erlangte bis Ende

— ✦ —

RECHTS Taylor backstage mit ihren Eltern (2013). »Meine Eltern sind quer durchs Land gezogen, damit ich mir meinen Traum erfüllen konnte«, erzählte sie 2008 in einem Interview mit *Blender*.

UNTEN Taylor mit ihrem jüngeren Bruder Austin (2009).

»In dieser frühen Phase ihres Erfolgs begeisterte Taylor die Fans mit ihrer Bodenständigkeit und ihrer manchmal unbeholfenen Teenager-Authentizität.«

2007 Platinstatus und verkaufte sich allein in den USA über eine Million Mal. *Taylor Swift* rangierte auf Platz 19 der erfolgreichsten Alben jenes Jahres, während Taylor selbst auf Platz 10 der erfolgreichsten weiblichen Künstlerinnen 2006 landete – und das alles, bevor sie auch nur die High School abgeschlossen hatte! Als sie im November 2007 den Horizon Award der Country Music Association gewann, erklärte sie entsprechend stolz: »Das ist definitiv das Highlight meines Abschlussjahres!«

In dieser frühen Phase des Erfolgs faszinierte Taylor die Fans mit ihrer Bodenständigkeit und ihrer manchmal unbeholfenen Teenager-Authentizität. Die Sozialen Medien steckten zu jener Zeit zwar noch in den Kinderschuhen, aber Taylors Songs wurden schon damals millionenfach auf MySpace gestreamt. Taylor nutzte ihre Onlinepräsenz, um mit ihren Fans in Kontakt zu treten, wodurch sie einerseits nahbar wirkte und zugleich jemand war, mit dem sie sich identifizieren konnten. »Ich bin bloß ein Teenager, wisst ihr?«, sagte Swift 2008 in einem Interview mit der *Washington Post*. »Ich will nicht so tun, als wäre ich eine Erwachsene, die alles im Griff hat und die das alles kalt lässt.«

Mit dem Erfolg ihres Debütalbums begann für Taylor ein ehrgeiziges Tourprogramm, in dessen Verlauf sie u. a. 2007 als Opening Act der Country-Superstars Faith Hill und Tim McGraw bei deren Soul2Soul II-Tournee auftrat. Dabei wurde Taylor von ihrer Mutter begleitet, die ihr half, während des Tourens ihren High School-Abschluss zu machen. Und obwohl Taylor schon ihre Auftritte und ihre Schularbeiten unter einen Hut bringen musste, fand sie trotzdem noch Zeit, neues Material zu schreiben, denn sie hatte jede Menge Ideen für ihr nächstes Album. Mit 18 war Taylor zwar bereits Millionärin – aber das alles war nur der Beginn ihrer unglaublichen Karriere.

LINKS Taylor feiert mit anderen prominenten Gästen bei *Dick Clark's New Year's Rockin' Eve 2009 with Ryan Seacrest*.

»Viele Leute fragen mich: ›Woher hast du mit 12 oder 13 den Mut genommen, zu den Plattenfirmen zu gehen, um dir in der Musikindustrie einen Namen zu machen?‹

Der Grund dafür war, dass ich wusste, dass ich dort niemals dieselbe Art von Ablehnung erfahren würde wie in der Mittelstufe. Wenn sie in der Musikbranche Nein zu dir sagen, sind sie dabei wenigstens höflich.«

RECHTS Taylor war schon in jungen Jahren fest entschlossen, ein Star zu werden. Ihre Leidenschaft für die Musik bescherte ihr eine bemerkenswerte Karriere ... obwohl sie noch ein Teenager war.

2. KAPITEL

DIE ENTWICKLUNG VON TAYLOR SWIFT

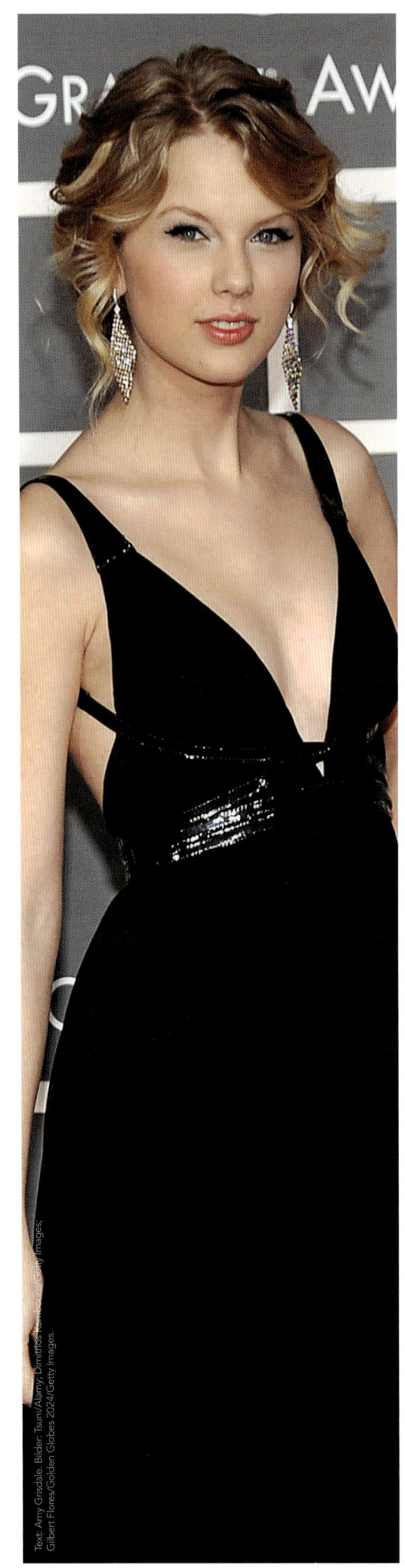

DIE ENTWICKLUNG VON TAYLOR SWIFT

Das blauäugige Country-Sternchen wird eine selbstbewusste Künstlerin, die Rekorde bricht, indem sie das echte Leben in eingängige Musik verwandelt.

Natürlich hat sich das 16-jährige Mädchen, das die Welt im Sturm eroberte, im Laufe ihrer erstaunlichen Karriere sehr verändert. Heute, mit Anfang 30, ist Taylor ein weltgewandter Superstar. Mit jedem Album hat sie sich ein Stückchen weiterentwickelt, von ihrem nach ihr selbst benannten Country-Debüt über den Retro-Sound von *1989* bis hin zum träumerischen Elektro-Pop von *Midnights*. Aber auch, wenn sie sich im Lauf der Jahre als musikalisches Chamäleon erwiesen hat, das sich nicht auf ein Genre festlegen lässt – ihre Songs weisen die verschiedensten Einflüsse auf, von Rock und Electronica über Dubstep bis hin zu Hip-Hop –, ist das Herzstück ihrer Musik doch immer Taylors außergewöhnliches Talent als Songwriterin, das so großen Anteil an ihrem Erfolg hat.

Schon in ihren frühen Tagen in Nashville war es ihr Songwriting, das sie von der Masse abhob. Nachdem ihre Familie von Pennsylvania nach Tennessee gezogen war, verbrachte Taylor so viel Zeit mit Schreiben und Auftreten, wie sie nur konnte. Mit gerade einmal 14 Jahren hatte sie bereits einen Fördervertrag bei RCA Records und einen Songwriting-Vertrag bei Sony/ATV unterzeichnet. Ein Jahr später folgte der erste »richtige« Plattenvertrag bei Big Machine Records. Taylor ging nach der Schule ins Studio, wo sie den Klatsch und Tratsch vom Schulhof oft in ihre Sessions mit Schreibpartnerin Liz Rose einbrachte. Genau wie die Country-Stars, die Taylor als Kind so beeinflusst haben, verarbeiteten sie und Liz ihre Erfahrungen und Emotionen im echten Leben in eingängige Songs, aus denen schließlich 2006 Taylors nach ihr selbst benanntes Debütalbum werden sollte.

Die Texte auf *Taylor Swift* künden von ihrer Reife und ihrem unglaublichen Talent. Sie singt hier über typische Teenager-Erfahrungen wie z. B. Pick-up-Trucks zu fahren oder sich für ein nächtliches Treffen mit ihrem Freund aus dem Haus zu schleichen, behandelt aber auch ernstere Themen wie Monogamie, Herzschmerz und Untreue. Dies war der erste Eindruck, den die Welt von ihr bekam, und Taylor zeigte allen, was sie so besonders macht. Sie machte sich mit einem Schlag einen Namen in der Branche. Zwar waren ihre Ansichten und ihr Stil noch nicht voll ausgereift, aber ihre Songs kamen von Herzen und ließen immer wieder Humor durchblitzen. Sie hatte den ersten Schritt gemacht, um die Künstlerin zu werden, die wir heute alle kennen und lieben.

Mit der Veröffentlichung des Albums änderte sich Taylors Leben grundlegend. Sie ließ ihren Alltag hinter sich und verbrachte den Großteil des Jahres 2006 mit Auftritten, Promos für ihr Album und Touren mit größeren Country-Musikern, um ihre eigene Popularität zu steigern. Die Leute liebten ihren fröhlichen Country-Sound und die ehrlichen Texte, mit denen man sich leicht identifizieren kann. Die Kritiker waren beeindruckt, weil sie so viele der Stücke selbst geschrieben hatte, und es dauerte nicht lange, bis sie bekannt für ihre Gabe war, aufrichtige, tiefempfundene Musik zu produzieren, die gleichzeitig kommerziell erfolgreich ist. Die Profis der

LINKS Schnappschüsse aus 15 Jahren glamouröser Auftritte auf dem Roten Teppich, von den Grammys 2009 über die Met Gala 2014 bis zu den Golden Globes 2024.

»Für Taylor wurden Träume wahr, die für andere ein Leben lang unerfüllt bleiben … und das als Teenagerin.«

Musikindustrie erkannten schnell, dass Taylor einen bis dahin unerschlossenen Markt entdeckt hatte: Teenager, die Country hören. Ihr Lied ›Our Song‹ schaffte es auf Platz 1 der Country Charts, und sie begann, sowohl für ihr Songwriting als auch für ihren Gesang mit Preisen ausgezeichnet zu werden.

Die zwei Jahre nach dem ersten Album waren voller Konzerte, Fernsehauftritte und der Produktion von Musikvideos für die Singles ihres Debüts. Nebenher schrieb Taylor neue Songs und lernte viel über die Branche, in die sie praktisch über Nacht hineinkatapultiert worden war. Als schließlich ihr zweites Album *Fearless* in den Startlöchern stand, war Taylor 18, und obwohl sich hier bereits erste Popelemente in das Album eingeschlichen haben, ähnelt der Sound insgesamt stark ihrem Erstlingswerk: In erster Linie war Taylor immer noch eine Country-Sängerin. Dementsprechend trug sie bei Events und Auftritten weiterhin Cowboystiefel und die fließenden, sommerlichen Kleider, für die sie bekannt war.

Fearless brachte ihr die ersten bedeutenden Awards ein. So wurde Taylor die bis dahin jüngste Künstlerin, die mit dem Grammy für das »Album des Jahres« ausgezeichnet wurde. Außerdem wurde *Fearless* zu einem der erfolgreichsten Alben des damals noch jungen Jahrtausends. Für Taylor wurden Träume war, die für andere ein Leben lang unerfüllt bleiben … und das als Teenagerin. Doch Taylor wurde schnell erwachsener und selbstsicherer; sie sprach ein immer breiteres Publikum an und lernte aus den Erfahrungen, die sie machte. Und obwohl sie zu diesem Zeitpunkt bereits eine echte Berühmtheit war, schrieb sie weiterhin Songs, die die typischen Erlebnisse von Jugendlichen verarbeiten.

Taylors nächstes Album erschien zwei Monate vor ihrem 21. Geburtstag. Mit *Speak Now* machte sie einen subtilen Schritt in Richtung größerer musikalischer Vielfalt und erkundete auch Themen abseits romantischer Beziehungen. Zudem war dies das erste Album, das sie komplett allein schrieb, ohne Hilfe von Dritten. Einige der Songs waren im Laufe der Zeit entstanden, andere hatte sie spätnachts während ihren Tourneen zu Papier gebracht. Ihre Musik wurde reifer und drehte sich immer mehr um Dinge wie den Verlust der Jugend, die Suche nach der eigenen Stimme und den Umgang mit Medienkritik. Zudem enthält das Album Taylors erste Entschuldigung an einen Ex-Freund. *Speak Now* zeigt, wie sehr sie sich seit ihren frühen Erfolgen als junge Teenagerin weiterentwickelt hatte und wie erwachsen sie inzwischen war. Als Pop-Album mit Country-Einsprengseln fand *Speak Now* außerdem ein viel größeres Publikum und verkaufte sich in der ersten Woche mehr als eine Million Mal.

Die Veröffentlichung von *Red* 2012 war ein besonders wichtiger Moment in Taylors Karriere. Musikalisch ist das Album eine Mischung aus Pop, Rock und Dubstep mit elektronischen und Country-Elementen, während sich die Texte mit ernsteren Themen befassen als frühere Alben. Die großen Hits jedoch setzten den bewährten Kurs fort. ›I Knew You Were Trouble‹ und ›We Are Never Getting Back Together‹ sind beide Trennungshymnen und ›22‹ feiert die Jugend. Taylor hatte sich zu diesem Zeitpunkt längst einen Namen in der Branche gemacht und konnte mit bekannten Künstlern wie Ed Sheeran zusammenarbeiten. Während dieser Phase veränderte sich auch ihr Look deutlich. Verschwunden war die hellblonde Country-Lockenmähne, ersetzt durch einen strengen, dunkelblonden Pony. Dieser Imagewandel blieb in den Köpfen der Fans haften und wurde gemeinsam mit ihrem knallroten Lippenstift – passend zum Album – Taylors Markenzeichen.

Als *1989* auf den Markt kam, hatte Taylor die Metamorphose von der Country-Sängerin zur Mainstream-Künstlerin abgeschlossen. Doch international im Rampenlicht zu stehen, bedeutete neben astronomischem Erfolg leider auch, dass die ganze Welt sie nach Belieben kritisieren konnte. Taylor reagierte auf Anfeindungen mit ihrer ureigenen Superkraft: dem Songwriting. ›Shake It Off‹, die erste Single ihres fünften Albums, ist eine Reaktion auf die ungerechtfertigte Gehässigkeit, der sie sich in den Sozialen Medien ausgesetzt sah. In ›Blank Space‹ geht es darum, wie die Öffentlichkeit ihre Beziehungen sezierte. In der Boulevardpresse stand sie unter Beschuss, weil sie – nach Ansicht gewisser Leute – zu viele Liebschaften hatte. Doch einen Song zu veröffentlichen, der sich über all das lustig machte, erwies sich als die perfekte Retourkutsche. Taylor hatte einen Punkt in ihrem Leben erreicht, an dem sie selbstbewusst genug war, um zu akzeptieren, wie sie in den Medien dargestellt wurde – und talentiert genug, um daraus einen Nummer-1-Hit zu machen.

Taylors berühmte Fehde mit Kanye West begann 2016. Taylor war nicht bereit, hinzunehmen, dass er sie in seinem Song ›Famous‹ beleidigt, woraufhin Kanye und seine Frau, Kim Kardashian, eine Audioaufnahme veröffentlichen, in der Taylor dem Song angeblich ihren Segen gibt. Allerdings

RECHTS Ein Porträt von 2010. Als *Speak Now* erschien, war Taylor bereits einer der größten Stars der Musikwelt – mit gerade einmal 20 Jahren.

Matt Sayles/Associated Press/Alamy.

war diese Aufnahme zusammengeschnitten und digital manipuliert worden, um Taylor in ein schlechtes Licht zu rücken. Das änderte aber nichts daran, dass Taylor eine solche Welle von Anfeindungen entgegenschlug, dass sie ein Jahr lang von öffentlichen Auftritten absah. 2020 sprach sie in der Doku *Miss Americana* über die Erfahrung, von der ganzen Welt gehasst zu werden. Während dieser Zeit jenseits des Scheinwerferlichts bewertete sie ihre Prioritäten neu und begann, Songs über die Dinge zu schreiben, die ihr wirklich am Herzen liegen, ehe sie schließlich mit einem neuen Album, *Reputation*, auf die große Bühne zurückkehrte. Ihr Image hatte Schaden genommen, doch statt sich davon unterkriegen zu lassen, nutzte sie diesen Rückschlag als Gelegenheit, um den gnadenlosen Hass zur Sprache zu bringen, dem sich manche Künstler ausgesetzt sehen. Außerdem befasst sie sich hier mit dem Druck, sich ständig neu erfinden zu müssen, um nicht in Vergessenheit zu geraten. Ganz gleich, was Kanye West in seinem Song behauptete, Taylor hat sich ihren Ruhm selbst erarbeitet und von Kindesbeinen an alles gegeben, um Musikerin zu werden. Jetzt wollte sie der Welt zeigen, dass sie keine Frau war, die sich so einfach unterbuttern lässt.

Ihre vielleicht größte Motivation dafür, die Welt auf wichtige Probleme aufmerksam zu machen, war der sexuelle Übergriff, dem sie einige Jahre zuvor zum Opfer gefallen war. 2013 wurde sie von dem Radio-DJ David Mueller betatscht, nachdem er ihr während eines Fototermins unter den Rock gegriffen hatte. Der Fall gelangte 2015 an die Öffentlichkeit, als der Täter Taylor wegen Verleumdung verklagte, weil sie öffentlich darüber sprach. Sie reichte Gegenklage ein und sagte vor Gericht aus. Als das Urteil zugunsten von Taylor ausfiel, verlor ihr Angreifer sowohl den Fall als auch seinen Job. Taylor wurde durch diesen Vorfall klar, dass die Mehrzahl sexueller Übergriffe gegen Frauen entweder nicht gemeldet oder von den Behörden nicht ernst genommen werden, was letztlich der Anlass dafür war, dass sie anfing, ihre Popularität als Plattform zu nutzen, um sich zu bedeutenden internationalen Ereignissen zu äußern und sich gegen Unterdrückung einzusetzen.

Vor der Veröffentlichung ihres siebten Albums musste Taylor allerdings noch ein weiteres Hindernis überwinden. Die meisten Plattenverträge verlangen von einem Künstler, sämtliche Rechte an ihrer Musik an das Label abzutreten. Taylor bildete da keine Ausnahme, mit der Folge, dass ihre ersten sechs Alben rein rechtlich gesehen nicht ihr selbst gehören. Als die Zeit kam, ihren Vertrag mit Big Machine Records zu erneuern, bat sie Berichten zufolge während der Verhandlungen darum, die Rechte an ihrer bisherigen Musik zurückkaufen zu dürfen. Doch darauf ließ sich der Geschäftsführer von Big Machine, Scott Borchetta, nicht

---

OBEN Auch wenn sie im Laufe der Jahre mit verschiedenen Musikgenres experimentierte, hat sich Taylors unverkennbarer Songwriting-Stil nie geändert.

LINKS Taylors Modestil hat sich genauso weiterentwickelt wie ihre Musik. *1989* wurde von 80er-Jahre-Pop inspiriert, was sich auch in Taylors damaligem Look widerspiegelt.

TAYLOR SWIFT. DER AUFSTIEG EINES SUPERSTARS

»Von einem einsamen, anonymen, gehänselten Mädchen wurde Taylor zu einem internationalen Superstar.«

—◆—

ein, denn so lange ihm die Rechte an ihrer Musik gehörten, war seine Firma so wertvoll, dass er sie mit großem Gewinn verkaufen könnte. Die Aussagen darüber, was genau damals geschah, unterscheiden sich teils deutlich voneinander, aber offenbar bot Borchetta Taylor an, sich die Rechte an ihren bisherigen Alben zu »verdienen«, indem sie noch mehr Musik für das Portfolio des Labels produzierte oder ihren Vertrag um weitere zehn Jahre verlängerte. Taylor lehnte den Deal ab und unterschrieb stattdessen bei einer anderen Plattenfirma, Republic Records – unter der Bedingung, dass sie die Rechte an ihrem Werk behielt. *Lover* – das erste Album, das vollends ihr gehörte – erschien im August 2019. Online schrieb sie seinerzeit offen über das Martyrium, das hinter ihr lag, um mehr Aufmerksamkeit darauf zu lenken, dass junge Künstler des Geldes wegen ausgebeutet werden.

Taylors Streben, in ihren Songs wichtige Themen zur Sprache zu bringen, setzt sich auch auf *Lover* fort. Drei der Singles wurden bereits vor dem Album veröffentlicht. Die erste davon, ›ME!‹, ist ein Plädoyer für Selbstvertrauen und Individualität. Taylor wollte, dass ihre jungen Fans den Text laut mitsingen und in die Welt hinausrufen. Sie sollten sich inspiriert fühlen, sich selbst so zu nehmen und zu lieben, wie sie sind.

›You Need to Calm Down‹ folgte zwei Monate später. Hier wird Taylor zum ersten Mal politisch, indem sie die LGBTQ+-Community direkt unterstützt und all jene hart kritisiert, die versuchen, die Queer Culture zu unterdrücken. Inspiriert wurde der Song von den Senatswahlen 2020 in ihrem Heimatbundesstaat Tennessee. Wie Taylor in *Miss Americana* erzählt, hatte sich die Kandidatin der Republikanischen Partei, Marsha Blackburn, für die Diskriminierung von Homosexuellen und gegen Lohngleichheit für Frauen ausgesprochen. Tatsächlich unterstützte die Politikerin nicht einmal Gesetzesvorschläge, die Frauen besser vor Gewalt schützen sollten, während sie gleichzeitig auf christliche Werte pochte. Taylor vertritt die Ansicht, dass Hass kein christlicher Wert ist, und drängte alle, die das Musikvideo zu dem Lied sahen, ihre Stimme einem besseren Kandidaten zu geben.

In der dritten Single-Auskopplung aus *Lover* geht es um die Doppelmoral, mit der Frauen tagtäglich konfrontiert werden. ›The Man‹ handelt davon, dass alles, was Frauen tun, auf ganz andere Weise hinterfragt und interpretiert wird, als das Handeln von Männern, besonders, wenn es um romantische Belange geht.

Taylors *Lover Fest*-Welttournee musste wegen der Covid-19-Pandemie leider abgesagt werden. Stattdessen nutzte Taylor die Lockdowns 2020, um zwei »Schwesteralben« zu schreiben, aufzunehmen und zu veröffentlichen: *Folklore* und *Evermore*. Taylor arbeitete bei beiden Alben aus der Ferne mit ihrem langjährigen Weggefährten Jack Antonoff und mit Aaron Dessner von The National zusammen. Den fröhlichen Pop von *Lover* lässt sie dabei hinter sich und entschied sich stattdessen für einen minimalistischen Indie-Sound. Außerdem experimentiert Taylor hier mit ihrem Songwriting-Stil: Statt der persönlichen Songs, die man von ihr erwartete, schrieb sie wehmütige Geschichten rund um eine Gruppe fiktiver Charaktere.

Die beiden Alben überraschten Fans und Kritiker gleichermaßen – und das nicht nur, weil Taylor ihren Release jeweils erst wenige Stunden vor der Veröffentlichung bekanntgab. Der eher schlichte Sound und ihr neuer Songwriting-Stil unterscheiden sich grundlegend von ihren vorigen Alben. Dennoch betrachteten viele Musikjournalisten *Folklore* und *Evermore* als die besten Alben ihrer bisherigen Karriere.

Im Oktober 2022 kehrte Taylor mit ihrem zehnten Studioalbum zum Pop zurück, auch wenn *Midnights* nicht dieselbe Art Popmusik bot wie seinerzeit *1989* oder *Lover*. Vielmehr ist *Midnights* ein Konzeptalbum über Taylors »schlaflose Nächte«, auf dem sie sich zu ihren Ängsten und Unsicherheiten bekennt, untermalt von träumerischen Electropop-Beats. Es wurde das meistverkaufte Album des Jahres 2022, und die Kritiker priesen Taylors (mitunter brutale) Offenheit und Selbstreflexion in den höchsten Tönen. *Midnights* war ihr bis dahin reifstes Album, das auch vor dunklen Momenten nicht zurückschreckt, so wie die erste Single-Auskopplung ›Anti-Hero‹. Taylor selbst beschreibt den Song als »Rundumschlag gegen all die Dinge, die ich an mir selbst hasse.« Zugleich zählt der Song zu ihren persönlichen Favoriten, »denn ich finde, das Lied ist wirklich aufrichtig.«

Als Taylor ihre erste Tour seit fünf Jahren ankündigte, sollten dabei nicht bloß die vier Alben im Mittelpunkt stehen, die seit *Reputation* erschienen waren, sondern ihr gesamtes Werk. Die *Eras*-Tour zelebriert Taylors unglaubliche Entwicklung – eine ehrgeizige Show, vollgepackt mit Highlights aus allen zehn Alben. Tatsächlich wurde die Tour selbst zu einem globalen Phänomen: Sie hat etliche Rekorde aufgestellt und begleitet die Fans durch Taylors fantastische Karriere.

—◆—

RECHTS Die *Eras*-Tour nimmt die Fans mit auf eine Reise durch Taylors gesamte musikalische Entwicklung.

TAYLOR SWIFT

Taylor ist gerade 16 Jahre alt, als ihr Debütalbum erscheint.
Viele der Songs darauf schrieb sie in ihrem ersten Jahr an der High School.

VERÖFFENTLICHUNG: OKTOBER 2006

TIM MCGRAW
Die Idee für dieses Lied hatte Taylor im Mathe-Unterricht in ihrem ersten Jahr an der High School. Ihr damaliger Freund war in der Abschlussklasse und würde nach dem Ende des Schuljahres aufs College gehen. Diesen Song zu schreiben, half Taylor, mit ihrem Kummer darüber fertigzuwerden. Was sie dabei einfangen wollte, sind die bittersüßen Gefühle einer schmerzvollen Trennung und die schönen Erinnerungen, die überdauern, auch wenn die Beziehung schon lange zu Ende ist. Der Titel des Songs selbst kündet von ihrer Bewunderung für Country-Ikone Tim McGraw, dessen Musik sie für alle Zeiten an ihre erste High-School-Romanze erinnern wird. Als Taylor Country-Songwriterin Liz Rose von ihrer Idee erzählte, schrieben sie das Lied gemeinsam in nur 20 Minuten.

PICTURE TO BURN
Taylor selbst beschrieb das zweite Lied des Albums als »brutal aufrichtig«. Es geht hier um eine High-School-Liebelei, die nie ›offiziell‹ wird. Die Arroganz und der Egoismus des Jungen, den sie datete, frustrierten Taylor so sehr, dass sie tobte und wütete: »Ich hasse seinen dämlichen Truck, den er mich nicht fahren lässt! Er ist so ein Hinterwäldler!« Diese Tirade lieferte den Grundstein für den Refrain und verleiht dem Song einen humorvollen Unterton. Nachdem das Publikum mit Begeisterung auf ›Picture to Burn‹ reagierte, als sie als Support mit den Rascal Flatts auf Tour war, wurde das Lied als Single veröffentlicht.

TEARDROPS ON MY GUITAR
Dieses Lied wurde durch Taylors unerwiderte Gefühle für einen Jungen an ihrer Schule namens Drew inspiriert. Drew hatte kein romantisches Interesse an ihr, aber sie saßen im Unterricht nebeneinander und wurden gute Freunde. Schon bald begann er, ihr von einem anderen Mädchen zu erzählen, auf das er stand, und obwohl es ihr das Herz brach, nickte Taylor bloß verständnisvoll und unterstützte ihn nach besten Kräften. Mehrere Jahre erduldete sie die Qual, die beiden zusammen zu sehen, ohne Drew je die Wahrheit zu sagen. Als der Song erschien, versuchte Drew, Kontakt mit Taylor aufzunehmen, aber es war ihr zu peinlich, auf seine Nachrichten zu antworten.

A PLACE IN THIS WORLD
Taylor schrieb dieses Lied mit 13 Jahren, als sie gerade nach Nashville gezogen war, um Musikerin zu werden. Sie hatte den Song schon völlig vergessen, bis sie bei der Arbeit an dem Album zufällig wieder darauf stieß. Taylor beschloss, ihn mit auf das Album zu nehmen, weil das Lied davon handelt, als Künstlerin seinen Platz in der Welt zu finden, und genau darum ging es für sie bei diesem Album: Es sollte ihr erster Schritt bei der Erfüllung dieses Traums sein. Taylor überlegte sogar, das Album nach dem Lied zu benennen, wählte aber schließlich ihren eigenen Namen als Titel, weil sie so mehr Bekanntheit erlangen konnte.

RECHTS Taylor im Juni 2007 beim CMA Music Festival, wo sie ›Tim McGraw‹ von ihrem Debütalbum spielte.

»Mit ›Cold As You‹ begann für Taylor die Tradition, den emotionalsten Song des jeweiligen Albums an fünfte Stelle zu setzen.«

COLD AS YOU
Dies ist Taylors persönliches Lieblingslied des Albums. Dahinter steckt, dass sie in der High School an einem Jungen interessiert war, der »emotional nicht verfügbar« war, bis sie schließlich genug von ihm hatte. Der Song handelt von dem Moment, als ihr klar wurde, dass sie sich in ihm geirrt hatte. Sie bedauert, sein Verhalten ihr gegenüber hingenommen zu haben, und erkennt, dass sie mit dieser Beziehung bloß ihre Zeit vergeudet hat. Nach eigenen Worten liebt Taylor die ehrliche, verletzliche Natur des Songs, den sie zusammen mit ihrer damaligen Songwriting-Partnerin Liz Rose geschrieben hat. Hiermit begann für Taylor auch die Tradition, das emotionalste Lied jedes Albums an fünfte Stelle zu setzen.

THE OUTSIDE
Taylor schrieb diese Ballade über Einsamkeit, als sie gerade mal zwölf Jahre alt war. Sie fühlte sich in der Schule wie eine Ausgestoßene und Musik war ihre Zuflucht. Sie war größer als die anderen Mädchen und besessen von Country-Musik, während alle anderen zu Schulbällen gingen und auf Pyjamapartys abfeierten. Morgens beim Aufstehen fragte sie sich, ob heute vielleicht jemand in der Schule mit ihr reden würde oder ob ihr ein weiterer Tag voller Einsamkeit bevorstand. Auf diese Phase ihres Lebens angesprochen, sagt Taylor, dass sie dankbar dafür sei, nie eins von den ›coolen Kids‹ gewesen zu sein, weil sie sonst vielleicht nie zur Musik gefunden hätte.

TIED TOGETHER WITH A SMILE
Obwohl sie noch sehr jung war, erkannte Taylor schnell, dass sie ein Talent dafür besitzt, eingängige Songs über die Sorgen und Nöte anderer Leute zu schreiben. Dieser Song dreht sich um eine Freundin von ihr, die an der High School sehr beliebt war und an Schönheitswettbewerben teilnahm. Alle Mädchen der Schule waren neidisch auf sie, alle Jungs schwärmten von ihr. Es schien, als hätte sie das perfekte Leben. Dann entwickelte sie eine Essstörung. Taylor schrieb dieses Lied an dem Tag, an dem sie von den Problemen ihrer Freundin erfuhr und erkannte, wie leicht man solch tiefsitzenden Schmerz hinter einem Lächeln verbergen kann.

STAY BEAUTIFUL
Andere Country-Musiker bewundern Taylor dafür, weil sie seit jeher den Mut besitzt, in ihren Songs reale Personen beim Namen zu nennen. In ›Stay Beautiful‹ geht es um einen Jungen namens Cory, in den Taylor verschossen war, doch die beiden kamen nie zusammen. Taylor hat nachdrücklich klargestellt, dass viele ihrer romantischen Lieder eher auf Beobachtungen als auf persönlichen Erfahrungen beruhen. Nach eigenen Worten hat sie kaum mit Cory gesprochen, doch allein, ihn zu beobachten, inspirierte sie dazu, diesen Song zu schreiben. Leider hatte das Schicksal andere Pläne: Cory zog weg, bevor sich mehr zwischen ihnen entwickeln konnte. Später, nachdem er fort war, sang Taylor diesen Song bei einem Talentwettbewerb an ihrer Schule.

Kevin Winter/ACMA/Getty Images.

»Taylor brauchte bloß 20 Minuten, um ›Our Song‹ zu schreiben.«

SHOULD'VE SAID NO

Die fünfte und letzte Single dieses Albums erreichte Platin-Status und toppte die Country-Charts. In diesem Song geht es darum, in einer Beziehung, in der eigentlich alles gut läuft, betrogen zu werden. Genau das passierte Taylor, als sie 16 war, und der Titel des Songs kam ihr in den Sinn, sobald sie davon erfuhr: ›Ich hätte nein sagen sollen.‹ Sie schrieb den Refrain innerhalb von fünf Minuten und fügte auch einige Dinge ein, die sie bei ihrer Trennung tatsächlich zu ihrem Freund sagte. Eine denkwürdige Performance des Songs lieferte Taylor bei den Academy of Country Music Awards 2008.

MARY'S SONG (OH MY MY MY)

In einer Welt, in der die Boulevardpresse voll von Berichten über die Trennungen und die Untreue von Berühmtheiten ist, wurde Taylor zu diesem Song von dem alten Ehepaar inspiriert, das im Haus nebenan lebte. Die beiden waren schon viele Jahre miteinander verheiratet, und Taylor fand es faszinierend, dass sie einfach bloß nach Hause gehen musste, um ein Paradebeispiel für die »ewige Liebe« zu finden. Das Lied, das sie daraufhin schrieb, erzählt davon, dass es die endlose Liebe *doch* gibt, auch wenn andere vielleicht nicht daran glauben.

OUR SONG

Viele High-School-Pärchen haben ›ein Lied‹, aber kreativ, wie sie ist, schrieb Taylor ihres gleich selbst. Ähnlich wie bei ›Tim McGraw‹ brauchte sie dafür gerade mal 20 Minuten. Sie performte den Song in ihrem ersten High-School-Jahr bei einem Talentwettbewerb. Bereits nach einmaligem Hören konnten ihre Klassenkameraden große Teile davon auswendig. Als sie ›Our Song‹ als Single veröffentlichte, wurde der Song sehr positiv aufgenommen und sogar für Country-Musikpreise nominiert. Die Jurys konnten kaum glauben, dass ein so junges Mädchen eine solch fesselnde Geschichte über ein so erwachsenes Thema erzählen konnte.

LINKS Taylor bei den 42. Annual Academy of Country Music Awards mit zweien ihrer Vorbilder, Faith Hill und Tim McGraw (nach dem sie ihre erste Single benannte).

Zitat aus dem Booklet von Taylors Debütalbum (2006).
Bild: John Shearer/WireImage/Getty Images.

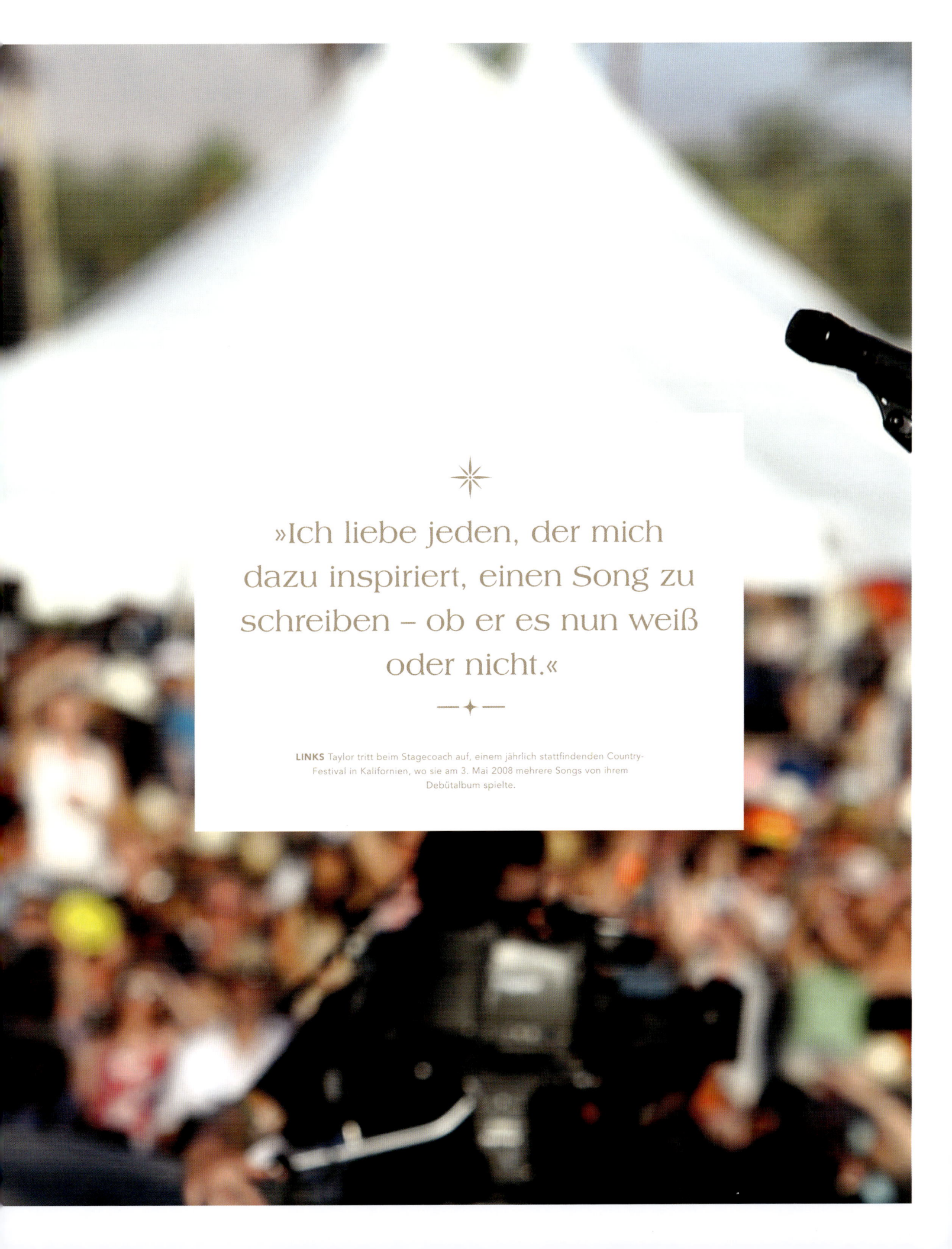

»Ich liebe jeden, der mich dazu inspiriert, einen Song zu schreiben – ob er es nun weiß oder nicht.«

LINKS Taylor tritt beim Stagecoach auf, einem jährlich stattfindenden Country-Festival in Kalifornien, wo sie am 3. Mai 2008 mehrere Songs von ihrem Debütalbum spielte.

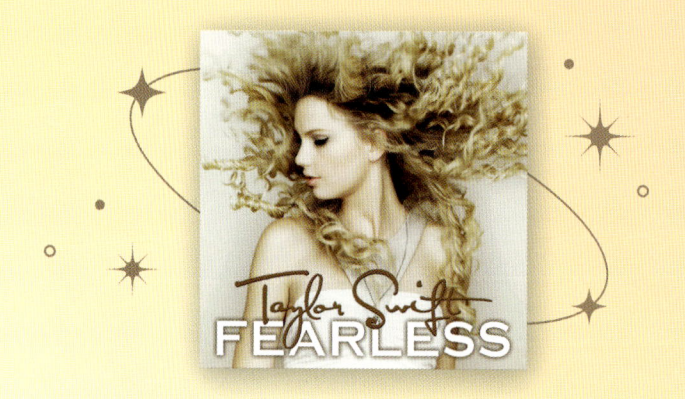

FEARLESS

Dank ihrer Gabe, Country und Pop so mühelos zu vermischen, wird Taylor die jüngste Künstlerin, die je den Grammy für das »Album des Jahres« gewann.

VERÖFFENTLICHUNG: NOVEMBER 2008

FEARLESS

Als Taylor mit der Arbeit an diesem Album begann, war sie gerade auf Tour und trat als Opening Act für andere Musiker auf. Obwohl unter diesen Umständen nicht an eine neue Beziehung zu denken war, wollte sie trotzdem über die Furchtlosigkeit des sich Verliebens schreiben, über diesen Moment, wenn man riskiert, wieder verletzt zu werden. »Manchmal schreibt man über das, was man gern hätte«, erklärt Taylor dazu. »Dieses Lied beschreibt das beste erste Date, das ich noch nicht hatte.« Im Begleittext des Albums schreibt Taylor, dass ihre Definition von »Furchtlosigkeit« nichts mit einem Mangel an Furcht zu tun hat. Vielmehr geht es darum, dieses Risiko trotz seiner Ängste einzugehen. Sie fand diesen Umstand so faszinierend, dass sie das Album entsprechend benannte.

FIFTEEN

In diesem Lied geht es um Taylors beste Freundin, Abigail Anderson. Der Song erzählt von ihrem gemeinsamen ersten Jahr an der High School – dem Jahr, als Taylor erkannte, dass sie allmählich erwachsen wird. Sie wollte so eine Art warnendes Beispiel schreiben und all die Dinge hineinpacken, von denen sie wünschte, sie hätte schon in jenem Alter darüber Bescheid gewusst. In diesem Jahr wurde nicht bloß Abigail das Herz gebrochen, sondern auch Taylor. Als sie den Song aufnahm, weinte sie, weil ihr der Schmerz ihrer Freundin so naheging. Bei diesem Lied wird Taylor bis heute ganz emotional.

LOVE STORY

Dieser von *Romeo und Julia* beeinflusste Song erzählt die Geschichte einer verbotenen Liebe, doch zum Glück ist das Ende um einiges optimistischer als in Shakespeares tragischem Stück. Taylor schrieb das Lied auf dem Boden ihres Kinderzimmers sitzend und fühlte sich dabei so inspiriert, dass sie nicht eher aufhören wollte, bis sie fertig war. Dies wurde nicht bloß ihr erster internationaler Hit, sondern auch eine der meistverkauften Singles aller Zeiten. Die Kritiker liebten die leidenschaftliche, herzerwärmende Natur des Songs und die eingängige Melodie, bei der man einfach mitsingen *muss*.

HEY STEPHEN

Ein junger Mann, der bei ein paar ihrer Konzerte als Opening Act aufgetreten war, weckte Taylors Interesse, aber sie war zu schüchtern, ihm dies zu gestehen, darum schrieb sie stattdessen dieses Lied, in dem sich Taylor die beiden als Paar in romantischen Szenarien ausmalt und hofft, er würde von ihr Notiz nehmen, auch wenn sie weiß, dass die Sache vermutlich keine Zukunft hat. Angeblich hat Taylor besagtem jungem Mann nach Veröffentlichung des Albums eine Nachricht geschickt mit der Bitte, sich doch mal Lied Nummer vier anzuhören. Er war darüber ganz aus dem Häuschen und schrieb ihr ausführlich zurück, aber die beiden kamen nie zusammen.

RECHTS Mit diesem Album ging Taylor erstmals als Headlinerin auf Tour und gab zwischen April 2009 und Juli 2010 über 100 Konzerte.

WHITE HORSE

Taylor schrieb diesen Song über die Trennung von jemandem, den sie für ihren Märchenprinzen hielt. Am schlimmsten war für sie dabei der Moment, als sich alle Träume und Zukunftspläne, die sie gehabt hatte, innerhalb eines Herzschlags in Nichts auflösten. Ursprünglich fand sie, das Lied sei für *Fearless* ein bisschen zu pathetisch, und wollte es für ihr drittes Album aufheben, aber dann bekam sie ein Angebot, das sie nicht ablehnen konnte: Die Produzenten einer ihrer Lieblingsserien, *Grey's Anatomy*, hatten den Song gehört und baten darum, ihn in der Show verwenden zu dürfen. ›White Horse‹ ist in der ersten Episode von Staffel 5 zu hören und kam schließlich doch noch auf Taylors zweites Album.

YOU BELONG WITH ME

Die Idee für dieses Lied hatte Taylor, als sie hörte, wie einer ihrer Freunde versuchte, seine wütende Freundin am Telefon zu beschwichtigen. Er tat ihr leid, und so kam sie darauf, von einem ganz normalen Mädchen zu erzählen, das von seinem Schwarm ständig ignoriert wird. Im Musikvideo zu dem Song spielte Taylor beide Mädchen an der Seite von Schauspieler Lucas Till, mit dem Taylor im selben Jahr auch in *Hannah Montana – Der Film* zu sehen war. Das Video häufte Millionen Klicks an und wurde bei den VMAs 2009 zum »Best Female Video« gekürt. Leider wurde Taylors Triumph von den Berichten darüber überschattet, dass Kanye West während ihrer Dankesrede auf die Bühne stürmte und erklärte, seiner Meinung nach hätte Beyoncé den Preis verdient.

BREATHE (FEAT. COLBIE CAILLAT)

›Breathe‹ entstand in Zusammenarbeit mit der Singer/Songwriterin Colbie Caillat. Der Song erzählt vom Ende einer Freundschaft, aber Taylor und Colbie beschlossen, beim Text Platz für eigene Interpretationen zu lassen, damit sich mehr Fans damit identifizieren können. Das Lied wurde für einen Grammy als beste Pop-Kollaboration nominiert, auch wenn dieser Award letztlich an ›Lucky‹ von Jason Mraz und – was für ein Zufall! – Colbie Caillat ging. Ursprünglich sollte Colbie bei ›Breathe‹ bloß im Hintergrund singen, aber Taylor war von ihrer Arbeit so beeindruckt, dass sie ihr einen wesentlich größeren Part in dem Song überließ. Colbie sollte prominent genug vertreten sein, dass Fans ihre Stimme sofort erkennen würden.

TELL ME WHY

An dem Tag, als dieser Song entstand, besuchte Taylor ihre Schreibpartnerin Liz Rose bei sich zuhause, um sich den Frust über ihre Beziehung vom Leib zu reden. Gemeinsam verarbeiteten sie ihren Wutausbruch zu einem Lied über ein Mädchen, das die Nase voll davon hat, dass ihr Freund ihre Gefühle verletzt. Der Song berichtet von einem aufbrausenden jungen Mann, der mal leidenschaftlich und nahbar und dann wieder kalt und distanziert ist. Obwohl in dem Lied keine Namen genannt werden, spekulieren die Fans darüber, dass es darin um den Sänger Joe Jonas geht, mit dem Taylor 2008 kurzzeitig zusammen war. Die Beziehung der beiden fand leider kein freundschaftliches Ende.

YOU'RE NOT SORRY

Ihre Musik ist für Taylor ein Ventil für ihre Emotionen. Diesen Song schrieb sie, als sie die »Belastbarkeitsgrenze« erreicht hatte, nachdem sie mehrere beunruhigende Geheimnisse über ihren Freund herausgefunden hatte – beunruhigend genug, dass sie das Ende der Beziehung bedeuteten, da Taylor nicht zulassen wollte, dass er sie noch weiter verletzt. Ein Remix des Songs erschien im März 2009 als Single, am selben Tag, als Taylor ihren Gastauftritt in der Fernsehserie *CSI: Vegas* (Staffel 9, Episode 16) hatte.

THE WAY I LOVED YOU
In einer Beziehung kann vieles schiefgehen, vor allem, wenn die Partner noch jung sind und die Zukunft ungewiss ist. Dieser Song wurde von dem Moment inspiriert, als Taylor klar wurde, dass ihre aktuelle Beziehung »zu perfekt« war und sie in Wahrheit etwas anderes wollte. Sie vermisste es so sehr, verliebt zu sein, dass sie nicht mehr klar denken konnte, und beschreibt dieses Gefühl als Achterbahn-Rausch. In dem Lied geht es darum, dass es nach so einer Erkenntnis nie wieder sein kann wie zuvor, und dass manche Leute einfach nicht füreinander geschaffen sind, auch wenn sie eigentlich perfekt zusammenpassen sollten.

FOREVER & ALWAYS
Obwohl er nicht namentlich genannt wird, herrscht doch allgemein Einigkeit darüber, dass es in diesem Lied um Joe Jonas geht. Taylor war im November 2008 zu Gast in der *Ellen DeGeneres Show* und erzählte dort, dass der Song erst in letzter Minute mit aufs Album kam. Sie hatte seinerzeit gerade eine schwierige Trennung hinter sich, die durch ein 25-sekündiges Telefonat besiegelt worden war. Das Lied beschreibt Taylors Gefühl, unter einer Gewitterwolke gefangen zu sein, egal, ob sie mit ihrem Freund zusammen oder allein war. Zehn Jahre später entschuldigte Taylor sich bei einem weiteren Auftritt in der *Ellen DeGeneres Show* bei Joe für den schonungslosen Songtext.

THE BEST DAY
Dieser Song war ein Weihnachtsgeschenk von Taylor für ihre Mutter, Andrea Swift. Die beiden stehen sich sehr nahe. Normalerweise begleitet Andrea ihre Tochter sogar bei ihren Reisen rund um die Welt. Taylor schrieb das Lied auf Tour und nahm ihn heimlich auf. Dann schnitt sie alte Familienvideos zusammen, woraus dann letztlich das offizielle Musikvideo zu dem Song wurde. Taylor spielte das Lied an Weihnachten im Kreise ihrer Familie. Andrea brach in Tränen aus, als ihr klar wurde, was für eine bewegende Überraschung Taylor da für sie vorbereitet hatte.

CHANGE
Taylor schrieb diesen Song an dem Morgen, nachdem sie 2009 bei den Country Music Awards einen Preis verliehen bekam. Sie war zu dieser Zeit bei einem kleinen Label in einer hart umkämpften Branche unter Vertrag und ging noch zur High School, gewann aber zusehends an Popularität und Anerkennung. Im Wesentlichen geht es in ›Change‹ darum, etwas scheinbar Hoffnungsloses allen Widrigkeiten zum Trotz am Ende doch zu einem Erfolg zu machen. Taylors Songs enthalten häufig verborgene Details und Botschaften an ihre treuen Fans. In diesem Fall dankt Taylor ihren Fans, dass sie dafür gesorgt haben, dass sich die Dinge für Taylor zum Besseren gewandelt haben.

RECHTS Mit *Fearless* heimst Taylor bei den 52. Grammy Awards zahlreiche Auszeichnungen ein, darunter der begehrte Preis für das »Album des Jahres«.

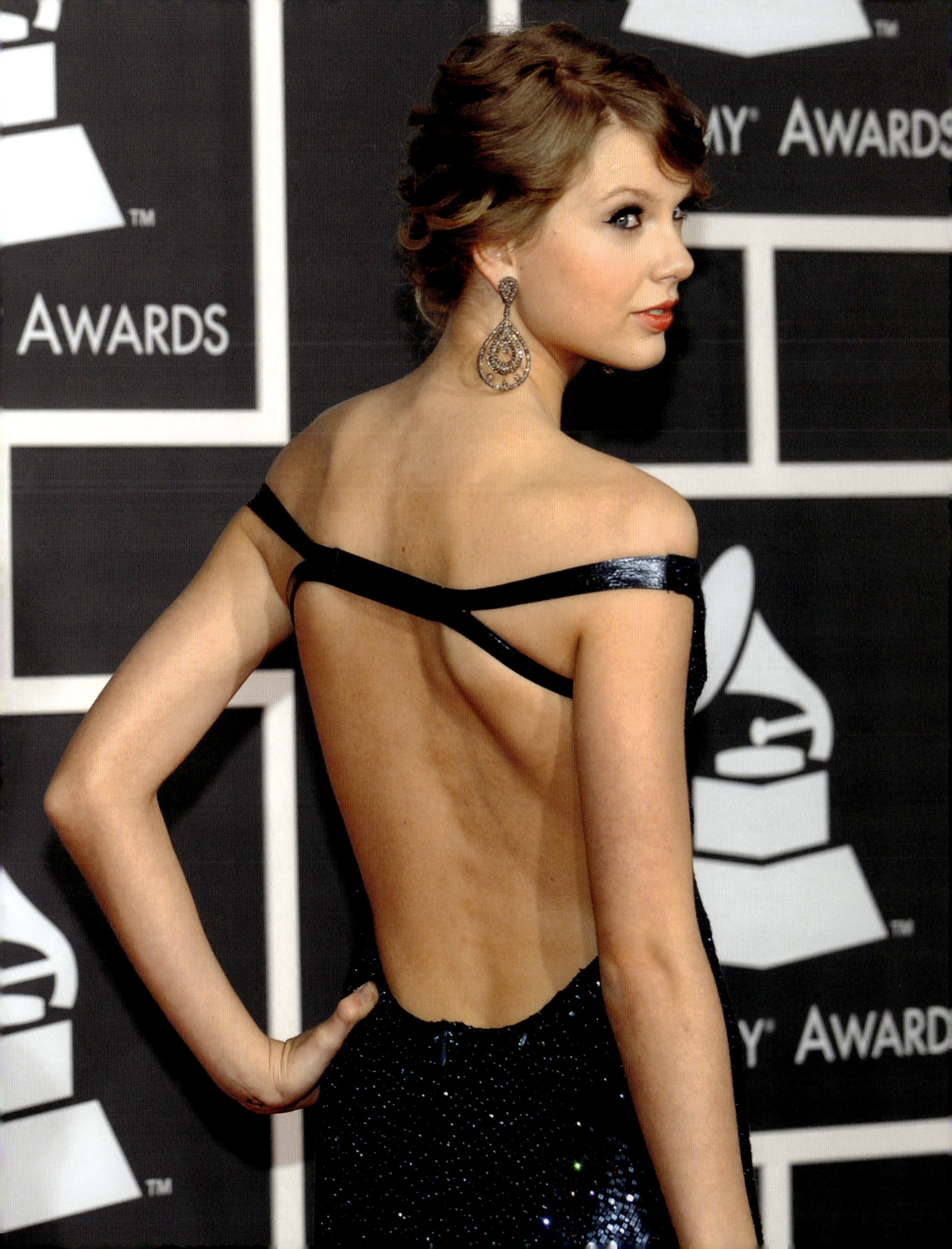
AWARDS
AWARDS

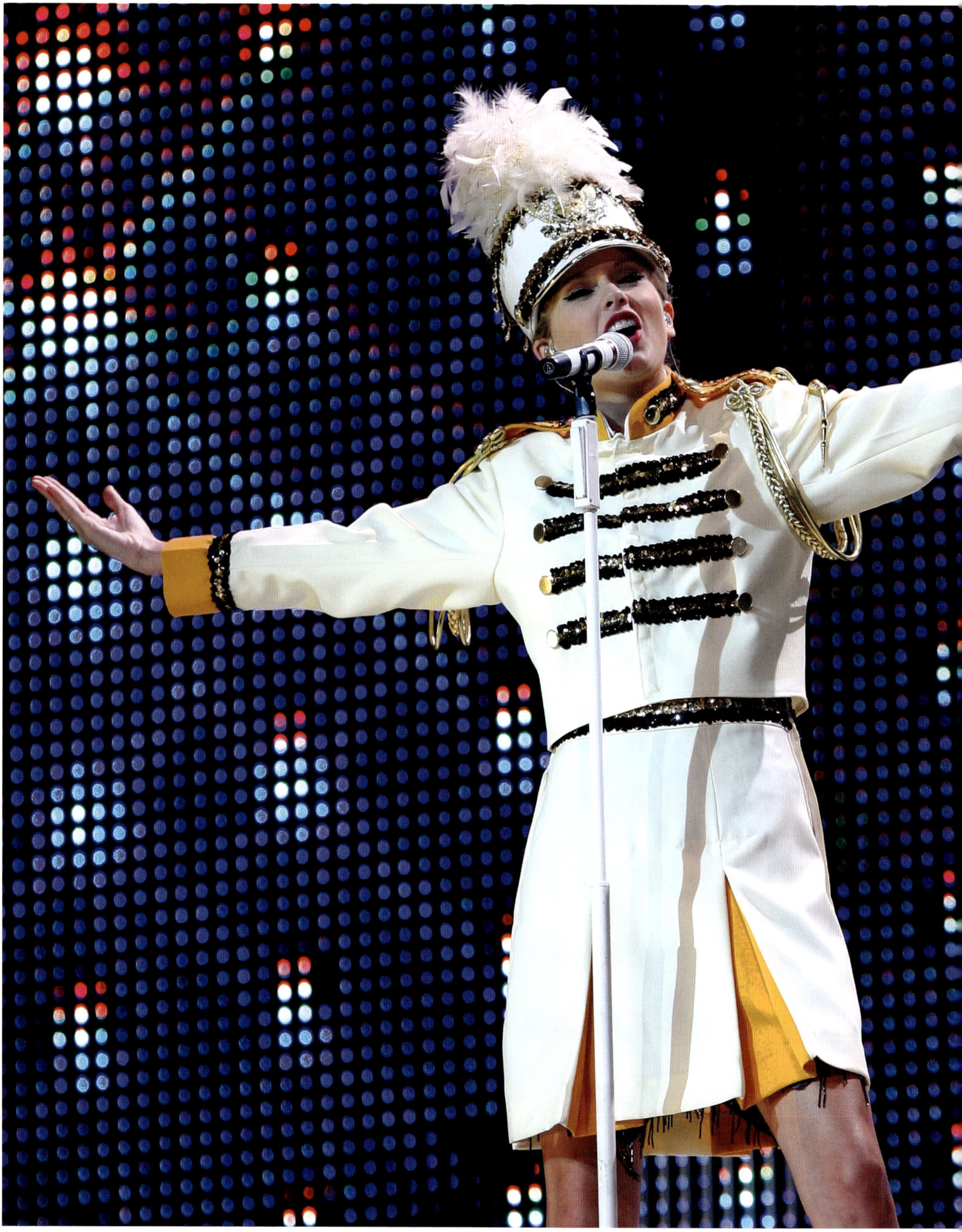

»Furchtlosigkeit bedeutet nicht, keine Angst zu haben. Furchtlosigkeit bedeutet nicht, keine Zweifel zu haben. Für mich bedeutet Furchtlosigkeit, trotz der Dinge, die einem schreckliche Angst machen, sein Leben zu leben.«

LINKS Taylor performt bei einem Konzert im Madison Square Garden in New York während der *Fearless*-Tour in ihrer Marschkapellenuniform ›You Belong With Me‹ (27. August 2009).

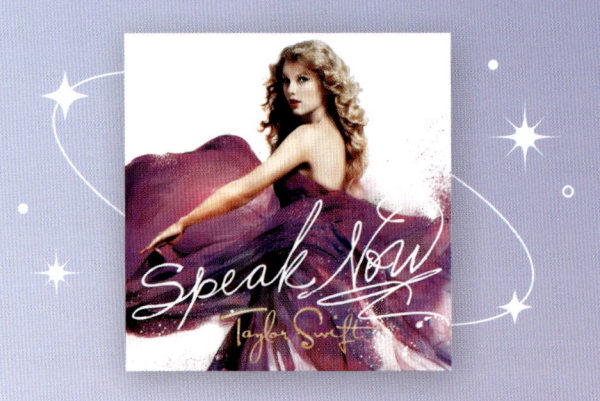

SPEAK NOW

Jede Single-Auskopplung aus diesem Album, das Taylor ganz alleine schrieb, erreicht Platin- oder Multi-Platin-Status.

VERÖFFENTLICHUNG: OKTOBER 2010

MINE
Aufgrund eines Internet-Leaks bekamen Taylors Fans dieses Lied zwei Wochen früher als geplant zu hören, was dazu führte, dass der Song verfrüht an die Radiosender geschickt werden musste. Dies war die erste Single von Taylors heißerwartetem neuen Album, und auch, wenn *Speak Now* »nur« Platz 2 der Charts erreichte, gewann das Album bei den American Music Awards dennoch vier der zwölf Preise, für die es nominiert wurde. Taylor wusste, dass der Song ein Hit werden würde, nachdem sie an nur einem Tag mit dem Produzenten Nathan Chapman eine Demoversion aufgenommen hatte. Bei dieser Session gab es einen Moment, als Taylor und Nathan von ihren Emotionen überwältigt wurden. Danach stand für Taylor fest: ›Mine‹ muss die erste Single werden.

SPARKS FLY
Dieser Song entstand, als Taylor 16 war. Sie hatte ihn zuvor 2007 schon einmal live in einem Casino in Kalifornien gespielt. Allerdings unterscheidet sich der Text der Version, die auf dem Album zu hören ist, von der älteren Variante. Videos des Casino-Auftritt kursierten im Internet, und die Fans baten um eine offizielle Veröffentlichung des Songs – also erfüllte Taylor ihnen diesen Wunsch. Sie hatte über Jahre hinweg an dem Lied gearbeitet und genoss es, mitanzusehen, wie er sich Stück für Stück weiterentwickelte, bis er schließlich bereit für die Öffentlichkeit war.

BACK TO DECEMBER
Taylor zufolge war dies ihre erste Entschuldigung in Liedform. 2016 bestätigte ihr Ex-Freund, *Twilight*-Darsteller Taylor Lautner, in einem Facebook-Livestream, dass es in ›Back to December‹ tatsächlich um ihn geht. Die beiden Taylors – die von den Fans den liebevollen Spitznamen »Taylor Squared« (Taylor hoch zwei) erhielten – spielten beide 2009 in der romantischen Komödie *Valentinstag* mit und wurden nach Ende der Dreharbeiten mehrmals gemeinsam bei Eishockeyspielen gesehen. Sie trennten sich im Dezember 2010, einen Monat, bevor der Film in die Kinos kam. Der Song ist eine Botschaft an einen süßen, respektvollen Jungen. Taylor drückt darin ihre Dankbarkeit für ihre Beziehung aus – und ihr Bedauern darüber, wie sie endete.

SPEAK NOW
Bevor eine Ehe kirchlich geschlossen wird, fragt der Geistliche traditionell, ob einer der Anwesenden etwas gegen die Verbindung einzuwenden hat und dass er »jetzt sprechen oder auf ewig schweigen« möge. Taylor kam die Idee für diesen Song, als eine Freundin ihr erzählte, dass ihr Ex im Begriff sei, ein »Miststück« zu heiraten. Daraufhin fragte Taylor völlig überraschend: »Also wirst du jetzt sprechen?« Sie schlug scherzhaft vor, mit ihrer Gitarre die Hochzeit zu stürmen. Später dachte sie darüber nach, wie schmerzhaft es sein muss, mitanzusehen, wie jemand, den man liebt, eine andere Person heiratet. Daraufhin schrieb sie dieses Lied.

RECHTS *Speak Now* ist nachdenklicher als ihre ersten beiden Alben und zeichnet Taylors Übergang ins Erwachsensein nach.

»Taylor erkannte sich selbst in den Gesichtern wieder, die ihr bei ihren Konzerten entgegenblickten, und sie wollte ihren jungen Fans sagen, dass sie ihre Kindheit genießen sollten, statt sich zu wünschen, möglichst schnell erwachsen zu werden.«

DEAR JOHN
Man nimmt an, dass es in diesem Song um den Singer/Songwriter John Mayer geht, mit dem Taylor ein paar Monate lang ausging, nachdem die beiden für Mayers Album *Battle Studies* (2009) das Duett ›Half of My Heart‹ aufgenommen hatten. In ›Dear John‹ verarbeitet sie ihren Frust über die Beziehung. Dort heißt es: »You are an expert at sorry and keeping lines blurry. [...] Don't you think I was too young to be messed with?« (*Du bist ein Meister darin, dich zu entschuldigen und alles vage zu halten. [...] Findest du nicht, dass ich noch zu jung war, um solche Spielchen mit mir zu spielen?*) Mayer selbst tat das Lied als ›billiges‹ Stück Songwriting ab. Als Reaktion darauf erklärte Taylor in einem Interview mit *Glamour*, dass es »anmaßend« von ihm wäre, zu glauben, dass in dem Song von ihm die Rede ist.

MEAN
Es wird gemunkelt, dass Taylor diesen Song über den Blogger Bob Lefsetz schrieb, der in seinen Reviews ihre Musik und ihre Auftritte zerriss. Außerdem lieferte Lefsetz sich schlagzeilenträchtige Fehden mit Kid Rock und Kiss-Mitgründer Gene Simmons. Taylor wollte klarstellen, dass es einen Unterschied zwischen konstruktiver Kritik und schierer Bösartigkeit gibt. Dieses Lied zu verfassen, half Taylor nach eigener Aussage dabei, sich mit der Tatsache abzufinden, dass es immer Leute geben wird, die gemein zu einem sind, ganz gleich, wo man im Leben steht.

THE STORY OF US
Einen Ex wiederzusehen kann unangenehm sein, vor allem, wenn man nur ein paar Meter voneinander entfernt bei den CMT Awards sitzt. Genau das passierte Taylor und John Mayer. Sie beschreibt den Abend als »stummen Krieg«, bei dem beide zeigen wollten, dass ihnen die Gegenwart des anderen vollkommen egal ist. Taylor ignorierte ihn und unterhielt sich mit Leuten, die sie nicht mal kannte – obwohl da nur sechs Plätze entfernt jemand saß, dem sie so einiges zu sagen hatte. Taylor hatte das Gefühl, in dem überfüllten Raum völlig allein zu sein. Diese frustrierende Situation, die sie »schrecklich« und »herzzerreißend unangenehm« nannte, war der Ausgangspunkt für diesen Song.

NEVER GROW UP
Taylor hatte gemischte Gefühle, was das Erwachsenwerden betrifft. Kein Wunder, schließlich wurde sie dabei von der ganzen Welt beobachtet. Als Mädchen hatte sie sich danach gesehnt, älter zu sein, als sie war, aber rückblickend erkannte sie, dass sie ihre Zeit als Kind so lange hätte genießen sollen, wie sie die Chance dazu hatte. Sie schrieb dieses Lied als Botschaft an ihre jungen Fans, denn sie erkannte sich selbst in den Gesichtern wieder, die ihr bei ihren Konzerten entgegenblickten, und wollte ihren Fans so sagen, dass sie dankbar dafür sein sollten, noch Kinder zu sein, statt sich zu wünschen, möglichst schnell erwachsen zu werden. 2015 widmete sie den Song bei einem Auftritt ihrem Patenkind, Leo Thames (dem Sohn von Model und Schauspielerin Jaime King), und erklärte, seine Geburt habe dem Lied für sie eine völlig neue Bedeutung gegeben.

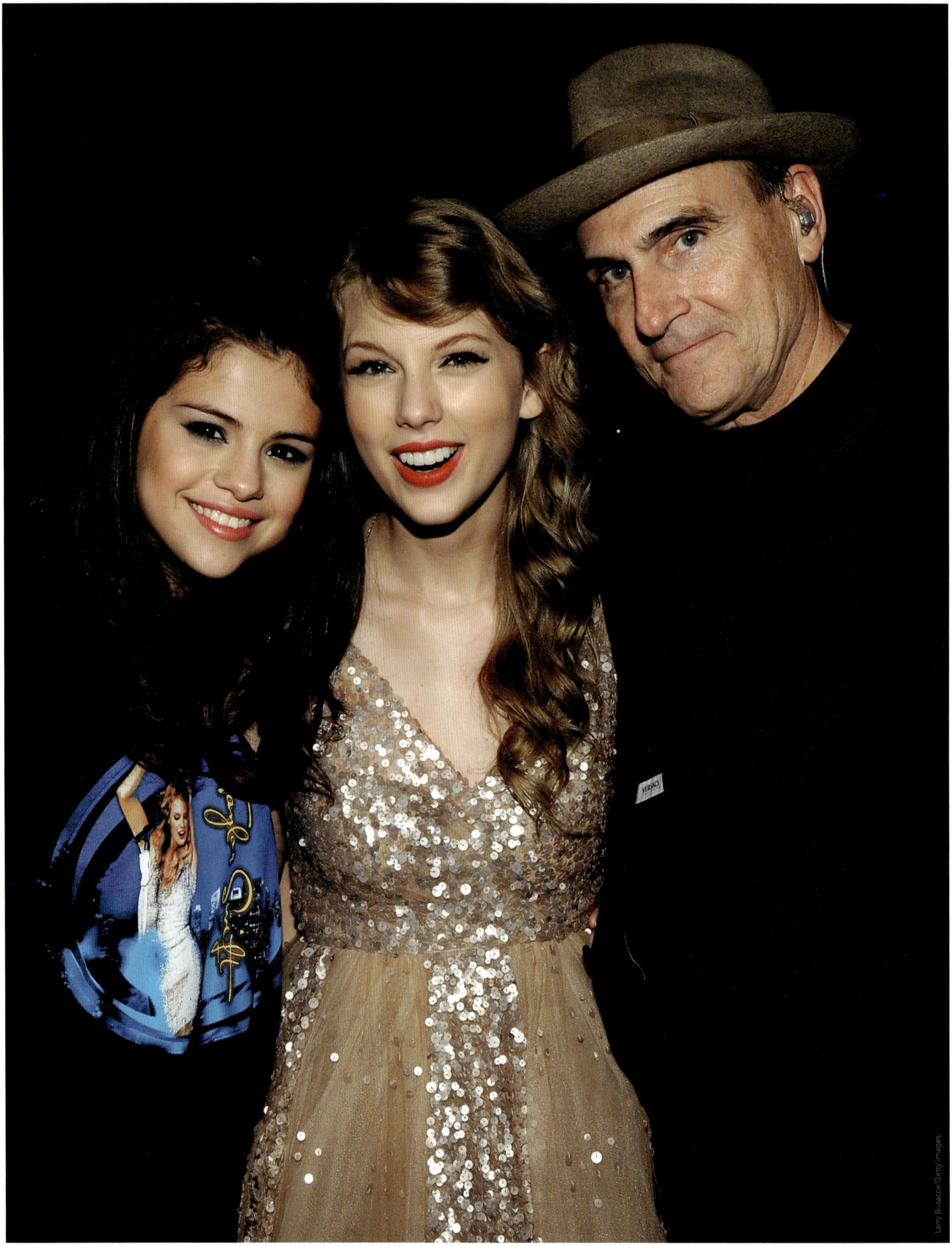

Larry Busacca/Getty Images.

»Taylor beschreibt ›Long Live‹ als Liebesbekundung an das Team, das hinter ihr steht.«

ENCHANTED

Bei diesem Song brachte Taylor einmal mehr ihre emotionale Intelligenz und Reife in ihre Musik ein. Nachdem sie ein paarmal miteinander telefoniert und sich E-Mails geschickt hatten, traf Taylor sich in New York mit Adam Young von Owl City. Die beiden verstanden sich auf Anhieb. Als Adam ihr schrieb, wie »verzaubert« er von ihrer Begegnung sei, schrieb sie den Text für dieses Lied. Nach der Veröffentlichung nahm Adam seine eigene Version davon auf und schickte sie Taylor mit einer Notiz, in der er sie als »moderne Cinderella« bezeichnete. Taylor überlegte eine Zeitlang, das Album nach diesem Song zu betiteln, entschied sich letztlich aber für *Speak Now*.

BETTER THAN REVENGE

Anders als Taylors typischer Country-Pop ist dieser Song von Pop-Punk beeinflusst. Er erzählt die Geschichte eines Mädchens, das Taylor den Freund ausgespannt hat. Laut Taylor wurde das Lied von dem Gedanken inspiriert, wie es wohl wäre, sich dafür zu rächen, doch der für ihre Verhältnisse vergleichsweise raue, »anti-feministische« Text (den sie 2023 für *Taylor's Version* des Albums umschrieb) stieß auf einige Kritik. Als Taylor 2014 in einem Interview mit *The Guardian* über den Song sprach, erklärte sie, dass einem der Partner nicht ausgespannt werden kann, wenn er nicht sowieso gehen will.

INNOCENT

Taylor beschrieb ›Innocent‹ als eine Art offenen Brief an jemanden, dem sie vor der gesamten Welt vergeben wollte. Diese Erklärung, gepaart mit einigen Hinweisen im Text, führten Fans zu der Annahme, dass dieser Jemand Kanye West ist, schließlich heißt es in dem Song »32 and still growing up« (*32 und noch immer nicht erwachsen*), und West war zum Zeitpunkt der VMAs 2009 32 Jahre alt. Taylor fand es nur konsequent, den Song auf das Album zu packen, schließlich geht es bei den Tracks auf *Speak Now* im Wesentlichen darum, sich über seine Gefühle klar zu werden und sie anzusprechen. Manche Kritiker nannten das Lied passiv-aggressiv, andere lobten es als wundervoll. Taylor performte den Song erstmals 2010 bei den VMAs – ein Jahr nach dem Zwischenfall mit Kanye West.

HAUNTED

Manchmal entfernt sich ein Partner in einer Beziehung vom anderen und die Liebe verblasst. Taylor machte genau so eine Situation durch, als sie eines Tages mitten in der Nacht aufwachte und dieses Lied schrieb. Nachdem sie den Text zu Papier gebracht hatte, musste sie die richtige musikalische Umsetzung finden, um dem Song die nötige Intensität zu verleihen. Zu diesem Zweck engagierte sie den preisgekrönten Cellisten und Komponisten Paul Buckmaster, der für den Streicher-Part verantwortlich war. Buckmaster hatte während seiner Karriere zuvor bereits mit Legenden wie Celine Dion und David Bowie zusammengearbeitet.

LAST KISS

Hier nutzte Taylor einmal mehr Erfahrungen aus dem echten Leben als Inspiration für ein Lied. Nach einer Trennung wurde sie von Wut, Frustration und Verwirrung überwältigt, ehe sich all diese Gefühle in tiefe Trauer verwandelten. Gerüchten zufolge schrieb Taylor ›Last Kiss‹ über Joe Jonas, aber wie üblich hat sie diese Vermutung offiziell nie bestätigt oder dementiert. Im Text des Songs lässt sie die Beziehung Revue passieren, von der sie nicht dachte, dass sie jemals enden würde, und blickt auf die guten Momente zurück. Sie gesteht sich ein, dass sie selbst viele Emotionen, Hoffnungen und Erinnerungen verpasst hat, als sie noch verliebt war.

LONG LIVE

Der letzte Song des Albums ist eine Siegeshymne. Es geht darin um all die Momente des Triumphs und Erfolgs in den ersten Jahren ihrer Karriere. Taylor beschreibt das Lied als Liebesbekundung an das Team, das hinter ihr steht. Denn obwohl sie jeden Track auf dem Album selbst geschrieben hat, wurde sie bei der Produktion und der Veröffentlichung von zahlreichen Leuten unterstützt, nicht zu vergessen von ihren Millionen Fans. Sie sagt, dass all diese Menschen dabei geholfen haben, sie Stück für Stück als Künstlerin aufzubauen, und dass sie ihren Erfolg mit jedem davon teilen wollte.

LINKS Taylor und zwei ganz besondere Gäste während der *Speak Now*-Welttournee hinter der Bühne: Selena Gomez und James Taylor (der Musiker, dem sie ihren Namen verdankt). Zusammen mit Selena performte sie ›Who Says‹, mit James ›Fire and Rain‹.

»Ich glaube, die meisten von uns haben Angst davor, am Ende unseres Lebens die Momente zu bedauern, in denen wir nichts gesagt haben.

Die Momente, in denen wir nicht ›Ich liebe dich‹ sagten. Als wir hätten sagen sollen: ›Es tut mir leid.‹ Als wir nicht für uns selbst einstanden oder für jemanden, der Hilfe braucht.

Diese Songs sind aus den Worten, die ich nicht sagte, als der Moment dafür da war.«

RECHTS Taylor während der *Speak Now*-Welttournee auf der Bühne in Rotterdam. Zwischen 2011 und 2012 gab sie 110 Konzerte in 19 Ländern auf vier Kontinenten.

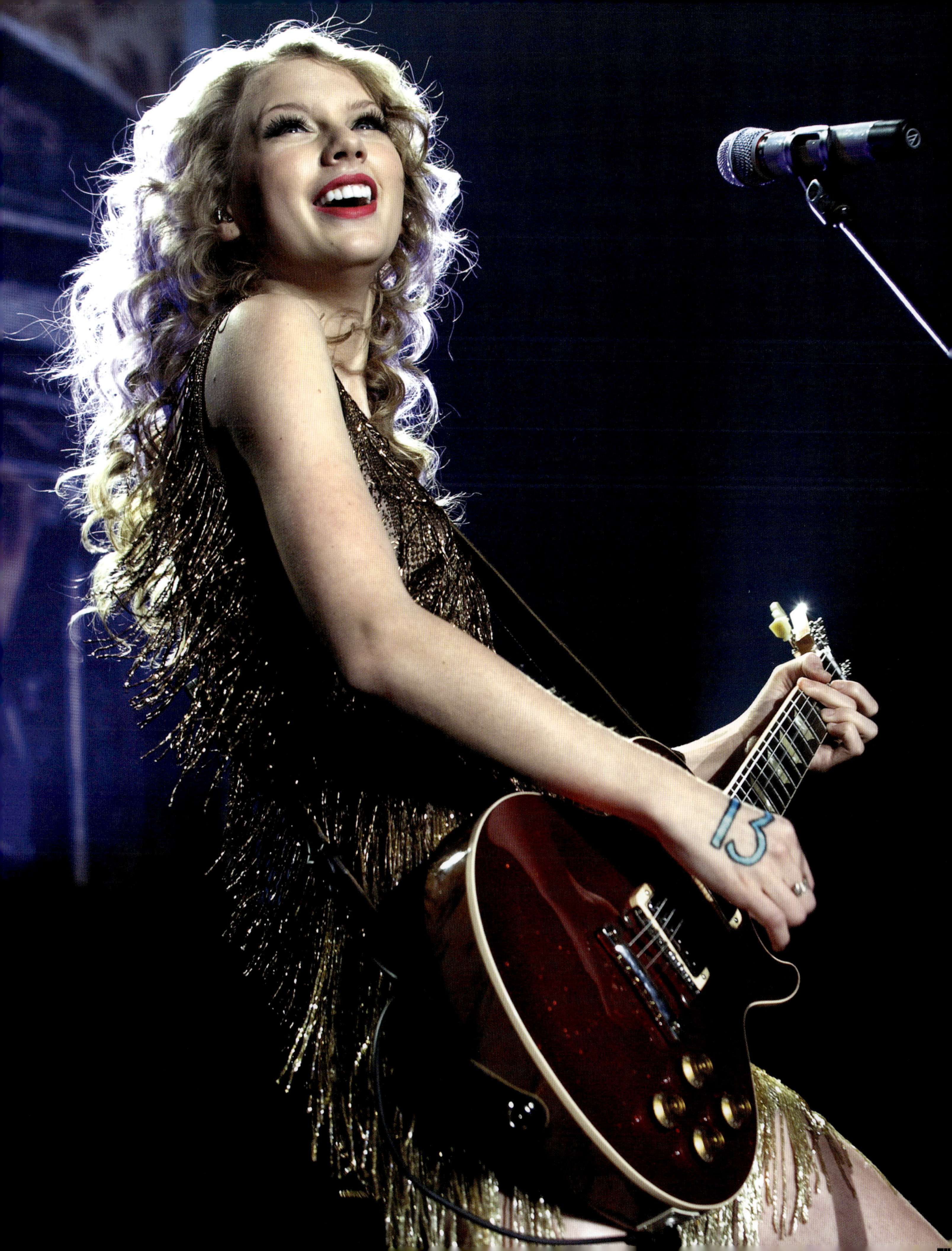
13

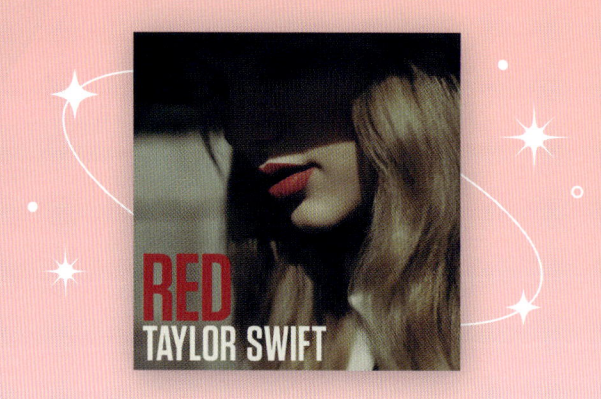

RED

Mit ihrem vierten Album entfernt sich Taylor noch weiter von ihren Country-Wurzeln und präsentiert stattdessen Superstar-Kollaborationen und verschiedene Musikstile.

VERÖFFENTLICHUNG: OKTOBER 2012

STATE OF GRACE

Der Eröffnungssong des Albums erschien als vierte Single-Auskopplung. Nachdem fast all ihre bisherigen Lieder einen gewissen Country-Einschlag hatten, lobten die Kritiker die stilistische Vielfalt von *Red*. Im Oktober 2012 war Taylor in der Sendung *Good Morning America* zu Gast, um der Welt einen Vorgeschmack des Tracks zu geben. Bei diesem Auftritt erklärte sie, der Song handle von den endlosen Möglichkeiten, die vor einem liegen, wenn man sich das erste Mal verliebt. Die Zuschauer bekamen allerdings nur einen kleinen Ausschnitt des Refrains zu hören und mussten eine weitere Woche warten, bevor das 16 Lieder umfassende Album schließlich offiziell auf den Markt kam.

RED

Taylor verwendet in ihren Songs gern Farben, um verschiedene Emotionen auszudrücken. Sie sagt, die beiden Jahre vor diesem Album wären voll von verrückten, stürmischen Gefühlen gewesen, und diese emotionale Intensität hätte sie zu diesem Lied inspiriert. Im Text setzt sie die Farbe Blau mit dem Gefühl gleich, einen Geliebten zu verlieren, Dunkelgrau hingegen steht für das Gefühl, ihn zu vermissen. Und Rot beschreibt, was sie fühlte, als sie ihn noch liebte. Die Kritiker waren von der Offenheit und Emotionalität des Songs ebenso begeistert wie von seinen musikalischen Aspekten und der Produktion.

22

Obwohl sie für ihr Songwriting und ihre Auftritte gefeiert wurde, nahmen manche Journalisten Taylors Musik nach wie vor nicht ernst, weil sie immer noch so jung war. Mit diesem Song rieb sie ihren älteren Kritikern ihre Jugend trotzig unter die Nase, verpackt in eingängigem, neuartigem Bubblegum-Pop. Taylor gab in mehreren Interviews zu Protokoll, dass sie mit 22 Jahren lernte, loszulassen und Ängsten und Unentschlossenheit zu trotzen. In diesem Alter, sagte sie, weiß man, dass man noch nicht viel Lebenserfahrung hat und noch etliche Lektionen vor einem liegen. Doch gerade deshalb solle man die Sorglosigkeit dieser Zeit genießen, und wenn auch nur für eine kleine Weile.

I ALMOST DO

Mit den ausgeprägten Country-Einflüssen von ›I Almost Do‹ kehrt Taylor zu ihren Wurzeln in Nashville zurück. In dem Song geht es um das Gefühl, einen früheren Partner zu vermissen. Wie Taylor *USA Today* verriet, war sie nach dem Ende der Beziehung, von der das Lied handelt, so am Boden zerstört, dass sie sechs Monate lang an einer Schreibblockade litt, ehe sie fähig war, mit der Arbeit an diesem Album zu beginnen. Der Text befasst sich mit Einsamkeit und dem geradezu unwiderstehlichen Verlangen, nach dem Telefon zu greifen und ihn anzurufen. »I just want to tell you, it takes everything in me not to call you. [...] Everytime I don't, I almost do.« (*Ich will dir nur sagen, dass es mich alle Kraft kostet, dich nicht anzurufen. Ich tue es nicht, aber ich stehe ständig kurz davor.*) Sie fragt sich, ob er wohl auch an sie denkt, und gesteht, dass sie immer noch von ihm träumt.

RECHTS Taylor performt in ihrem ikonischen Zirkusdirektorinnen-Outfit ›We Are Never Ever Getting Back Together‹ bei den MTV EMAs 2012.

ALL TOO WELL

Laut Taylor war dies der Track auf dem Album, dessen Komposition ihr die meisten Probleme bereitete. Alles fing damit an, dass sie wieder und wieder die Akkorde spielte und sich ihren Frust von der Seele sang. Sie musste die einzelnen Elemente des Songs straffen, andernfalls wäre dabei ein wesentlich längeres Lied rausgekommen, das sich – laut Taylor – garantiert keiner angehört hätte. (Da kennt sie ihre Fans aber schlecht!) Sie bat ihre langjährige Schreibpartnerin Liz Rose, ihr dabei zu helfen, die weniger wichtigen Teile zu entfernen. Doch obwohl zwei erfahrene Songwriterinnen an diesem Track feilten, ist er mit 5:48 Minuten immer noch der längste auf dem Album.

TREACHEROUS

Dieses Lied thematisiert eine Beziehung aus Taylors Leben, von der sie wusste, dass sie böse enden würde. Sie singt von einer magnetischen Anziehungskraft, der sie sich nicht entziehen konnte, obwohl ihr klar war, dass sie geradewegs auf das nächste gebrochene Herz zusteuerte. Der Song wurde von den Kritikern unter anderem dafür gefeiert, dass er den hohen Qualitätsstandard des vorigen Albums, *Speak Now*, hält. Sie lobten die »gewisperte, an eine Beichte erinnernde Schönheit« des Texts und attestierten Taylor, dass ihr Gesang immer besser werde. Taylor arbeitete bei diesem Song mit Dan Wilson von der Band Semisonic zusammen, der zuvor Adele bei ihrem Lied ›Someone Like You‹ unter die Arme gegriffen hatte.

I KNEW YOU WERE TROUBLE

Dies ist einer von Taylors Lieblingssongs auf dem Album, weil er das emotionale Chaos widerspiegelt, das sie beim Schreiben empfand. Es wird darüber spekuliert, dass es in dem Lied um John Mayer geht, doch wie üblich hält Taylor sich diesbezüglich bedeckt. Sie verfasste den Track ganz allein, und die Medien waren beeindruckt davon, wie massentauglich der Song mit seinen Dubstep-Einsprengseln im Refrain ist. ›I Knew You Were Trouble‹ sollte Taylors 14. Top-Ten-Hit werden. Außerdem machte das Lied Taylor zur ersten Künstlerin der digitalen Musikgeschichte, die zwei Songs mit jeweils über 400.000 verkauften Einheiten schon am Releasetag vorweisen konnte. Der Track brachte Taylor einen Video Music Award in der Kategorie »Best Female Video« ein und räumte in den neun Kategorien, in denen er nominiert war, noch vier weitere Preise ab.

WE ARE NEVER EVER GETTING BACK TOGETHER

Diese Trennungshymne war die erste Single-Auskopplung von *Red*. Nachdem Taylor ihr letztes Album im Alleingang geschrieben hatte, wollte sie diesmal wieder mit anderen Künstlern arbeiten. Sie lud die beiden schwedischen Musiker Max Martin und Shellback ein, mit ihr einen neuen Song zu produzieren. Taylor hatte Gerüchte darüber gehört, dass eine Freundin von ihr dabei war, wieder mit einer alten Flamme zusammenzukommen. Max und Shellback wollten mehr darüber erfahren und Taylor erzählte ihnen, dass dieses Pärchen sich immer wieder trennte, um dann doch wieder zueinanderzufinden. Ausgehend auf dieser Dynamik schrieb sich der Text praktisch von selbst.

STAY STAY STAY

Wie der Titel schon sagt, geht es in diesem Song um eine Frau, die ihren Liebsten anfleht, sie nicht zu verlassen. Die Presse kritisierte Taylor dafür, in so kurzer Zeit so viele Lieder über Liebe und gebrochene Herzen zu veröffentlichen, doch Taylors Songs sind gerade deshalb so erfolgreich, weil sie voller ehrlicher Gefühle sind, und *Red* spiegelt die emotionale Achterbahnfahrt wider, die sie während der Arbeit an dem Album durchlebte. Das Schreiben der Tracks war unglaublich anstrengend, weil sie zwischen den emotionalen Tiefpunkten der traurigeren Stücke und fröhlichen Songs hin und her sprang.

> »Wenn sie sich mal nicht auf einen Akkord einigen konnten, gab Ed Sheeran nach eigenen Worten am Ende immer nach, schließlich habe Taylor in solchen Dingen mehr Erfahrung als er.«

THE LAST TIME (FEAT. GARY LIGHTBODY)
Die letzte Single-Auskopplung von *Red* wurde mit Hilfe von Gary Lightbody, dem Sänger von Snow Patrol, geschrieben und aufgenommen. Produziert wurde dieses Alternative-Rock-Duett von Jacknife Lee, der für seine Arbeit mit Bands wie Snow Patrol und U2 bekannt ist. Der Song erzählt die Geschichte einer Langzeitbeziehung, die Stück für Stück auseinanderfällt, bis Taylors Charakter Lightbodys Figur eine allerletzte Chance gibt, die Dinge zwischen ihnen wieder in Ordnung zu bringen.

HOLY GROUND
Der Text dieses Tracks beschreibt eine schwierige Beziehung, die zwar schnell zu Ende geht, doch zumindest können die beiden Ex-Partner jetzt Freunde sein. Man nimmt an, dass es in dem Song um Joe Jonas geht, doch das sind bloße Vermutungen. In dem Lied heißt es, das Paar hätte eine kurze Phase gehabt, in der alles perfekt war, bevor sie sich voneinander trennten, und dass es sich während dieser guten Zeiten anfühlte, als würden die beiden auf »geheiligtem Boden« wandeln.

SAD BEAUTIFUL TRAGIC
Obwohl es in diesem Song um niemanden im Speziellen zu gehen scheint, vermuten die Fans, dass der Track von Taylor Lautner oder Jake Gyllenhaal inspiriert sein könnte. Taylor schrieb das Lied nach einem Konzert in ihrem Tourbus, als sie an eine frühere Beziehung zurückdachte und feststellte, dass sie nicht länger traurig oder wütend deswegen war, sondern wehmütig, als hätte sie etwas Wichtiges im Leben verloren. Der Song sollte sich musikalisch nicht klar einordnen lassen, um die Verworrenheit ihrer Erinnerungen an diese Beziehung widerzuspiegeln.

THE LUCKY ONE
Hier beschreibt Taylor ihre Angst, in Vergessenheit zu geraten. Der Text handelt von einem Star, der alles hat, aber nicht mit dem Druck der ständigen Medienaufmerksamkeit fertig wird. Es gibt viele Spekulationen darüber, wer die Inspiration für diesen Song war. Eine der wahrscheinlichsten Kandidatinnen hierfür ist Kim Wilde, schließlich verwendet Taylor in ›The Lucky One‹ ein Sample aus Kims Lied ›Four Letter Word‹. Außerdem ist von einem Rosengarten die Rede, und nachdem Kim Wilde dem Rampenlicht den Rücken gekehrt hatte, wurde sie Gärtnerin. Der Song endet damit, dass Taylor erklärt, sie könne verstehen, warum der Star diesen Weg gegangen ist.

EVERYTHING HAS CHANGED (FEAT. ED SHEERAN)
Schon Monate vor Veröffentlichung des Albums machten Gerüchte die Runde, dass Ed Sheeran darauf einen »Gastauftritt« haben könnte. Die beiden schrieben dieses Lied, als sie gemeinsam auf Taylors Terrasse saßen, und arbeiteten als Team perfekt zusammen. Wenn sie sich mal nicht auf einen Akkord einigen konnten, gab Ed Sheeran nach eigenen Worten am Ende immer nach, schließlich habe Taylor in solchen Dingen mehr Erfahrung als er. Im Wesentlichen geht es in dem Song darum, dass man alles oft mit ganz anderen Augen sieht, wenn man frisch verliebt ist. Taylor erzählt davon, wie aufregend es ist, diesen bestimmten Menschen in seinem Leben zu haben, und in dem Lied kann sie es kaum erwarten, diese neue Person besser kennenzulernen.

STARLIGHT
Eines Tages stieß Taylor auf ein Foto der Menschenrechtsaktivistin Ethel Kennedy und ihres Ehemanns, Robert »Bobby« F. Kennedy, das die beiden bei einer Tanzveranstaltung in den 1940er Jahren zeigt, als Ethel gerade 17 war. Taylor fand das Bild so inspirierend, dass sie beschloss, ein Lied über die Beziehung der beiden zu schreiben, obwohl sie nicht genau wusste, wie sie zueinander gefunden hatten. Ein paar Wochen später begegnete sie zufällig einem der elf Kinder der Kennedys und hatte später sogar Gelegenheit, Ethel persönlich kennenzulernen. Tragischerweise fiel ihr Mann Robert in den 1960ern einem Attentat zum Opfer, genau wie sein Bruder, Präsident John F. Kennedy.

BEGIN AGAIN
Weil so viele Songs auf dem Album von Taylors traditionellem Stil abweichen, hielt sie es für richtig, *Red* mit einer Country-Ballade abzuschließen. Darin singt sie über ein Mädchen, das sich, nachdem es eine unglückliche Beziehung überwunden hat, auf ein erstes Date mit einem neuen Mann einlässt. In so einer Situation kann man sich schrecklich verwundbar fühlen, und das Lied ermuntert einen dazu, den nötigen Mut aufzubringen, um offen für Neues zu sein.

RECHTS ›Everything Has Changed‹ ist das erste Duett von Taylor und Ed, aber es sollte nicht das letzte sein.

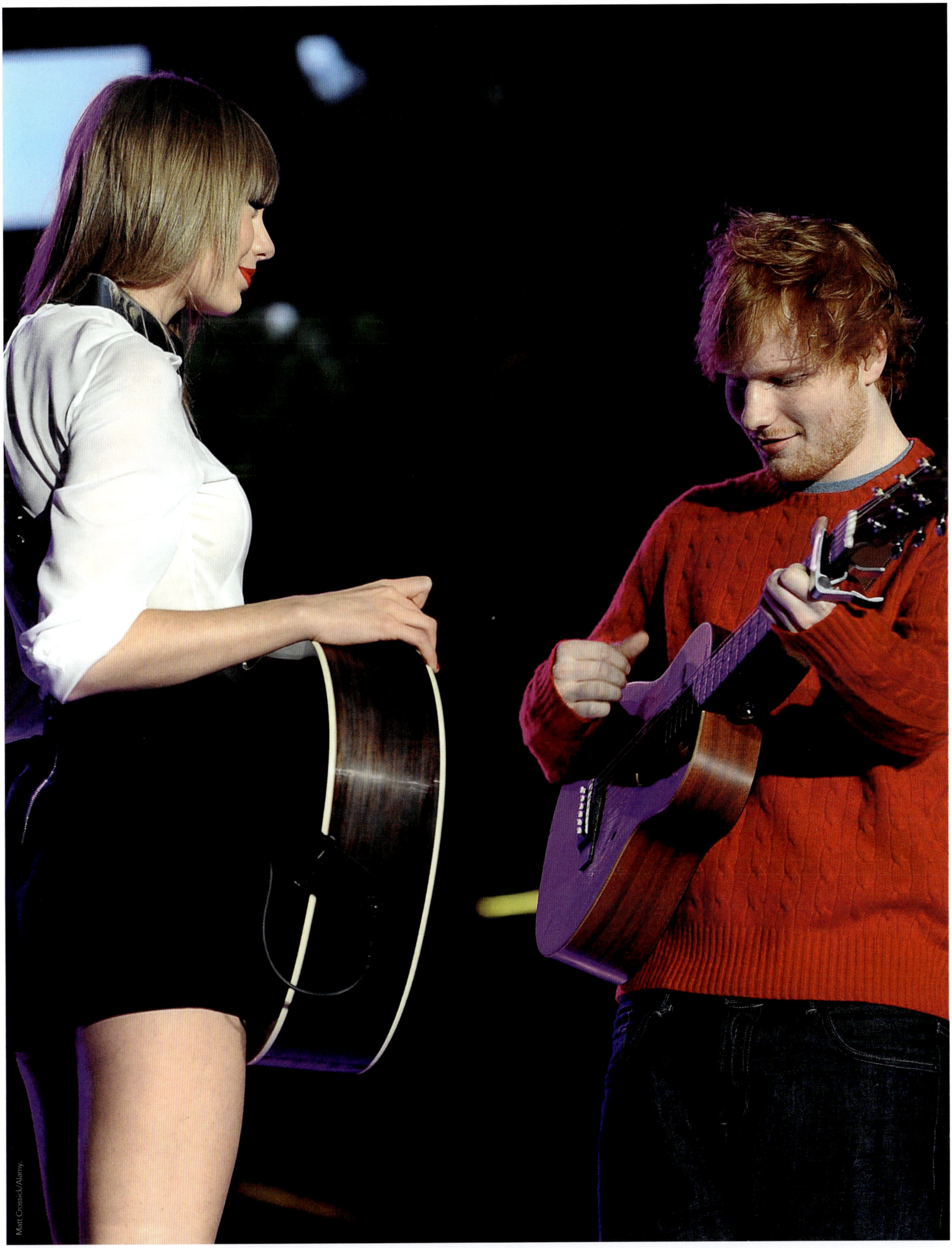

Matt Crossick/Alamy.

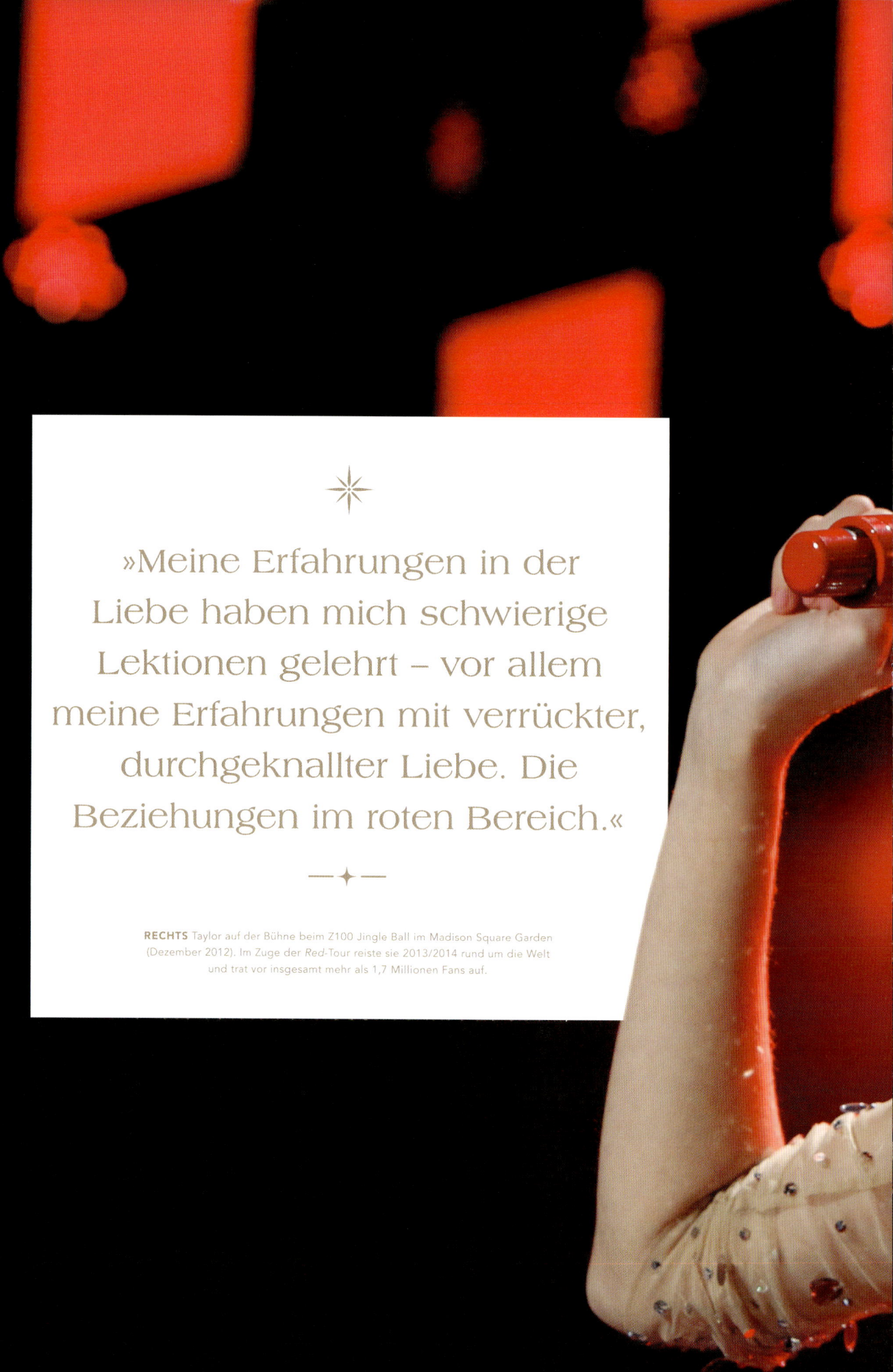

»Meine Erfahrungen in der Liebe haben mich schwierige Lektionen gelehrt – vor allem meine Erfahrungen mit verrückter, durchgeknallter Liebe. Die Beziehungen im roten Bereich.«

RECHTS Taylor auf der Bühne beim Z100 Jingle Ball im Madison Square Garden (Dezember 2012). Im Zuge der *Red*-Tour reiste sie 2013/2014 rund um die Welt und trat vor insgesamt mehr als 1,7 Millionen Fans auf.

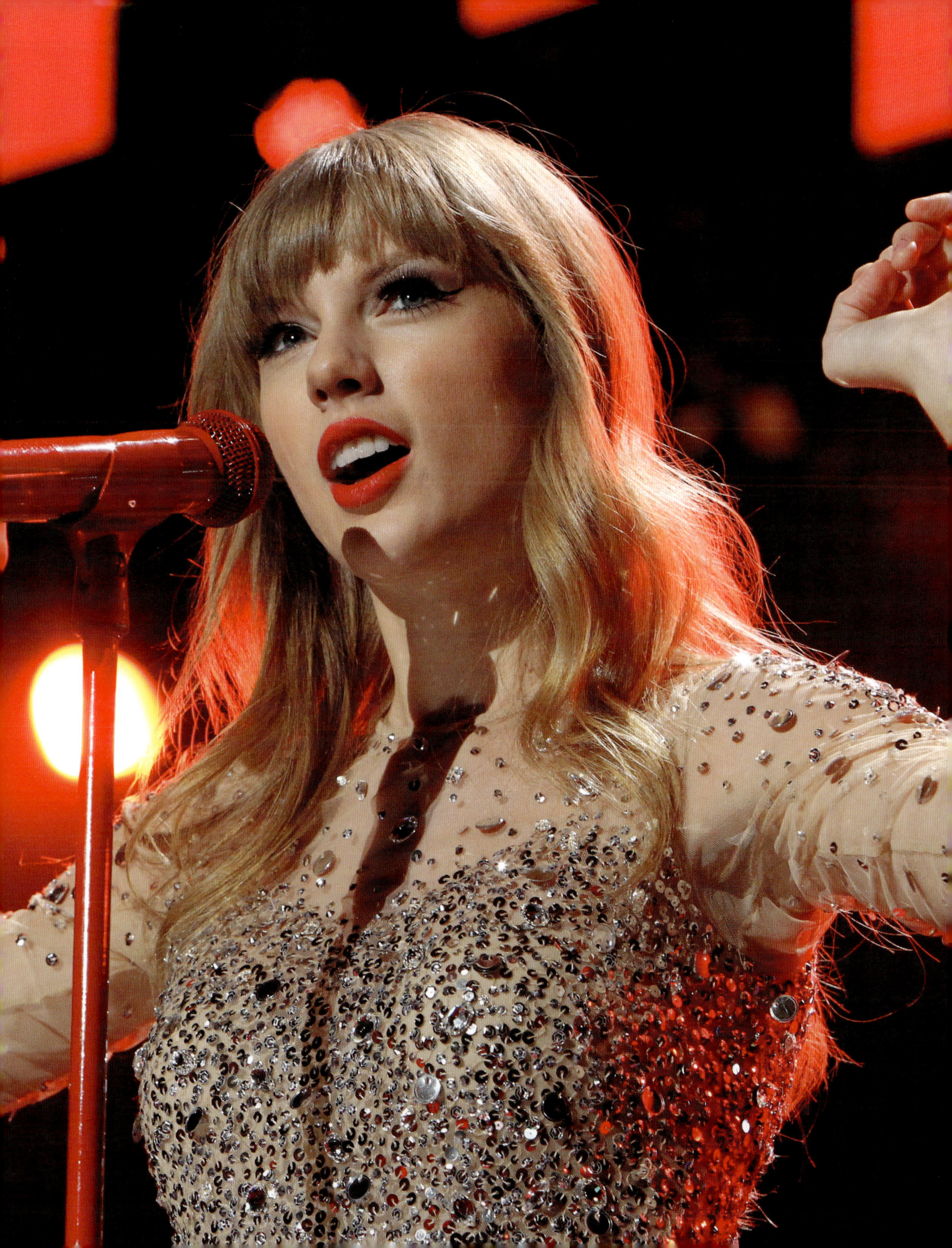

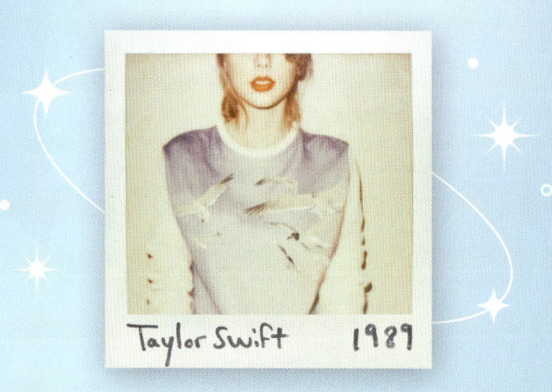

1989

Nachdem sie schon auf *Red* mit Popmelodien geflirtet hat, wendet Taylor sich mit diesem Album vollends vom Country-Sound ab und etabliert sich als waschechter Popstar.

VERÖFFENTLICHUNG: OKTOBER 2014

WELCOME TO NEW YORK
Der Opening Track des Albums ist eine Ode an New York als Stadt der grenzenlosen Möglichkeiten. Taylor zog 2014 dorthin und schrieb dieses Lied gemeinsam mit Ryan Tedder von OneRepublic. Sie wollte, dass dies der erste Song auf dem Album ist, weil der Umzug einen so großen Einfluss auf ihr Leben hatte. Die Textzeile, in der es heißt: »And you can want who you want, boys and boys and girls and girls« (*Und ihr könnt wollen, wen ihr wollt, Jungs und Jungs und Mädchen und Mädchen*), wird als Taylors Unterstützung der LGBTQ+-Community interpretiert.

BLANK SPACE
Mit der zweiten Single des Albums macht Taylor sich über das Bild lustig, das die Medien von ihr und ihren Beziehungen zeichnen, daher auch Textzeilen wie: »Got a long list of ex-lovers, they'll tell you I'm insane.« (*Ich hab 'ne lange Liste von Ex-Lovern, die euch sagen werden, ich sei verrückt.*) Taylor erschafft hier eine überspitzte Version der Femme Fatale, als die sie damals in den Medien dargestellt wurde. Zudem ist der Electropop-Song die erste von mehreren Kollaborationen mit den schwedischen Pop-Genies Max Martin und Shellback.

STYLE
›Style‹ ist einer von Taylors zweideutigsten Songs. Vordergründig scheint es um zeitlosen Stil und Mode zu gehen, mit Verweisen auf James Dean, *den* Filmstar der 1950er Jahre, und klassischen roten Lippenstift. Doch in Wahrheit beschäftigt sich der Text mit einer ungesunden On-/Off-Beziehung. Viele Fans spekulieren, dass sich der Song auf ihren Ex-Freund Harry Styles bezieht (der gleich mehrere Lieder auf diesem Album inspiriert haben soll), was nicht zuletzt an folgender Textzeile liegt: »You've got long hair, slicked back, white T-Shirt.« (*Du hast langes, zurückgegeltes Haar und ein weißes T-Shirt*).

OUT OF THE WOODS
In der sechsten Single-Auskopplung von *1989* blickt Taylor auf eine zerbrechliche, instabile Beziehung zurück. Der Song enthält mehrere sehr spezifische Textstellen, beispielsweise: »Remember when you hit the brakes too soon, twenty stitches in a hospital room.« (*Weißt du noch, als du zu früh auf die Bremse getreten bist? 20 Stiche im Krankenhaus.*) Dies ist ein Verweis auf einen Schneemobil-Unfall, in den Taylor mit ihrem Ex-Freund verwickelt war. Bis zum Release dieses Songs wusste niemand von dem Unfall. Allgemein wird angenommen, dass besagter Ex Harry Styles ist, da er im Dezember 2012 – zu der Zeit, als die beiden miteinander ausgingen – mit einer Verletzung am Kinn fotografiert wurde. Außerdem scheint die Zeile »Your necklace hanging round my neck. [...] Two paper airplanes flying.« (*Deine Kette liegt um meinen Hals. [...] Zwei fliegende Papierflugzeuge.*) eine Anspielung auf die Pärchen-Ketten zu sein, die die beiden seinerzeit trugen.

RECHTS Taylor im Mai 2015 bei einem Auftritt in Tokio während der 1989-Welttournee, die zur erfolgreichsten Tour dieses Jahres wurde.

ALL YOU HAD TO DO WAS STAY
In diesem Song wendet Taylor sich direkt an einen Ex, der nach dem Ende der Beziehung wieder auftaucht. Sie hat aber kein Interesse daran, ihn zurückzunehmen, denn sie erinnert sich noch zu gut, wie er ihr die kalte Schulter zeigte und sie »vom Weg abbrachte«. Mit deutlichen Worten macht sie ihm klar, dass es keinen Sinn mehr hat – sie ist fertig mit ihm. »People like me are gone forever when you say goodbye« (*Leute wie ich sind für immer weg, wenn du Lebewohl sagst*), singt sie. Der Song ist von einem wiederkehrenden Schrei durchzogen: »*Stay!*« Bleib! Die Idee für das Lied kam Taylor, nachdem sie geträumt hatte, dass plötzlich ein Ex-Freund vor ihrer Tür steht und sie nur dieses eine Wort sagen konnte. ›All You Had to Do Was Stay‹ setzt Taylors Tradition fort, dass der fünfte Song der emotionalste des Albums ist.

SHAKE IT OFF
Die erste Single von *1989* machte unmissverständlich klar, dass Taylor jetzt ein waschechter Popstar ist. Der flotte Dance-Pop-Song, der in Zusammenarbeit mit Martin und Shellback entstand, behandelt die Gerüchte und die falschen Eindrücke, die die Medien von Taylor vermittelten, und davon, wie sie all das an sich abprallen lässt, um trotzdem ihr Leben zu genießen. In der ersten Strophe nimmt sie ihren Ruf als »Serial Dater« auf die Schippe: »I go on too many dates, but I can't make them stay, at least that's what people say.« (*Ich habe zu viele Dates, aber keiner will bei mir bleiben – zumindest sagen das die Leute.*) Doch auch, wenn sie sich in dem Lied über die Situation lustig macht, hat Taylor oft darüber gesprochen, wie frustrierend sie es findet, dass die Medien so besessen von ihrem Liebesleben sind.

I WISH YOU WOULD
Der Song beginnt damit, dass ein Mann mitten in der Nacht eine Straße entlangfährt und am Haus seiner Ex-Freundin vorbeikommt. Er nimmt an, dass sie ihn hasst, obwohl sie ihn in Wahrheit immer noch liebt. Dann wendet sich Taylor direkt an den Ex und sagt, sie würde die Uhr am liebsten zurückdrehen, um die Probleme in ihrer Beziehung anders anzugehen, als sie es getan haben. Sie singt: »Wish I'd never hung up the phone like I did« und »I wish you knew that I'd never forget you as long as I live.« (*Ich wünschte, ich hätte nicht einfach so aufgelegt* und *Ich wünschte, du wüsstest, dass ich dich niemals vergessen werde, solange ich lebe.*) Taylor schrieb den Text, Jack Antonoff produzierte den Song.

BAD BLOOD
Der Kontext dieses Songs ist dank *1989* vermutlich weithin bekannt: Es geht hierin um Taylors Fehde mit Katy Perry. Der Track erzählt vom Verrat durch eine enge Freundin, Taylor zufolge eine Musikerin, die versuchte, eine ihrer Tourneen zu sabotieren, indem sie einige ihrer Tänzer abwarb. Obwohl Taylor selbst nie Namen nannte, war schnell klar, dass Taylor hier das Ende ihrer Freundschaft mit der ›Fireworks‹-Sängerin thematisiert. Tatsächlich dauerte dieser Streit mehrere Jahre an, ehe die beiden 2018 schließlich das Kriegsbeil begruben. Eine Remix-Version mit neuer Instrumentierung und Vocals von Kendrick Lamar wurde als vierte Single-Auskopplung des Albums *1989* veröffentlicht.

WILDEST DREAMS
Die fünfte Single ist langsamer als die meisten anderen Songs auf *1989*. Das Lied hat eine sinnlich-träumerische Qualität, die Vergleiche mit Lana Del Reys Musik heraufbeschwört, und beschreibt Taylors Hoffnung, dass ihr Lover sie und die schönen Erinnerungen, die sie miteinander teilen, nicht vergessen wird, wenn sie sich eines Tages trennen. Denn obwohl sie sich wünscht, es wäre anders, weiß sie, dass es irgendwann dazu kommt. Taylor singt: »I can see the end as it begins« und »Someday when you leave me, I'd bet these memories follow you around.« (*Ich sehe, wie es endet, noch während es beginnt* und *Eines Tages, wenn du mich verlässt, werden dich diese Erinnerungen verfolgen, verlass dich darauf.*)

HOW YOU GET THE GIRL
In diesem flotten Popsong hilft Taylor einem Mann, der seine Ex zurückgewinnen will, nachdem er ihr vor sechs Monaten das Herz gebrochen hat, als er ohne jede Erklärung verschwand. Sie hat Tipps für ihn, wie er ihre Gunst wiedererlangen kann, und verrät ihm, was er zu ihr sagen könnte. Ihre Ratschläge zeigen Wirkung, und am Ende des Songs ist das Pärchen wieder glücklich vereint.

THIS LOVE
Diese langsame, sanfte Ballade ist das einzige Lied auf *1989*, das Taylor allein geschrieben hat. Zugleich markiert der Track ihre Wiedervereinigung mit Nathan Chapman, der während ihrer Country-Ära viele ihrer Songs produzierte. Taylors hingehauchter, entspannender Gesang beschreibt den Kreislauf von Beziehungen – die schönen und die hässlichen Seiten – und wie ein Partner in ihr Leben tritt und wieder daraus verschwindet. Ursprünglich war der Refrain ein kurzes Gedicht, das Taylor nach einem entsprechenden Erlebnis im wahren Leben in ihrem Tagebuch notierte. Sie hatte die Melodie dazu sofort im Kopf und wusste, dass daraus ein Song werden musste.

I KNOW PLACES
In diesem Song singt Taylor über die Folgen des Ruhms für eine Beziehung und darüber, wie schwer es für berühmte Pärchen ist, ein Privatleben zu haben. Hierfür greift sie auf die Metapher einer Fuchsjagd zurück, wobei sie und ihr Geliebter die Füchse und die Medien die Jäger sind. Taylor wendet sich in dem Lied an ihren neuen Lover und erklärt ihm, dass sie einen Ort kennt, wo niemand sie finden wird. Die Melodie und der Großteil des Textes waren bereits ausgearbeitet, noch bevor Taylor mit Tedder ins Studio ging. Innerhalb eines einzigen Tages haben sie den Song aufgenommen und ihm den letzten Schliff verpasst.

CLEAN
Diese gefühlvolle Ballade entstand in Zusammenarbeit mit Imogen Heap, die den Song mitschrieb, die Instrumente spielte und die Hintergrund-Vocals einsang. In dem Lied geht es darum, dass Taylor bewusst wird, dass sie endlich über eine Beziehung hinweg ist und nicht länger an Herzschmerz leidet. Dabei verwendet sie Wasser als Metapher, denn zu Beginn herrscht eine Dürre, die das Ende der Beziehung symbolisiert. Dann entlädt sich ein Wolkenbruch, nach dem sie sich gänzlich gereinigt fühlt. Clean eben. Und obwohl es in dem Song augenscheinlich um Liebe geht, lassen sich manche Textpassagen auch als Kommentar auf Suchtverhalten interpretieren: »Ten months sober, I must admit, just because you're clean don't mean you don't miss it.« *(Zehn Monate nüchtern. Ich muss zugeben, bloß, weil man clean ist, heißt das nicht, dass man's nicht vermisst.)*

RECHTS Willkommen in New York! Taylor posiert auf dem Privatbalkon des Empire State Buildings mit der Stadt im Hintergrund (August 2014).

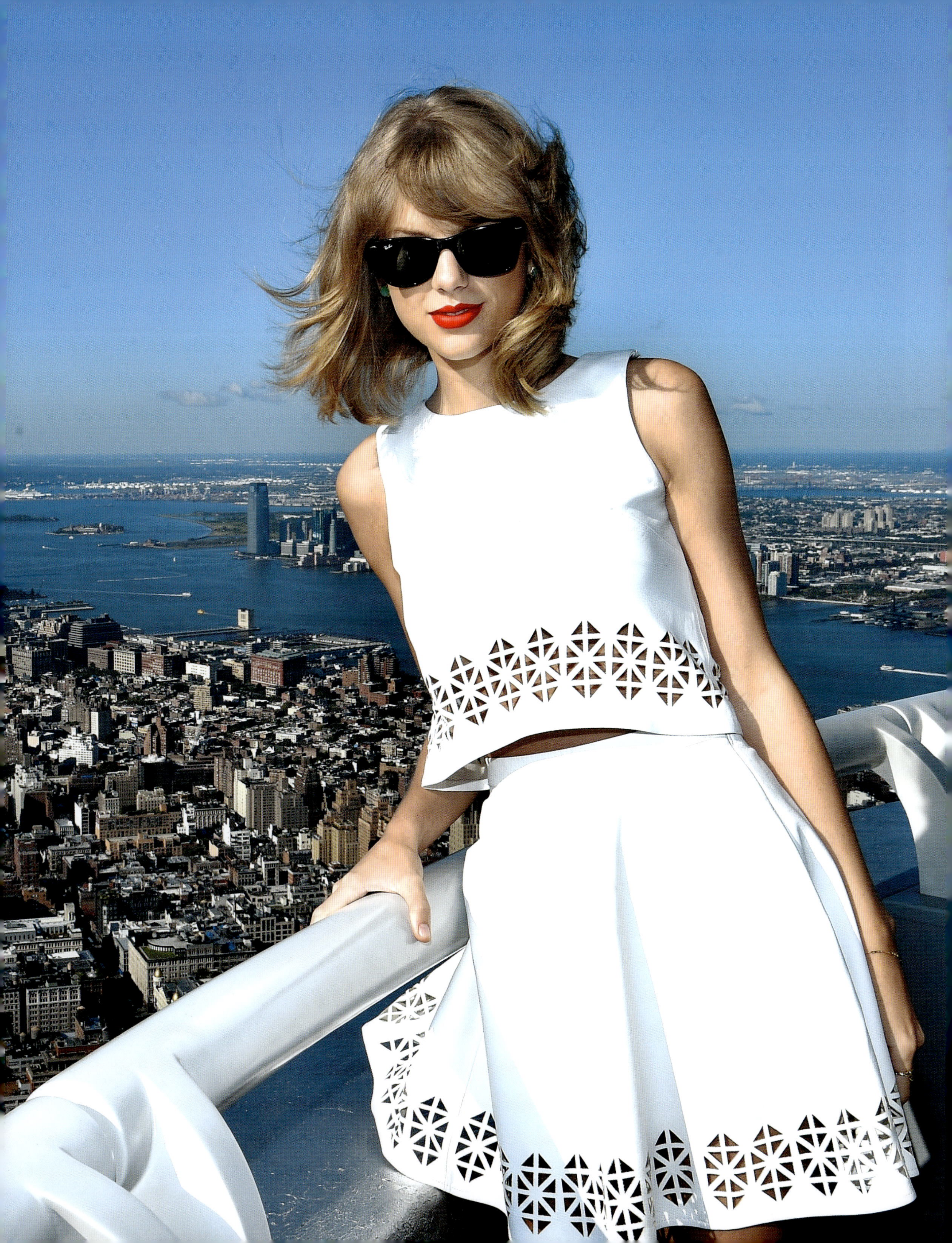

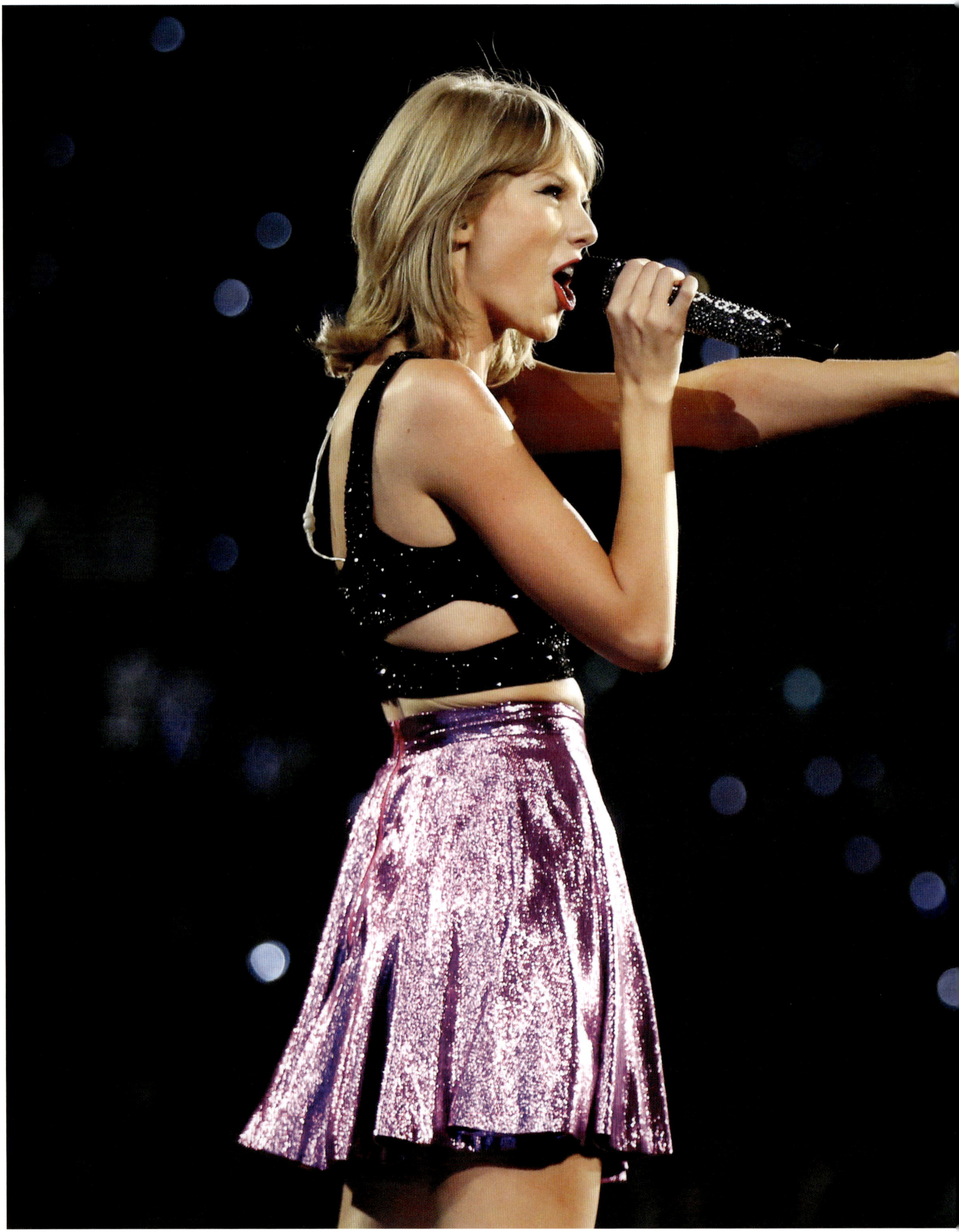

»Ich erzähle euch schon seit Jahren meine Geschichten. Manche drehen sich ums Erwachsenwerden. In anderen geht es darum, die Kontrolle zu verlieren. Dies ist eine Geschichte darüber, seinen eigenen Rhythmus zu finden und dadurch … aufzublühen.«

LINKS Obwohl sie in riesigen Stadien auftrat, plante Taylor die Show und das Bühnenbild der *1989*-Welttournee so, dass sich die Konzerte trotzdem nach einer intimen Performance anfühlten.

REPUTATION

Eigentlich ist Taylor für ihr sonniges Gemüt bekannt, aber als sie nach einer Pause ins Scheinwerferlicht zurückkehrt, ist ihr Sound ernster denn je.

VERÖFFENTLICHUNG: NOVEMBER 2017

... READY FOR IT?
Im Eröffnungstrack des Albums schlüpft Taylor in die Rolle einer Diebin, die »Herzen stiehlt, ohne sich je dafür zu entschuldigen.« Sie trifft auf ihren perfekten Komplizen, mit dem sie ein großes Ding durchziehen und anschließend auf eine Insel fliehen will. Taylor schrieb *Reputation* zu Beginn ihrer Beziehung mit Joe Alwyn, weswegen sich viele der Liebeslieder darauf wohl auf ihn beziehen. In diesem Song erklärt sie, dass ihre Liebe zueinander anders ist als andere Romanzen: »Every love I've known in comparison is a failure.« (*Alles, was ich bislang an Liebe erfahren habe, war verglichen hiermit ein Reinfall.*) Außerdem enthält der Text sexuelle Andeutungen, Taylor rappt, und es gibt Anspielungen auf ein klassisches Hollywood-Paar: Richard Burton und Elizabeth Taylor.

END GAME (FEAT. ED SHEERAN UND FUTURE)
Für diesen Song tat Taylor sich einmal mehr mit Ed Sheeran zusammen, ihrem Duettpartner bei ›Everything Has Changed‹ aus dem Jahr 2012. Außerdem enthält ›End Game‹ aber auch eine Strophe des Rappers Future. Taylor singt hier über ihren Wunsch, dass ihr aktueller Partner die Person ist, mit der sie den Rest ihres Lebens verbringt, statt bloß »ein weiterer Ex zu sein, den sie nicht mehr sehen will.« In dem Song gesteht Taylor, dass ihre »Reputation« ihr vorauseilt und man ihren Liebsten bereits davor gewarnt hat, dass sie »verrückt« ist.

I DID SOMETHING BAD
Ähnlich wie bei ›Blank Space‹ befasst Taylor sich hier mit dem Bild, das in den Medien und in der Öffentlichkeit von ihr verbreitet wurde. Aus diesem Blickwinkel heraus singt sie im Refrain: »They say I did something bad but why's it feel so good? Most fun I ever had, and I'd do it over and over again if I could.« (*Sie sagen, ich hätte etwas Schlimmes getan, aber warum fühlt es sich dann so gut an? Ich hatte noch nie so viel Spaß und würd's immer und immer wieder tun, wenn ich könnte.*) Der Song weist starke Electronic- und Trap-Elemente auf. Um den Effekt nach dem Refrain zu erzeugen, wurde Taylors eigene, tiefer modulierte Stimme verwendet, weil Produzent Martin kein passendes Instrument finden konnte, das den gewünschten Sound lieferte. Es wird vermutet, dass das Lied Anspielungen auf Kanye West und ihren Ex-Freund Calvin Harris enthält.

DON'T BLAME ME
In diesem Midtempo-Song vergleicht Taylor das Gefühl, verliebt zu sein, mit einer Droge. Sie singt, dass die Liebe sie verrückt gemacht hat: »My drug is my baby, I'll be usin' for the rest of my life.« (*Meine Droge ist mein Baby. Ich werde den Rest meines Lebens nicht davon loskommen.*) Diese Metapher setzt sich auch in der Bridge fort, der Passage, die einen Teil des Songs mit einem anderen verbindet. Hier spricht Taylor von einem »High« und bezeichnet die Romanze als den »Trip ihres Lebens«. Viele Fans und Kritiker weisen darauf hin, dass der Song musikalisch gewisse Ähnlichkeiten zu ›Take Me To Church‹ von Hozier aufweist.

DELICATE

Auf der sechsten Single-Auskopplung des Albums klingt Taylor vollkommen anders als sonst, denn sie verwendet hier einen Vocoder, um ihrer Stimme einen zerbrechlichen, emotionaleren Klang zu verleihen. Dies ist der erste Songs des Albums, in dem sie Verwundbarkeit zeigt – alle Lieder vor ›Delicate‹ zeigen Swift als starke, mutige Frau, die sich nicht darum schert, was die Leute über sie sagen. Hier hingegen stellt sie sich die Frage, wie ihr Ruf den Beginn einer neuen Beziehung beeinflussen wird – vermutlich die mit Alwyn. Sie wundert sich, was er schon alles über sie gehört hat und ob das seine Meinung von ihr trüben wird. Eine Schlüsselstelle des Texts lautet: »My Reputation's never been worse, so you like me for me.« *(Ich hatte nie einen schlechteren Ruf als jetzt. Wenn du mich also magst, dann um meiner selbst willen.)*

LOOK WHAT YOU MADE ME DO

Die erste Single des Albums klingt völlig anders als alles, was Taylor zuvor musikalisch gemacht hatte, und etablierte ihren neuen, ernsteren Sound. Sie nutzt den Song, um klar zu machen, dass sie nicht mehr dieselbe ist wie früher: »The old Taylor can't come to the phone right now. Why? Oh, 'cause she's dead.« *(Die alte Taylor kann gerade nicht ans Telefon kommen. Warum? Oh, weil sie tot ist.)* Außerdem scheint das Lied ihre Fehde mit Kanye West zu thematisieren – und den Schaden, den ihr Ruf dadurch genommen hat. Als Songwriter werden hier übrigens auch Mitglieder der britischen Band Right Said Fred genannt, weil der repetitive, fast schon gesprochene Refrain die Melodie ihres Hits ›I'm Too Sexy‹ von 1991 verwendet.

SO IT GOES

Dies ist einer der sexuell aufreizenderen Songs in Taylors Schaffen. Unter anderem singt sie: »I'm not a bad girl, but I'll do bad things with you.« *(Ich bin kein böses Mädchen, aber ich werde böse Sachen mit dir anstellen.)* Außerdem verspricht sie ihrem Lover »Kratzspuren auf deinem Rücken«. Man nimmt an, dass es in dem Track um Alwyn geht, denn der Text beschreibt, dass sie nur Augen füreinander haben, dass sie sich im Moment verlieren, wenn sie zusammen sind, und »ein bisschen zusammenbrechen«, wenn sie getrennt sein müssen.

GORGEOUS

Mit diesem Song kehrt Taylor zu einem konventionelleren, fröhlichen Pop-Sound zurück. Eingeleitet wird das Lied von James, der Tochter von Ryan Reynolds und Blake Lively, die das Wort »Gorgeous« sagt. In dem Track geht es darum, für jemanden zu schwärmen, obwohl man eigentlich mit jemand anderem in einer Beziehung ist. Ungeachtet ihres Beziehungsstatus' ist sie wütend darüber, nicht mit ihrem Crush zusammen zu sein, und singt: »You've ruined my life by not being mine.« *(Du hast mein Leben ruiniert, weil du nicht mir gehörst.)*

GETAWAY CAR

Kriminelle, die in einem Fluchtwagen vom Schauplatz eines Verbrechens fortrasen, werden in diesem Song zur Metapher für eine Romanze, die von Beginn an zum Scheitern verurteilt ist. Der Text kann als Verweis auf Taylors Kurzzeitliebelei mit dem Schauspieler Tom Hiddleston interpretiert werden, dem quasi die Rolle des Fluchtwagens zukommt, mit dem Taylor ihrer Beziehung mit Calvin Harris entkam. Sie wusste, dass ihre Romanze aufgrund der Umstände, wie sie begann, keine echte Zukunft hatte, denn sie singt: »Should've known I'd be the first to leave, think about the place your first met me.« *(Du hättest wissen müssen, dass ich als Erste gehe. Denk dran, wo du mich zum ersten Mal getroffen hast.)*

—◆—

LINKS Obwohl Ton und Ästhetik des Albums »dunkler« sind, drehen sich auch diesmal viele Songs um das Thema Liebe.

John Shearer/TAS18/TAS Rights Management/Getty Images

»Beim Schreiben von *Reputation* wurde Taylor
von *Game of Thrones* inspiriert.«

KING OF MY HEART
Dieser Song ist ungewöhnlich aufgebaut, da jeder Abschnitt eine neue Phase im Verlauf einer Beziehung beschreibt. Die erste Strophe erzählt davon, wie Taylor ihr Single-Dasein genießt, bevor sie Alwyn kennenlernt. Im Prechorus (das sind die letzten Takte einer Strophe direkt vor dem Refrain) sind die beiden ein frischverliebtes Paar. Der Refrain zeigt schließlich, wie diese Liebe größer und ernster wird: »And all at once, you're all I want, I'll never let you go, king of my heart, body, and soul.« *(Und plötzlich bist du alles, was ich will. Ich werde dich nie loslassen, König meines Herzens, meines Körpers und meiner Seele.)* Die Musikuntermalung verändert sich während jeder dieser Phasen ebenfalls drastisch. Taylor wurde beim Schreiben des Albums von *Game of Thrones* inspiriert und wollte, dass der Schlagzeugrhythmus nach dem Refrain wie die Trommeln der Dothraki aus der Serie klingt.

DANCING WITH OUR HANDS TIED
Das Lied beschreibt die Anfangsphase von Taylors Beziehung mit Joe Alwyn, als sie ihn »im Geheimen« liebte und die Öffentlichkeit noch nichts davon wusste. Ganz ähnlich wie ›I Know Places‹ vom Album *1989* bringt Taylor auch in diesem Song ihre Sorge zum Ausdruck, dass ihr Ruhm und das damit einhergehende Interesse der Medien an ihrem Leben die Romanze zerstören könnten, sobald sie publik wird. Wie der Titel des Songs andeutet, haben die beiden zwar Spaß zusammen, doch es fehlt ihnen die Freiheit, zu tun, was immer sie wollen, wie ein ganz normales Pärchen.

DRESS
Bis zu diesem Zeitpunkt hatte Taylor noch nie einen Song geschrieben, in dem es so unverhohlen um Sex geht wie hier. Im Text verrät sie, dass sie sich das titelgebende Kleid nur gekauft hat, damit ihr Geliebter es ihr auszieht. »I don't want you like a best friend«, heißt es da in einer Zeile *(Ich will dich nicht bloß als besten Freund),* was jede Menge Spekulationen darüber auslöste, von wem in dem Lied die Rede sein könnte. Anfangs galt Ed Sheeran als der »Hauptverdächtige«, doch tatsächlich handelt der Song einmal mehr von Joe Alwyn und scheint die Phase ihrer Beziehung nachzuzeichnen, in der aus Freunden Geliebte wurden, ohne dass sonst irgendjemand davon wusste. Offenbar hatte Taylor Mühe, ihr Verlangen nach ihm geheim zu halten.

THIS IS WHY WE CAN'T HAVE NICE THINGS
Zu Beginn dieses unbeschwerten Songs erzählt Taylor von den Star-gespickten Partys, die sie früher für ihre Freunde gab, bis die Medien sie deswegen an den Pranger stellten. Das Lied enthält auch eine der direktesten Anspielungen auf ihren Streit mit Kanye West und seiner Frau, Kim Kardashian: »Friends don't try to trick you, get you on the phone and mind-twist you.« *(Freunde versuchen nicht, dich reinzulegen, dich ans Telefon zu kriegen, damit sie dich manipulieren können.)* Sie spricht auch ihren ruinierten Ruf an und lobt ihre »echten Freunde« und ihren Freund, weil sie nichts auf das Geschwätz geben.

CALL IT WHAT YOU WANT
Diese langsame, minimalistische Ballade thematisiert die mehrmonatige Phase im Jahr 2016, als Taylor sich aus der Öffentlichkeit zurückzog. Obwohl ihr Ruf schwer gelitten hatte, ging es ihr prima, denn sie war gerade dabei, sich in Alwyn zu verlieben, und die Stimmen der Kritiker »verblassten«, wenn sie mit ihm zusammen war. Eine besonders eindrückliche Textstelle lautet: »My castle crumbled overnight« *(Mein Schloss ist über Nacht in sich zusammengefallen),* gefolgt von: »All the liars are calling me one« *(All die Lügner schimpfen mich auch einen),* was sich auf Taylors öffentlichen Sündenfall bezieht. Aber dank ihrer neuen Romanze erklärt sie fast trotzig: »I am doing better than I ever was!« *(Es geht mir besser als je zuvor!)*

NEW YEAR'S DAY
Im Gegensatz zu dem Electropop, der das Album dominiert, ist ›New Year's Day‹ eine schlichte, Piano-lastige Ballade. Am Tag nach einer großen Silvesterfeier singt Taylor darüber, dass sie um Mitternacht da war, um Alwyn zu küssen. Und auch jetzt, am nächsten Morgen, ist sie da, um aufzuräumen, was so viel bedeutet wie, dass sie füreinander da sein werden, »in guten wie in schlechten Zeiten.« Taylor weiß, dass »ein langer Weg« vor ihnen liegt, und sie hofft, dass er niemals enden wird. Eine besonders vielsagende Textstelle lautet: »Please don't ever become a stranger whose laugh I could recognise anywhere.« *(Bitte, werde nie ein Fremder, dessen Lachen ich überall wiedererkennen würde.)*

LINKS Taylor während der *Reputation*-Stadiontour bei einem Konzert in Chicago (Juni 2018).

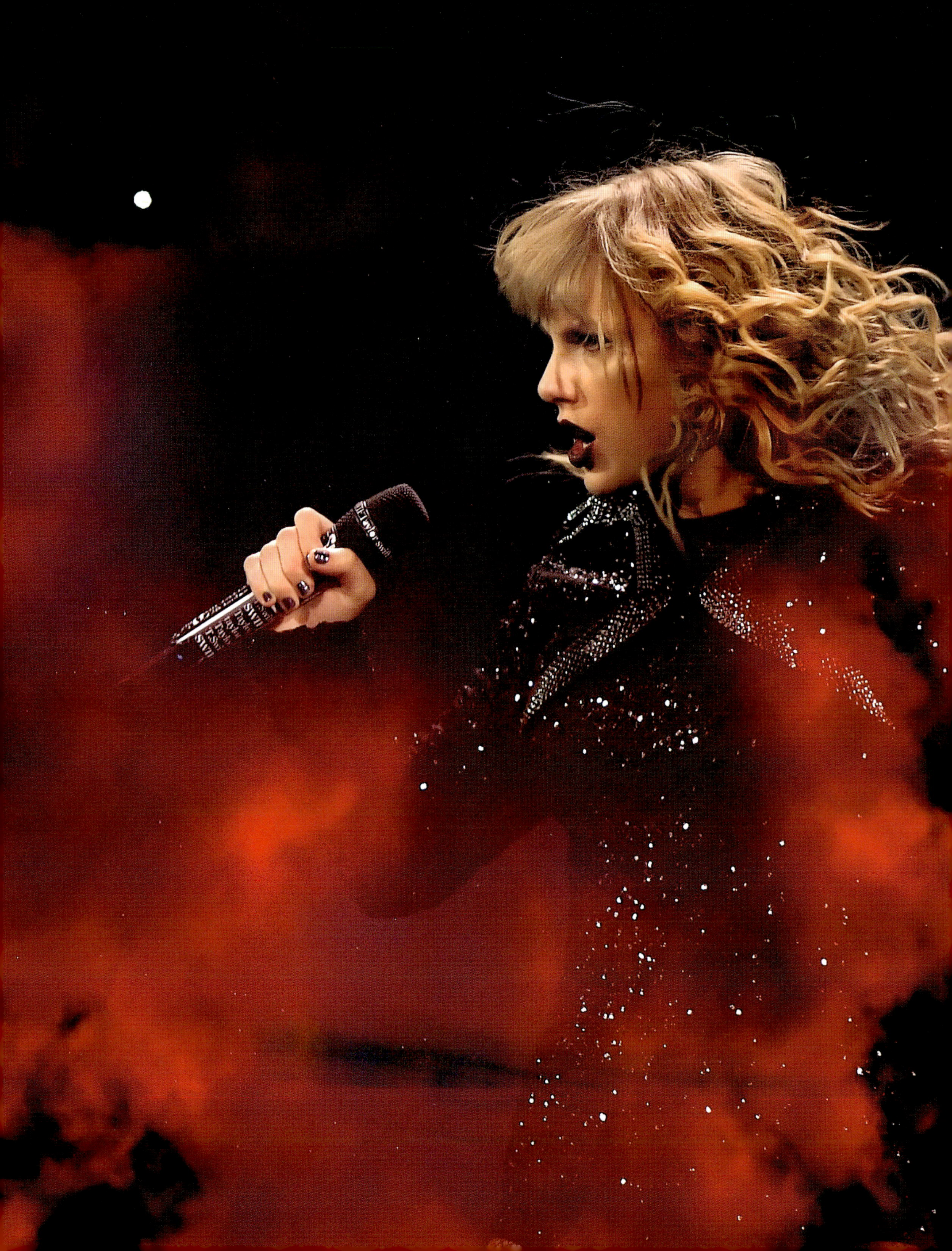

> »Wir glauben, jemanden zu kennen, aber in Wahrheit kennen wir nur die Version von anderen, die sie uns zeigen.«

LINKS Taylor zufolge war *Reputation* ihr erstes Album, das die Leute nicht wirklich »verstanden«, bis sie die Songs live erlebten. Die preisgekrönte *Reputation*-Stadiontour brach zahlreiche Umsatzrekorde.

LOVER

Taylors siebtes Album feiert die Liebe und markiert ihre Rückkehr zu einem fröhlicheren, optimistischeren Electropop-Sound.

VERÖFFENTLICHUNG: AUGUST 2019

I FORGOT THAT YOU EXISTED

Zum Auftakt des Albums stellt Taylor klar, dass sie einen Schlussstrich unter den Ereignissen gezogen hat, die den dunklen Grundton von *Reputation* bedingten. Sie erinnert sich daran, wie lange sie über die Person nachgedacht hat, die ihr übel mitgespielt hat – vermutlich Kanye West –, und dass sie lange »in dem Schatten lebte«, den dieser Jemand auf sie warf, »bis aller Sonnenschein verschwunden war.« Doch mittlerweile hat sie mit der Sache abgeschlossen und jetzt, wo sie besagter Person mit Gleichgültigkeit begegnet, ist ihr Leben viel besser. Der beschwingte, fröhliche Song besticht mit einem minimalistischen Arrangement: Die Strophen werden bloß von kurzen Pianoeinsätzen und Fingerschnipsen begleitet.

CRUEL SUMMER

In diesem luftig-leichten Popsong singt Taylor über eine unverfängliche Sommerliebelei mit einem »Bad Boy«. Sie ist sich nicht sicher, ob die Beziehung eine Zukunft hat, sehnt sich aber verzweifelt nach mehr. In der ikonischen Bridge gesteht sie ihm schließlich ihre wahren Gefühle. »And I scream for whatever it's worth, I love you, ain't that the worst thing you ever heard?« *(Und ich schreie aus voller Kehle »Ich liebe dich«, auch wenn ich nicht weiß, ob's irgendwas bringt. Ist das nicht das Schlimmste, das du je gehört hast?)* Die Musik wurde von Jack Antonoff in Zusammenarbeit mit Annie Clark (aka St. Vincent) geschrieben. ›Cruel Summer‹ sollte ursprünglich als Vorab-Single des Albums veröffentlicht werden, doch der Ausbruch der Corona-Pandemie warf diese Pläne über den Haufen. Allerdings bekam der Song dank der *Eras*-Tour einen solchen Popularitätsschub, dass er 2023 schließlich doch noch als Single ausgekoppelt wurde.

LOVER

Der Titeltrack des Albums ist gleichzeitig die dritte Single-Auskopplung, ein langsamer, romantischer Walzer mit nostalgischer, zeitloser Anmutung, getragen von einer Akustikgitarre. Taylor schrieb diese Ballade über ihre Liebe zu Joe Alwyn am Abend vor einer Studio-Session mit Jack Antonoff. Der Text gleicht einem Bekenntnis, und die beiden wollten dazu Musik, wie sie bei einem Hochzeitsempfang in den 1970er Jahren gespielt hätte. Die Bridge erinnert nicht von ungefähr an ein Treuegelöbnis: »Ladies and gentlemen, will you please stand? [...] I take this magnetic force of a man to be my lover.« *(Ladies und Gentlemen, wenn Sie sich bitte erheben würden ... Ich nehme diese magnetische Urgewalt von einem Mann zu meinem Liebsten.)*

THE MAN

In der vierten Single des Albums prangert Taylor den Sexismus und die Doppelmoral an, die sie im Zuge ihrer Karriere erlebt hat. Sie malt sich aus, wie sie wohl in der Presse dargestellt und von der Öffentlichkeit behandelt worden wäre, wenn sie ein Mann wäre und genau dieselben Entscheidungen in ihrem Leben getroffen hätte. In einer besonders bedeutsamen Textzeile singt sie: »I'd be a fearless leader. I'd be an alpha type, to have everyone believe you, what's that like?« *(Ich wäre ein furchtloser Anführer, ich wäre ein Alphatier. Wie fühlt es sich an, wenn alle an dich glauben?)*

RECHTS Nach der eher dunklen Ästhetik von *Reputation* war Taylors *Lover*-Ära von hübschen, strahlenden Pastelltönen beherrscht.

THE ARCHER
Mit diesem zutiefst persönlichen, ehrlichen Song setzt Taylor die Tradition fort, sich auf dem fünften Lied jedes Albums von ihrer verletzlichsten Seite zu zeigen. Diese minimalistische Midtempo-Ballade wartet mit starken Synthesizern und einem sanften House-Beat auf, der sich immer weiter steigert und drängender wird. Im Text setzt sich Taylor mit den Fehlern auseinander, die sie in früheren Beziehungen gemacht hat, und beschreibt die Verunsicherungen, die sie in ihrer neuen Beziehung quälen.

I THINK HE KNOWS
Die schlichte musikalische Untermalung dieses Songs steigert sich im Refrain zu einem eingängigen, Funk-inspirierten Groove. Taylor singt davon, dass sie und ihr Liebster voneinander besessen sind und sie eigentlich gar nicht sagen muss, wie sehr sie in ihn vernarrt ist, weil er es sowieso weiß. Die 16th Avenue, die in den Lyrics erwähnt wird, verweist auf die Music Row in Nashville, wo Taylor in den frühen Tagen ihrer Karriere viele Songs zu schreiben pflegte.

MISS AMERICANA & THE HEARTBREAK PRINCE
Der Song, der auch den Namen der Netflix-Dokumentation »Miss Americana« inspirierte, spielt in einer High School. Das langsame, melancholische Lied ist von Cheerleader-Rufen durchzogen und erzählt – zumindest oberflächlich betrachtet – ähnlich wie ›You Belong to Me‹ die Geschichte einer High-School-Romanze. Tatsächlich schrieb Taylor den Song jedoch kurz nach den amerikanischen Zwischenwahlen 2018, um ihre Enttäuschung über den Stand der US-Politik deutlich zu machen. Das wird besonders deutlich bei Textstellen wie »American glory, faded before me.« (*Die amerikanische Pracht verblasst vor mir.*) und »I saw the scoreboard, and ran for my life.« (*Ich sah den Stand auf der Anzeigetafel und rannte um mein Leben.*) Die Zeile, in der sie die Redewendung »Paint the Town Red« in »Paint the Town Blue« umwandelt, lässt keinen Zweifel an ihrer Unterstützung für die US-Partei der Demokraten, deren Farbe Blau ist. Dennoch endet der Song hoffnungsvoll: Taylor ist sicher, dass ihr Team eines Tages gewinnen wird.

PAPER RINGS
In diesem quirligen, fröhlichen Popsong blickt Taylor darauf zurück, wie weit sie und Joe Alwyn seit den Anfängen ihrer Beziehungen gekommen sind, denn anfangs zeigte sie ihm damals die kalte Schulter. Jetzt schwelgt sie in den schönen Erinnerungen, die sie miteinander teilen, betont, wie wichtig er ihr ist, und dass sie ihn trotz ihrer Vorliebe für »glänzende Dinge« selbst dann heiraten würde, wenn sie nur selbstgebastelte Papierringe hätten.

CORNELIA STREET
In der ersten Strophe des Songs singt Taylor darüber, dass sie eine Wohnung in der Cornelia Street gemietet hat, die sie »zufällig entdeckte, als sie mit dem Wagen vorbeifuhr.« Damit bezieht sie sich auf das Apartment, in dem sie 2016 kurzzeitig in Greenwich Village in New York lebte. In dem Track, den Taylor allein schrieb, geht es darum, dass sie nicht will, dass ihre aktuelle Beziehung jemals endet und sie nach einer Trennung nie wieder diese Straße entlanggehen könnte, weil zu viele Erinnerungen mit dem Ort verbunden sind. Gegen Ende des Lieds hört man im Hintergrund Scheibenwischer, was dem Zuhörer den Eindruck vermittelt, dass das Pärchen im Auto unterwegs ist.

DEATH BY A THOUSAND CUTS
Mit diesem Song wollte Taylor beweisen, dass sie noch immer einen Song über eine Trennung schreiben kann, obwohl sie gerade in einer liebevollen Beziehung war. Anstatt einen Moment aus ihrem eigenen Leben zu thematisieren, ließ sie sich von den Charakteren des Netflix-Films *Someone Great* von 2019 inspirieren. Darin geht es um eine Frau, die versucht, ihr gebrochenes Herz zu heilen, nachdem ihr langjähriger Freund sie sitzengelassen hat. Taylor gestand, dass der Film sie so berührt hat, dass sie sogar davon träumte, in derselben Situation zu sein. Sie schrieb den Text allein, ehe sie den Song im Studio zusammen mit Jack Antonoff produzierte.

LONDON BOY
Dieser leichtherzige Song beginnt mit einem Ausschnitt von Idris Elbas Auftritt in der *Late Show* mit James Corden, in dem der Schauspieler erzählt, wie er mit seinem E-Scooter durch London fährt. Das Lied ist eine Liebeserklärung an Taylors eigenen »London Boy« Joe Alwyn. Außerdem beschreibt sie hier einige ihrer Lieblingsbeschäftigungen in der britischen Hauptstadt und nennt speziell Orte wie u. a. Brixton, Highgate, Camden Market und Shoreditch. Sie singt darüber, wie sie sich in einem Pub Rugby-Spiele ansieht, benutzt Slangausdrücke wie »Mate« und »Babes« und erwähnt Modedesignerin Stella McCartney, mit der sie bei einem besonderen Sortiment von *Lover*-Merchandise zusammengearbeitet hat. Der Song greift auf den Rhythmus von Cautious Clays ›Cold War‹ zurück, weswegen er hier auch als Mitverfasser angeführt wird.

SOON YOU'LL GET BETTER (FEAT. THE CHICKS)
Diese emotionale, sehr persönliche Ballade dreht sich um Taylors Mutter und ihren (zweiten) Kampf gegen den Krebs. Taylor singt nur selten über ihre Familie, und zunächst hatte die Zweifel, das Lied mit auf das Album zu packen. In dem Song wendet sie sich an ihre Mutter und versichert ihr, dass es ihr schon bald wieder besser gehen wird, »weil es gar nicht anders geht.« Doch ihre Worte klingen, als müsste sie nicht bloß ihre Mom, sondern auch sich selbst davon überzeugen, und Taylor fragt sich, wie sie es verkraften solle, wenn ihre Mutter eines Tages nicht mehr da ist. Der Hintergrundgesang stammt von Taylors Country-Heldinnen The Chicks.

FALSE GOD
›False God‹ ist ein sinnliches, von einem Saxofon-Solo durchzogenes Liebeslied mit R & B-Einflüssen. Taylor nutzt hier religiöse Bilder, um die Höhen und Tiefen ihrer Beziehung mit Alwyn zu beschreiben, und sagt, dass sie ihrer Liebe selbst dann huldigen würden, wenn sie ein falscher Gott wäre.

YOU NEED TO CALM DOWN
Mit der zweiten Single von *Lover* bezieht Taylor klar Stellung für die LGBTQ+-Community. Das Lied ist eine Kampfansage gegen Internet-Trolle, Cancel Culture und Homophobie. All denen, die Fremden online hasserfüllte Nachrichten schreiben, hält sie entgegen: »Cause shade never made anybody less gay. [...] You need to just stop.« *(Über jemanden zu lästern, macht ihn nicht weniger gay ... Hört einfach damit auf.)* Sie wurde dazu inspiriert, den Song zusammen mit Joe Little zu schreiben, als sie erkannte, dass ihre Unterstützung für die LGBTQ+-Community bis dahin nicht laut und deutlich genug gewesen war. Das stargespickte Musikvideo zu ›You Need To Calm Down‹ wurde mit dem Video for Good Award ausgezeichnet.

RECHTS Taylor posiert anlässlich eines *Lover*-Events mit ihren Background-Sängerinnen Jeslyn Gorman, Eliotte Nicole, Melanie Nyema und Kamilah Marshall.

AFTERGLOW
In diesem Song erinnert Taylor sich an einen hitzigen Streit mit ihrem Partner. Sie entschuldigt sich dafür, dass sie seine Gefühle verletzt hat und bittet ihn, ihr zu versprechen, dass er sie nie verlassen wird, »selbst, wenn ich den Verstand verliere.« Sie übernimmt die Verantwortung dafür, dass sie aus einer Mücke einen Elefanten gemacht hat, und bittet um Verzeihung dafür, dass sie ihn mit Schweigen strafte und diejenige sei, die damit die Beziehung »niedergebrannt« hätte.

ME! (FEAT. BRENDON URIE)
Dieser Bubblegum-Popsong diente als Vorabsingle von *Lover* und kündigte Taylors Rückkehr zu einem fröhlicheren, peppigeren Sound an. ›ME!‹ steht dafür, sich selbst zu lieben und die eigene Individualität zu feiern. Der Song ist ein Duett von Taylor und Brendon Urie von Panic! at the Disco. Die beiden hatten die Arbeit des jeweils anderen schon seit Jahren bewundert und schlüpfen in dem Lied in die Rollen von zwei Geliebten, die sich gegenseitig versichern, dass sie niemals jemand Besseren finden werden als einander. Dementsprechend heißt es im Text mehrmals: »I promise that you'll never find another like me.« *(Ich verspreche dir, du wirst niemals wieder jemanden finden wie mich.)*

IT'S NICE TO HAVE A FRIEND
Diese verträumte Ballade könnte als Geschichte zweier Kindheitsfreunde betrachtet werden, die sich verlieben und heiraten. Allerdings hat Taylor klargestellt, dass das Ganze keine lineare Geschichte ist, sondern es vielmehr um das Gefühl geht, in unterschiedlichen Phasen des Lebens einen guten Freund zu finden. Der Song beginnt mit einer nostalgischen Erinnerung an Kindheitsfreundschaften, ehe es darum geht, in demjenigen, den man liebt, auch einen Freund zu haben. Der Track unterscheidet sich in puncto Instrumentierung stark von Taylors sonstigem Werk, denn ihr Gesang wird hier von Stahltrommeln und Harfen begleitet (wodurch der Song fast ein wenig an die Musik einer Spieluhr erinnert). Neben einem Trompetensolo und einem Hintergrundchor präsentiert der Song zudem ein Sample aus ›Summer in the South‹, einem Lied des Jugendchors der Regent Park School of Music aus Toronto, Kanada.

DAYLIGHT
Taylor erwog eine Zeitlang, das Album *Daylight* zu nennen, bevor sie sich schließlich für *Lover* entschied. Sie wählte diese Ballade, die sie allein schrieb, als Abschlusstrack des Albums, weil es darin darum geht, den Schmerz und die Wunden, die sie in vergangenen Beziehungen erlitten hatte, anzuerkennen und zu verarbeiten, um letztlich für sich zu entscheiden, all diese Dinge hinter sich zu lassen und mit Alwyn den Sonnenschein zu genießen. Sie vergibt sich für vergangene Fehler und singt: »I wounded the good and I trusted the wicked.« *(Ich habe den Guten wehgetan und den Niederträchtigen vertraut.)* Das Lied beinhaltet auch eine Anspielung auf ihren Song ›Red‹ und ein gesprochenes Outro, in dem Taylor erklärt, dass sie »durch die Dinge definiert werden will, die ich liebe.«

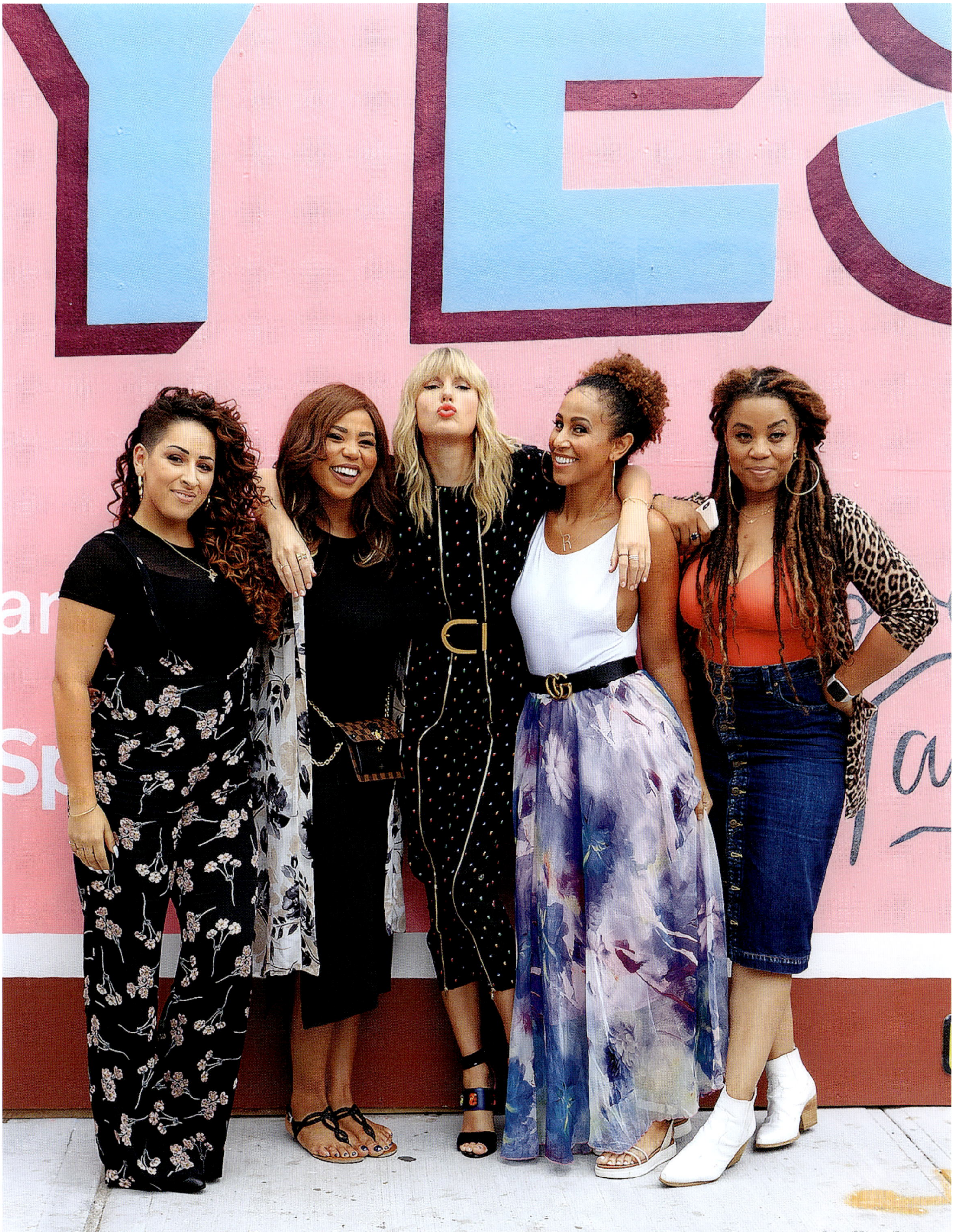

Gotham/GC Images/Getty Images.

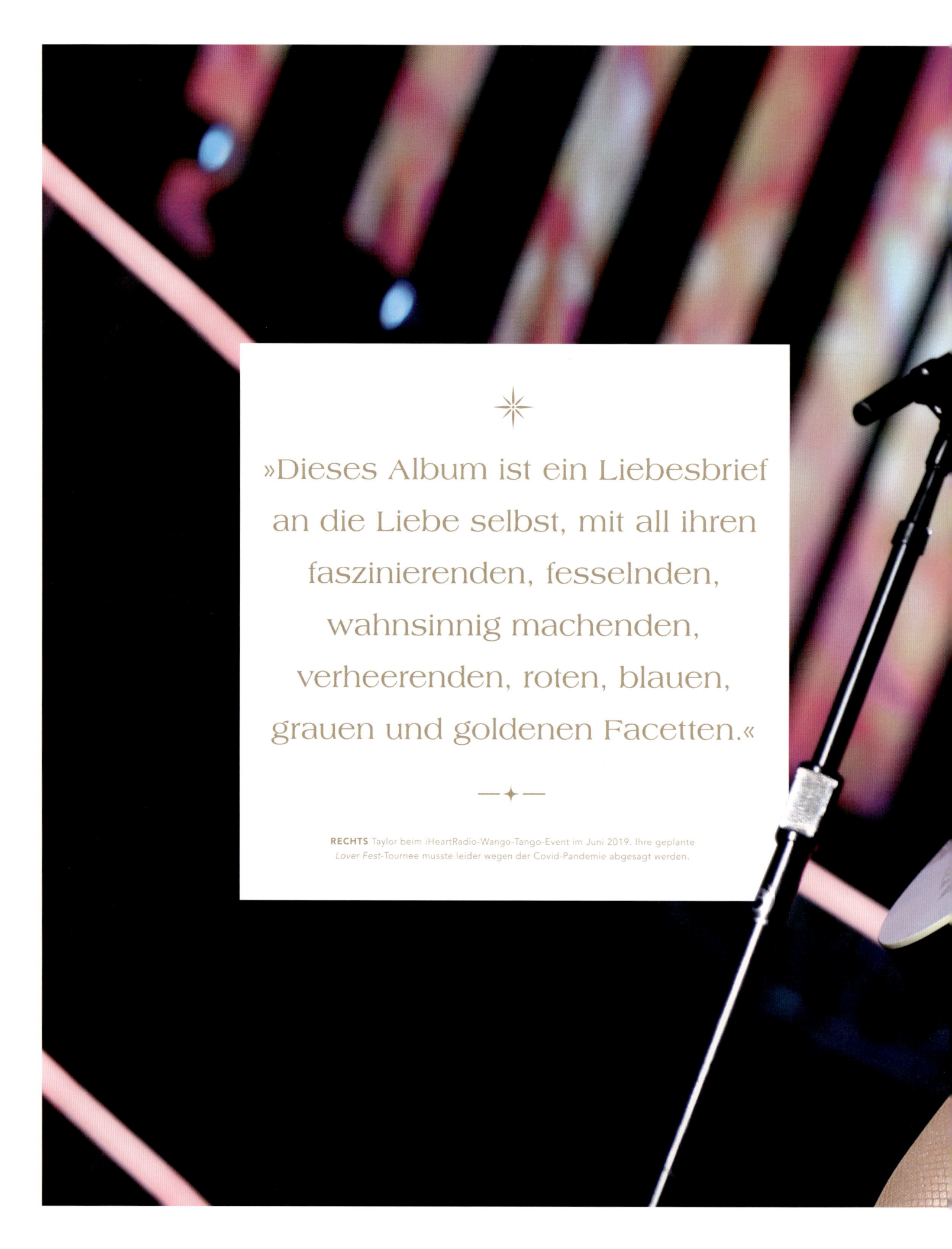

»Dieses Album ist ein Liebesbrief an die Liebe selbst, mit all ihren faszinierenden, fesselnden, wahnsinnig machenden, verheerenden, roten, blauen, grauen und goldenen Facetten.«

RECHTS Taylor beim iHeartRadio-Wango-Tango-Event im Juni 2019. Ihre geplante *Lover Fest*-Tournee musste leider wegen der Covid-Pandemie abgesagt werden.

Bild: Rich Fury/iHeartMedia/Getty Images
Zitat aus dem Vorwort von Lover (2019)

FOLKLORE

Taylors überraschendes Lockdown-Album präsentiert einmal mehr einen mühelosen Stilwechsel und erweist sich als wehmütiges, melancholisches Meisterwerk, das den Pop hinter sich lässt.

VERÖFFENTLICHUNG: JULI 2020

THE 1
Das Album beginnt damit, dass Taylor über eine vergangene Beziehung nachdenkt. Anfangs sprüht sie vor Optimismus, weil sie all das Gute zu schätzen weiß, das sie hat, und sie ihrem Ex nur das Beste wünscht. Im Refrain schlägt ihr Optimismus in Nostalgie um und sie fragt, was hätte sein können: »If one thing had been different, would everything be different today?« *(Wäre nur eine Sache anders gelaufen, wäre dann heute alles anders?)* Taylors Kreativpartner bei *Folklore*, Aaron Desner von The National, verriet in einem Interview mit *Vulture*, dass das Lied erst sehr spät entstand. »›The 1‹ und ›Hoax‹ waren die letzten Lieder, die wir produzierten. Eigentlich war das Album da schon fertig. [...] Diese beiden Stücke bilden so was wie einen Rahmen für die anderen Stücke.«

CARDIGAN
Diese bezaubernde Piano-Ballade ist der erste Song eines Trios verknüpfter Tracks, die eine fiktive High-School-Dreiecksbeziehung aus verschiedenen Blickwinkeln beleuchten. Im Gegensatz zu ›August‹ und ›Betty‹ erleben wir das Geschehen in ›Cardigan‹ aus Bettys Perspektive, während sie über ihre Beziehung mit James nachdenkt. Obwohl er ihr das Herz brach, weil er sie betrog, war sie sicher, dass er zu ihr zurückkommen würde: »I knew you'd miss me once the thrill expired, and you'd be standing in my front porch light. And I knew you'd come back to me ...« *(Ich wusste, dass du mich vermisst, sobald der Nervenkitzel verflogen ist, und ich dich wieder im Licht meiner Veranda stehen sehe. Ich wusste, du würdest zu mir zurückklommen ...)* Im Song ›Betty‹ erfahren wir James' Sicht der Dinge.

THE LAST GREAT AMERICAN DYNASTY
Das Lied beschreibt das Leben von Rebekah Harkness, einer reichen Erbin und Kunstmäzenin, deren exzentrisches Auftreten ihr in der High Society einen zweifelhaften Ruf eingebracht hat. Dies ist einer der flotteren Songs auf dem Album, mit einem angenehmen, synkopierten Beat, der die Melodie vorantreibt. Im Laufe des Tracks wird die Geschichte immer persönlicher, als Taylor Parallelen zwischen sich und Harkness zieht. Abgesehen davon, dass Taylor vor einigen Jahren das Anwesen der Harkness-Erbin in Rhode Island, Holiday House, kaufte, sehen sich beide ständig der unfairen Behandlung durch die Medien ausgesetzt. Doch als der Song ausklingt, singt Taylor gleichermaßen triumphierend wie ironisch: »I had a marvellous time ruining everything.« *(Ich hatte eine tolle Zeit dabei, alles zu ruinieren.)*

EXILE (FEAT. BON IVER)
Taylors ungeschminktes, emotionales Duett mit Justin Vernon von Bon Iver dreht sich um den Moment, als sich ein Pärchen zum ersten Mal seit der Trennung wiedersieht. Wir hören ihre gegensätzlichen Ansichten zu ihrer Beziehung: Justins Charakter ist verbittert, weil alles scheinbar ganz plötzlich endete, während Taylor erklärt, dass sie ihm immer neue Chancen gab, bevor sie schließlich beschloss, zu gehen. ›Exile‹ ist eins von mehreren Stücken auf *Folklore*, das Metaphern aus der Filmwelt verwendet, um eine Beziehung zu beschreiben – ein beliebtes Motiv in Taylors Songwriting.

MY TEARS RICOCHET

Nachdenkliche Akkorde und ein engelsgleicher Hintergrundgesang erzeugen eine Atmosphäre wie bei einer Beerdigung. Taylor erklärt, dass der Song von der Vorstellung inspiriert wurde, dass »ein verbitterter Peiniger auf der Beisetzung des Objekts seiner Begierde auftaucht.« Manche Fans glauben, der metaphorische Tod, von dem Taylor singt, könnte eine Anspielung auf ihre Entscheidung sein, Big Machine Records zu verlassen. Dazu passt die Textzeile: »And when you can't sleep at night, you hear my stolen lullabies.« *(Und wenn du nachts nicht schlafen kannst, hörst du meine gestohlenen Gute-Nacht-Lieder.)* Damit könnte Taylors Disput mit Scooter Braun und Scott Borchetta über die Rechte an den Master-Aufnahmen ihrer ersten sechs Alben gemeint sein.

UNTEN Mit der Ankündigung von *Folklore* überraschte Taylor alle – selbst ihre Plattenfirma erfuhr erst einige Stunden vor der Veröffentlichung davon.

MIRRORBALL

Taylor vergleicht sich hier mit einer Discokugel. Sie beschreibt sich als Objekt, das andere unterhalten soll und die Persönlichkeiten der Menschen um sie herum widerspiegelt. Die Zeile »I'm still trying everything to keep you looking at me« *(Ich tue alles, damit ihr mich weiter anseht)*, bezieht sie sich auf ein Thema, das Taylor auch in *Miss Americana* anspricht: die unverhältnismäßigen Erwartungen, denen sich Frauen in der Musikwelt gegenübersehen. »Die Künstlerinnen, die ich kenne, haben sich 20 Mal häufiger neu erfunden als ihre männlichen Kollegen«, sagt Taylor. »Ihnen bleibt gar nichts anderes übrig, weil sie sonst ihren Job los sind! Ständig muss man sich verändern. Ständig muss man neue Facetten an sich finden, damit man für die Leute interessant bleibt ...«

SEVEN

Untermalt von einer treibenden Pianomelodie, beschreibt Taylor hier eine Kindheitsfreundschaft mit jemandem aus einem zerrütteten Zuhause. Sie erinnert sich daran, wie Kinder schwierigen Situationen zu entfliehen versuchen, und an ihre naiven Bemühungen, anderen zu helfen: »I think you should come live with me and we can be pirates, then you won't have to cry or hide in the closet.« *(Ich finde, du solltest bei uns wohnen. Dann wir können Piraten sein und du musst nicht mehr weinen oder dich im Schrank verstecken.)* Die Textzeile »Passed down like folk songs, our love lasts so long« *(Weitergegeben wie Volkslieder, währt unsere Liebe ewig lang)* ist eine perfekte Zusammenfassung von *Folklore*.

AUGUST

Der Song ist der zweite Teil der »Teenager-Dreiecksbeziehung«, diesmal aus der Perspektive des Mädchens, mit dem James eine Affäre hatte. (Taylor verriet später, dass sie selbst dieses Mädchen Augustine nennt.) Sie erinnert sich an ihre leidenschaftliche Liebelei und daran, wie sie endete, weil James in Wahrheit immer noch Betty liebt. Obwohl James die Sache im Song ›Betty‹ als »Sommer-Techtelmechtel« abtut, wünscht sich Augustine, aus ihrer Beziehung wäre mehr geworden. Das wird besonders im hypnotischen Refrain deutlich, wo es heißt: »For me it was enough to live for the hope of it all, cancelled plans just in case you'd call.« *(Mir hat es genügt, für die Hoffnung zu leben, meine Pläne aufzugeben, nur für den Fall, dass du anrufst ...)*

THIS IS ME TRYING

Auf den ersten Blick handelt dieser Song davon, dass jemand versucht, nach einer gescheiterten Beziehung Wiedergutmachung zu leisten und die Verantwortung für seine Fehler zu übernehmen. Dabei werden auch einige düstere Themen rings um die mentale Gesundheit der Erzählerin angesprochen, u. a. Depressionen und Alkoholsucht. Allerdings könnte die »Beziehung« auch sinnbildhaft für Taylors Karriere stehen, insbesondere für ihr Hadern mit dem Leben in der Öffentlichkeit und ihre Rückkehr nach der selbstgewählten Auszeit 2016 und 2017: »I've been having a hard time adjusting. [...] I didn't know if you'd care if I came back.« *(Es war nicht leicht, mich umzugewöhnen. [...] Ich wusste nicht, ob es dich überhaupt interessiert, wenn ich zurückkomme.)*

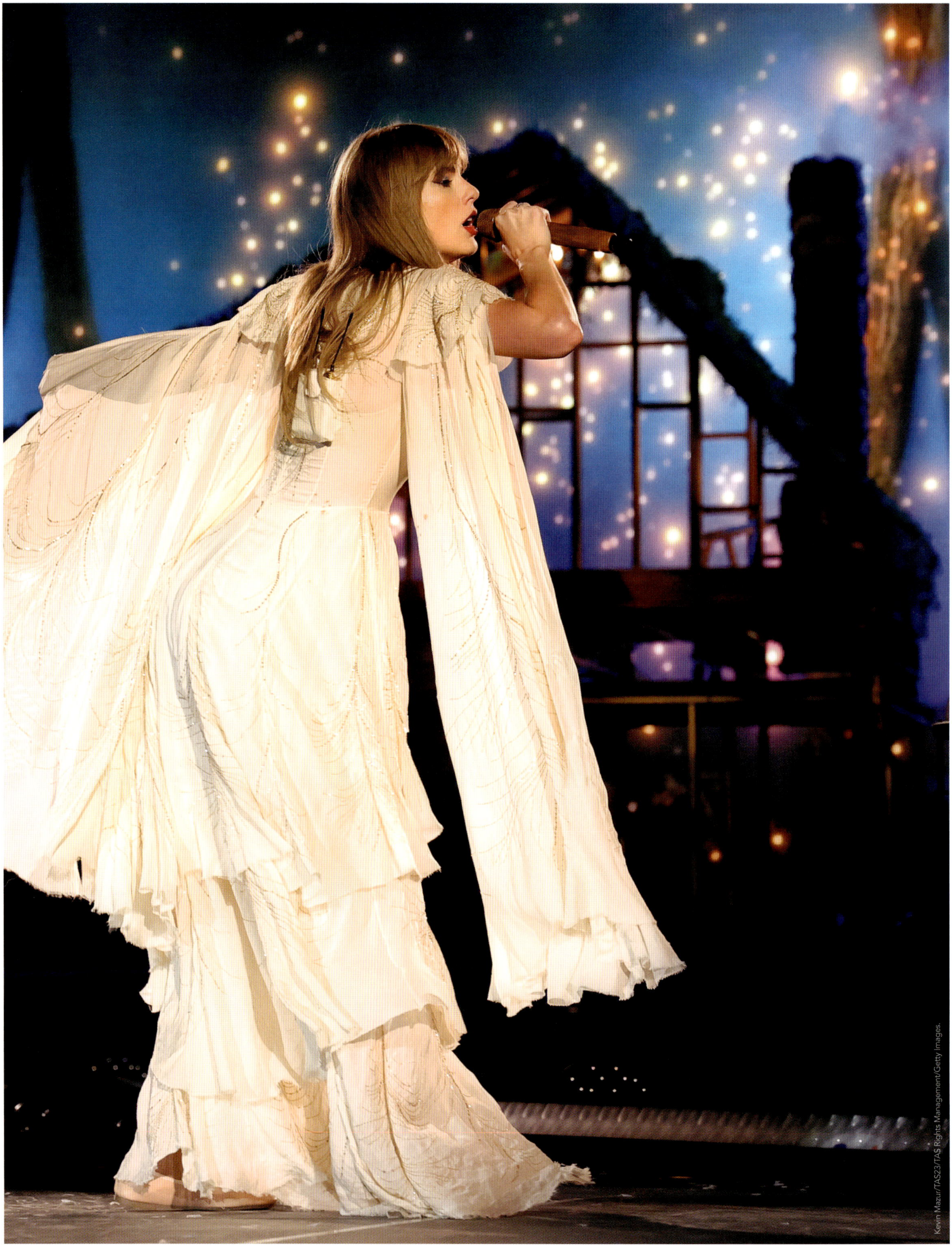

ILLICIT AFFAIRS

Dies ist nicht das das erste Mal, dass Taylor über Untreue singt, aber im Gegensatz zu einer gnadenlosen Abrechnung á la ›Should've Said No‹ von ihrem Debütalbum wählt sie bei ›Illicit Affairs‹ einen sehr nuancierten, fast schon verständnisvollen Ansatz. Gesungen wird der Song aus der Perspektive einer Frau, die in einer Affäre gefangen ist und mit den endlosen Lügen leben muss, die das mit sich bringt. Sie beklagt ihre Situation, sieht sich aber außerstande, ihr zu entfliehen. Taylors beißende Performance während der Bridge fängt die widerstreitenden Emotionen der Frau perfekt ein: »Don't call me ›kid‹, don't call me ›baby‹. Look at this idiotic fool that you made me.« *(Nenn mich nicht ›Kleine‹, nenn mich nicht ›Baby‹. Sieh nur, was für eine dumme Närrin du aus mir gemacht hast.)*

INVISIBLE STRING

Der Titel des Songs bezieht sich auf den »roten Schicksalsfaden« aus der ostasiatischen Mythologie – auf den Glauben, dass Seelenverwandte durch ein unsichtbares Band miteinander verbunden sind und das Schicksal sie immer wieder zusammenführt. Begleitet von gefühlvollen Gitarrenklängen, singt Taylor darüber, wie all der Herzschmerz ihrer vergangenen Beziehungen sie letztlich zu wahrem Glück geführt hat. Dessner erklärte in seinem Interview mit *Vulture*, wie er den unverwechselbaren Sound für diesen Song kreierte, der von allen Tracks auf dem Album am ehesten nach echter Folklore klingt: »Mein Freund hat die Gitarre mit diesem Gummi-Steg versehen, der die Saiten dämpft und alt klingen lässt.«

MAD WOMAN

Dieser eher düstere Track dreht sich darum, dass Frauen oft als »verrückt« abgestempelt werden, selbst wenn sie aus gutem Grund wütend oder aufgebracht sind. Taylor hatte bereits 2019 in einem Interview mit *CBS News* über dieses Thema gesprochen und erklärt: »Ein Mann darf ›reagieren‹ – eine Frau reagiert immer gleich über.« Ihr Gesang ist eindringlich, der Text scharf und beißend, während sie »Hexenjäger« und Dummschwätzer ins Visier nimmt. Im Gespräch mit *Vulture* sagte Dessner: »Die Düsternis des Songs hat etwas Erlösendes … Das Lied hat einen harten Klang, aber auf dieselbe Weise wie gotische Folklore. ›Mad Woman‹ ist praktisch sowas wie der Grufti-Song des Albums.«

EPIPHANY

›Epiphany‹ ist eine ätherische Ode an all jene, die an vorderster Front um Leben kämpfen, heute wie in der Vergangenheit, und erzählt davon, wie sie in ihren Träumen zumindest eine kleine Verschnaufpause von all dem Chaos finden. Bei der Ankündigung des Albums erwähnte Taylor, dass der Beginn des Songs durch die Erlebnisse ihres Großvaters im 2. Weltkrieg inspiriert wurde, während die zweite Strophe den Ärzten während der Covid-19-Pandemie gewidmet ist: »Hold your hand through plastic now …« *(Ich halte deine Hand jetzt durch Plastik …)*

BETTY

In ›Betty‹ findet man Anklänge von ›Love Story‹: eine eingängige Melodie mit Country-Motiven, eine charmante Beschreibung der Höhen und Tiefen einer jungen Liebe, einen Tonartwechsel, der einem warm ums Herz werden lässt. Dies ist der Abschluss der »Teenager-Dreiecksbeziehung«-Trilogie und wir hören die Geschehnisse diesmal aus James' Blickwinkel, der sein Sommer-Techtelmechtel mit Augustine bedauert und fragt sich, ob Betty ihm jemals vergeben wird, denn er hat nie aufgehört, sie zu lieben. Der Text enthält mehrere Verweise auf ›Cardigan‹ und ›August‹, die die drei Songs noch enger miteinander verweben, unter anderem »Standing in your cardigan, kissing in my car again.« *(Da stehst du in deiner Strickjacke und wir küssen uns in meinem Auto.)* und »She pulled up like a figment of my worst intentions. [...] Slept next to her, but I dreamt of you all summer long.« *(Sie tauchte auf wie ein Gespinst meiner schlimmsten Absichten. [...] Ich schlief neben ihr, aber ich träumte den ganzen Sommer nur von dir.)*

PEACE

Obwohl auch noch mehrere andere Songs auf *Folklore* aus der Perspektive fiktiver Charaktere erzählt werden, scheint ›Peace‹ eins der persönlicheren Lieder auf dem Album zu sein. Der Text dreht sich um den Einfluss, den Taylors Ruhm auf ihr Liebesleben hat, insbesondere auf ihre damalige Beziehung mit Joe Alwyn. Die zurückhaltende Produktion gibt Taylors nachdenklichen Lyrics den nötigen Raum, um ihre volle Wirkung zu entfalten, während sie ihrem Partner erklärt, dass ihre Karriere und ihr Star-Status ihren Preis fordern, ganz gleich, wie sehr sie einander auch lieben, und dass sie niemals ein »normales Leben« führen werden: »The devil's in the details but you got a friend in me. Would it be enough if I could never give you peace?« *(Der Teufel steckt im Detail, aber in mir hast du eine Freundin. Genügt das, wenn ich dir niemals Frieden bieten kann?)*

HOAX

Der Abschluss des Albums ist eine melancholische Piano-Ballade, die eine problembehaftete Beziehung nachzeichnet. Der Text handelt von einer Frau, die zu ihrem Partner steht, obwohl ihre Liebe hoffnungslos erscheint und sie unglücklich macht: »Don't want no other shade of blue than you. No other sadness in the world would do.« *(Wenn ich schon traurig sein muss, dann wegen dir. Keine andere Traurigkeit der Welt kann da mithalten.)* In seinem *Vulture*-Interview verrät Dessner seine Interpretation des Songs: »Da ist Trauer, aber es ist eine hoffnungsvolle Art der Trauer. Es geht darum, sich die Bürde seines Partner, der Menschen, die man liebt, auf die eigenen Schultern zu laden, und ihre Höhe und Tiefen so mit ihnen zu teilen.« *Folklore* schafft es meisterhaft, dieses Gefühl »hoffnungsvoller Trauer« einzufangen, was in vielen der Songs auf wundervolle Weise zum Ausdruck kommt.

LINKS Mit der *Eras*-Tour konnte Taylor *Folklore* neben *Lover*, *Evermore* und *Midnights* endlich auf den Bühnen der Welt präsentieren. Der siebte Akt der Show ist von der ätherischen Cottagecore-Ästhetik dieses Albums geprägt.

»Ich schrieb dieses Album ganz allein und nahm es auch allein auf, aber ich konnte dabei mit einigen meiner musikalischen Helden zusammenarbeiten.«

RECHTS *Folklore* gewann den Grammy für das »Album des Jahres«, womit Taylor zur ersten Frau wurde, die diesen Preis gleich dreimal bekam.

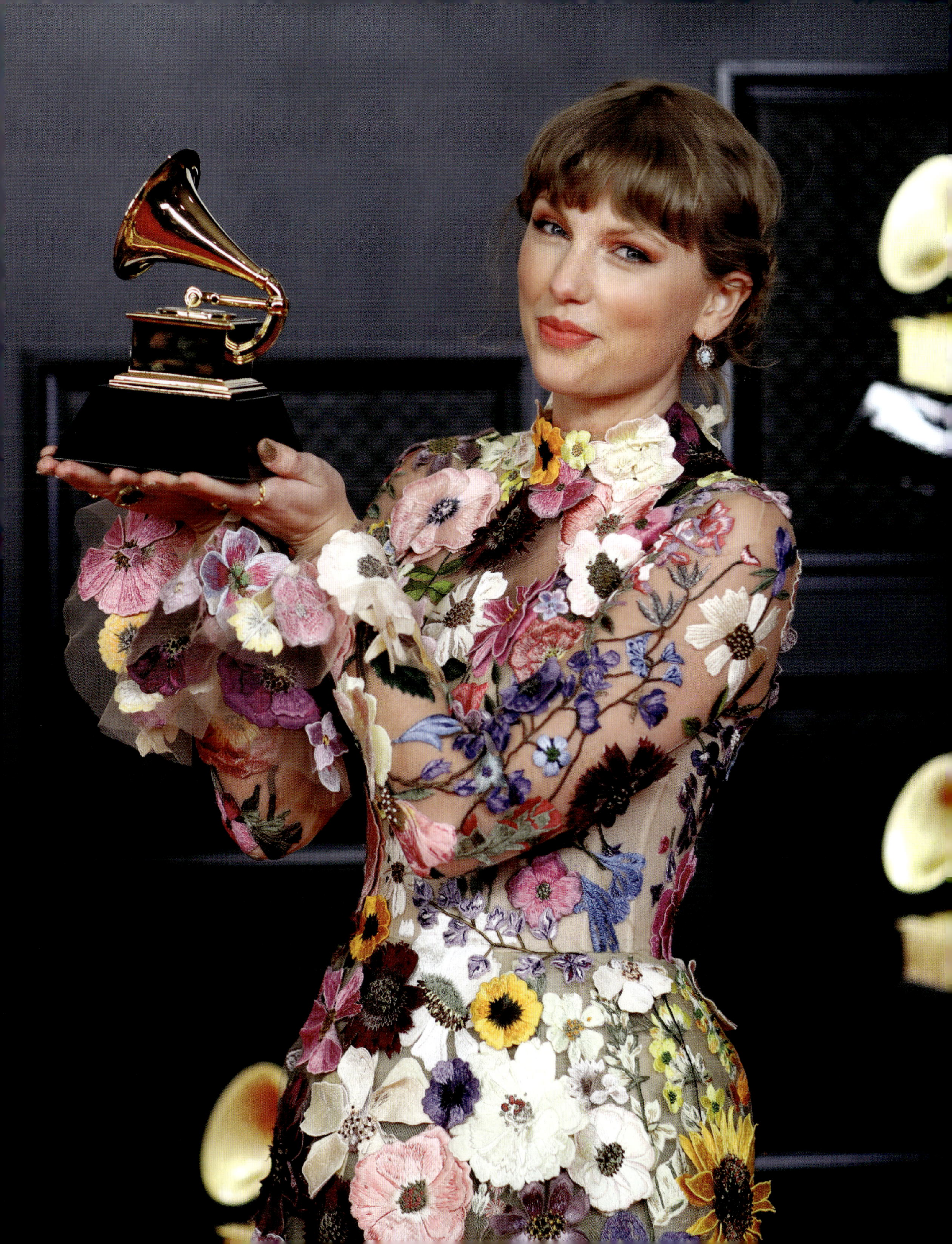

EVERMORE

Taylor bricht mit ihrer Tradition, jedes Album als eigene Ära zu behandeln, und präsentiert nur fünf Monate nach *Folklore* ein Schwesteralbum voller ergreifender Geschichten.

VERÖFFENTLICHUNG: DEZEMBER 2020

WILLOW

Taylor wählte ›Willow‹ als erste Single von *Evermore*, weil ihr das »Hexenartige« daran gefällt, der »magische, mysteriöse« Sound. Sie fand, der Song würde den richtigen Ton für das Album vorgeben. In dem Track geht es um Faszination, um Leidenschaft und um die komplexen Gefühle, die es mit sich bringt, jemanden zu begehren. Taylors Charakter ist sich nicht sicher, ob ihr Schwarm ihre Zuneigung erwidert. Ihren Fans auf YouTube erzählte sie: »Ich finde, der Song klingt, als würde man einen Zauber aufsagen, damit sich jemand in dich verliebt.«

CHAMPAGNE PROBLEMS

Dieser Song erzählt die Geschichte eines Mannes, der seiner langjährigen Freundin, mit der er schon seit dem College zusammen ist, vor seiner Familie und seinen Freunden einen Heiratsantrag macht – woraufhin die Frau »Nein« sagt und ihm das Herz bricht. Joe Alwyn schuf unter dem Künstlernamen William Bowery das melodische Grundgerüst des Songs, Taylor schrieb den Text. Wie Taylor Apple Music erklärte, zählt die Bridge dieses Tracks zu ihren absoluten Favoriten, weil der Song an diesem Punkt »den Gang wechselt« und man die ganze Geschichte erfährt. Sie konnte es kaum erwarten, das Lied vor Publikum zu spielen und zu hören, wie alle mitsingen.

RECHTS Taylor stellte fest, dass sie nach *Folklore* »einfach nicht aufhören konnte, zu schreiben«, daher beschloss sie, zum ersten Mal in ihrer Karriere ein »Schwesteralbum« zu produzieren.

GOLD RUSH

In ›Gold Rush‹ fantasiert die Erzählerin davon, in einer Beziehung mit einem attraktiven Mann zu sein, den jede will. Aber dann verblassen die Tagträumereien, als sie erkennt, dass es »niemals so sein wird«, da sie die Eifersucht nicht ertragen könnte, die es mit sich brächte, mit einem solchen Frauenschwarm liiert zu sein. Taylor schrieb diesen entspannten, träumerischen Song zusammen mit Jack Antonoff, der den Track außerdem produzierte und die Hintergrund-Vocals beisteuerte, während seine Bandkameraden von Bleachers die Instrumente spielten. Der Song gehört zu den eher poppigen des Albums, mit einem pulsierenden Beat und Tempowechseln, eingerahmt von verträumten Gesangssegmenten.

'TIS THE DAMN SEASON

Im Booklet zu *Evermore* verrät Taylor, dass dieses weihnachtliche Lied eine Art Gegenstück zu ›Dorothea‹ ist und davon erzählt, was passiert, als »sie über die Feiertage ihre Heimatstadt besucht und dort eine alte Flamme wiedertrifft.« Dorothea schlägt ihrem Ex vor, ihre Romanze für eine Weile wiederaufleben zu lassen, bevor sie nach Los Angeles zurückkehrt. Im Text heißt es: »I will be yours for the weekend.« (*Dieses Wochenende gehöre ich dir.*) und »The road not taken looks real good now.« (*Der Weg, den wir damals nicht beschritten haben, wirkt gerade sehr verlockend.*) Taylor schrieb den Song mitten in der Nacht, nachdem sie den ganzen Tag in Dessners Studio für die Dokumentation *Folklore: The Long Pond Studio Sessions* geübt hatte. Am nächsten Morgen sang sie dem Produzenten in der Küche die Lyrics vor.

DIE ENTWICKLUNG VON TAYLOR SWIFT

»Taylor zählt die Bridge von ›Champagne Problems‹ zu ihren absoluten Favoriten ... Sie konnte es kaum erwarten, das Lied vor Publikum zu spielen und zu hören, wie alle diesen Part mitsingen.«

TOLERATE IT

Taylors Tradition, den fünften Song zu ihrem verwundbarsten Moment auf einem Album zu machen, setzt sich auch mit ›Tolerate it‹ fort. Das Lied wird aus der Perspektive einer Frau erzählt, die ihren deutlich älteren Partner liebt. Er jedoch scheint ihr gegenüber zwiespältige Gefühle zu hegen. Taylors Inspirationsquelle dafür war Daphne du Mauriers Roman *Rebecca*, in dem die Protagonistin von ihrem Mann mehr oder weniger ignoriert wird, nachdem sie aus den Flitterwochen zurückgekehrt sind.

NO BODY, NO CRIME (FEAT. HAIM)

Taylor wurde zu diesem Track von ihrer Faszination für True-Crime-Storys inspiriert und schrieb einen Krimi in Liedform über eine Frau namens Este, die ihren untreuen Mann zur Rede stellt, nur um anschließend spurlos zu verschwinden. Die Erzählerin ist eine Freundin von Este, die den Mord an ihr rächt. Taylor verfasste den Song allein und bat anschließend eine ihrer besten Freundinnen – Este Haim –, mit ihrer Band den Hintergrundgesang zu übernehmen. Die Figur der Este war von Anfang an im Text, aber die echte Este durfte die Anspielung auf die US-amerikanische Restaurantkette Olive Garden einbauen. Der Song war für Taylor eine Rückkehr zu ihren Country-Wurzeln und markierte außerdem ihre erste »echte« Zusammenarbeit mit HAIM, obwohl die Sängerin und die Haim-Schwestern schon lange eng befreundet waren.

HAPPINESS

Der Titel trügt, denn ›Happiness‹ erzählt die Geschichte einer Frau, die sich »nach sieben Jahren im Himmel« wieder an das Leben als Single gewöhnen und »ein neues Ich« finden muss, um nach der Trennung irgendwie weiterzumachen. Doch obwohl Schmerz und Wut aus den Textzeilen klingen, ist dies letztlich ein hoffnungsvoller Song. Dessner hatte schon seit 2019 an einem Musikstück gearbeitet, in der Absicht, es für Big Red Machine zu nutzen, seine experimentelle Folk-Rockband mit Justin Vernon von Bon Iver – aber Taylor gefiel der Track so gut, dass sie kurzerhand die Lyrics dazu schrieb. Dies ist der letzte Song, den sie für dieses Album zu Papier brachte, und die Zeile über »das neue Ich« kündigt in gewisser Weise bereits die persönliche »Neuerfindung« an, die sie nach diesem Kapitel ihres Lebens vollziehen sollte.

DOROTHEA

Dieses Gegenstück zu ›'Tis the Damn Season‹ wird aus dem Blickwinkel von Dorotheas Ex erzählt, der sich fragt, ob sie wohl noch an ihn zuhause in Tupelo denkt, nachdem sie nach L. A. gezogen ist, um ihren Traum von einer Hollywood-Karriere zu verwirklichen. Er ist sich nicht sicher, ob sie noch immer dieselbe ist wie früher, jetzt, wo sie reich und berühmt ist, und ermutigt sie, an seine Seite zurückzukehren. Taylor stellte in einem YouTube-Kommentar klar, dass ›Dorothea‹ keine Fortsetzung ihrer Teenager-Dreiecksbeziehung von *Folklore* ist, sagt aber auch, dass Dorothea in ihrer Vorstellung »auf dieselbe Schule ging wie Betty, James und Inez.«

CONEY ISLAND (FEAT. THE NATIONAL)

Diese melancholische Ballade erzählt die Geschichte zweier Verflossener, die auf einer Bank in Coney Island sitzen, einem Vergnügungspark am Strand von New York, und sich fragen, was in ihrer Beziehung eigentlich genau schiefgelaufen ist. Dies ist Taylors erste Kollaboration mit der gesamten Band The National, nicht bloß mit Dessner. Ursprünglich schrieb sie die Lyrics zusammen mit Alwyn, aber dann beschloss sie, auch noch Dessners Bandkollegen mit an Bord zu holen, sodass jetzt auch The National-Sänger Matt Berninger in dem Song zu hören ist. Taylor verriet Apple Music, wie glücklich sie war, dass »mein Lieblingssänger von meiner Lieblingsband« auf dem Track die Worte »Happy Birthday« singt, denn *Evermore* erschien eine Woche vor ihrem 31. Geburtstag.

IVY

In diesem Song benutzt Taylor Vergleiche zur Natur, um die Geschichte einer Frau zu erzählen, die ihren Ehemann betrügt und sich fragt, was er wohl tun wird, wenn er es herausfindet. Ivy ist das englische Wort für Efeu, eine Pflanze, die schnell wächst und berüchtigt dafür ist, dass man sie nur schwer wieder los wird. Diese Metapher deutet an, dass die heimliche Affäre im Leben der Erzählerin immer mehr Raum einnimmt, auch, wenn sie weiß, dass das eine schlechte Idee ist. In den Sozialen Medien erklärte Taylor im Hinblick auf ›Ivy‹, der Song sei ein Teil ihrer »Und-sie-lebten-unglücklich-bis-ans-Ende-ihrer-Tage«-Sammlung über gescheiterte Ehen, die wegen Untreue, gegensätzlichen Interessen oder sogar Mord ein Ende fanden. (Die anderen Songs dieser »Trilogie« sind ›Tolerate it‹ und ›No Body, No Crime‹.) Der Song wurde von Taylor, Dessner und Antonoff geschrieben und wartet mit subtilem Hintergrundgesang von Vernon auf.

COWBOY LIKE ME

Dieser Song erzählt von zwei jungen Schwindlern, die sich zufällig kennenlernen, »während sie in einem schicken Hotel herumlungern und nach einem neuen Opfer für ihre romantischen Betrügereien suchen«, wie Taylor im Booklet des Albums schreibt. Doch dann verlieben sich die beiden ineinander und lassen ihren unlauteren Lebensstil hinter sich. Für den Hintergrundgesang des Tracks ist Marcus Mumford von der Band Mumford & Sons verantwortlich, von der Taylor ein großer Fan ist. Das Gitarren-Solo stammt von Vernon.

LONG STORY SHORT

Die einzige flotte Pop-Nummer auf *Evermore* dreht sich um Taylors Rückzug aus der Öffentlichkeit nach ihrer Fehde mit Kanye West und seiner damaligen Frau, Kim Kardashian, im Jahr 2016. Im Text heißt es unter anderem: »And I fell from the pedestal, right down the rabbit hole, long story short, it was a bad time.« (*Ich fiel von meinem Podest geradewegs in einen Kaninchenbau – lange Rede, kurzer Sinn: Es war eine schlimme Zeit.*) Doch Taylor »überlebte« dieses Kapitel ihres Lebens und »führt nicht länger Buch darüber«. Stattdessen »geht es nur noch um dich«, womit vermutlich Joe Alwyn gemeint ist. Zudem hat Taylor einen Ratschlag an ihr früheres Ich: »Verlier dich nicht in diesen unwichtigen Dingen.«

MARJORIE

In diesem Song geht es um Taylors Großmutter, Marjorie Finlay, eine Opernsängerin, die 2003 starb, als Taylor 13 Jahre alt war. In dem Lied denkt sie über Ratschläge nach, die ihre Großmutter ihr einst gab, und bedauert, dass sie damals noch zu jung war, um Finlay wirklich zu schätzen zu wissen. Gegenüber Apple Music gestand Taylor, dass sie beim Schreiben öfter »völlig durch den Wind war« und Mühe hatte, den Song zu singen, ohne dass es ihr die Kehle zuschnürte, weil sie so emotional wurde. Taylor schickte Dessner einige Opernaufnahmen ihrer Oma, die er mit in den Track einbaute, weshalb Marjorie Finlay bei diesem Song auch als Backgroundsängerin aufgeführt ist. ›Marjorie‹ ist der 13. Track von *Evermore* – ›Epiphany‹, das Lied, das von Taylors verstorbenem Großvater inspiriert wurde, ist Song Nr. 13 auf *Folklore*.

CLOSURE

Dieser experimentelle Song mit seiner ungewöhnlichen Taktart erzählt davon, wie die Protagonistin einen Brief von einem Ex erhält, der ihr schreibt, dass sie ihre alten Probleme vergessen und Freunde bleiben sollten. Doch sie ist nicht daran interessiert, ihre Differenzen beizulegen, denn »mir geht es gut mit meiner Verachtung«. Vernon jagte Taylors Stimme durch einen Verzerrer, um den ungewöhnlichen Klang zu erzeugen. In einem Interview mit *Billboard* erklärte Dessner, dass Taylor ›Closure‹ und ›Dorothea‹ ursprünglich für Big Red Machine geschrieben hatte, die Band, in der Dessner und Vernon spielen. Er erklärte: »Es ist nicht so, als hätten das kein Big-Red-Machine-Songs sein können, aber je öfter ich sie mir anhörte, desto mehr fühlten sie sich wie interessante, aufregende Taylor-Tracks an.«

EVERMORE (FEAT. BON IVER)

Der Titeltrack des Albums ist eine Pianoballade und Taylors zweites Duett mit Justin Vernon nach ›Exile‹, ihrer Kollaboration auf *Folklore*. Zu Beginn des Songs erfahren wir, dass die Erzählerin schon seit Monaten niedergeschlagen ist und das Gefühl hat, ihr Schmerz – oder vielleicht auch ihre Depression – würde sie »auf ewig« begleiten. Doch am Ende eröffnet sich ihr ein Hoffnungsschimmer. Ähnlich wie bei ›Exile‹ zeichnete Alwyn für den Piano-Part des Tracks verantwortlich, während Taylor den Text schrieb, und Vernon fügte anschließend die Bridge ein. Dieses Mal konnte Alwyn seinen Part allerdings selbst einspielen, wenn auch aus der Ferne. Dessner verriet dem *Rolling Stone*: »Er hatte zwar auch den Piano-Part von ›Exile‹ geschrieben, aber auf dem Album spiele ich diesen Teil, weil wir Schwierigkeiten hatten, Joe ins Studio zu kriegen. Doch diesmal hat's geklappt.«

RECHTS Taylor und HAIM auf der Bühne während der *Eras*-Tour. Taylor scherzt gern, sie wäre die »vierte HAIM-Schwester«. Neben ›No Body, No Crime‹ arbeiteten sie und HAIM auch bei einem Remix des HAIM-Songs ›Gasoline‹ zusammen.

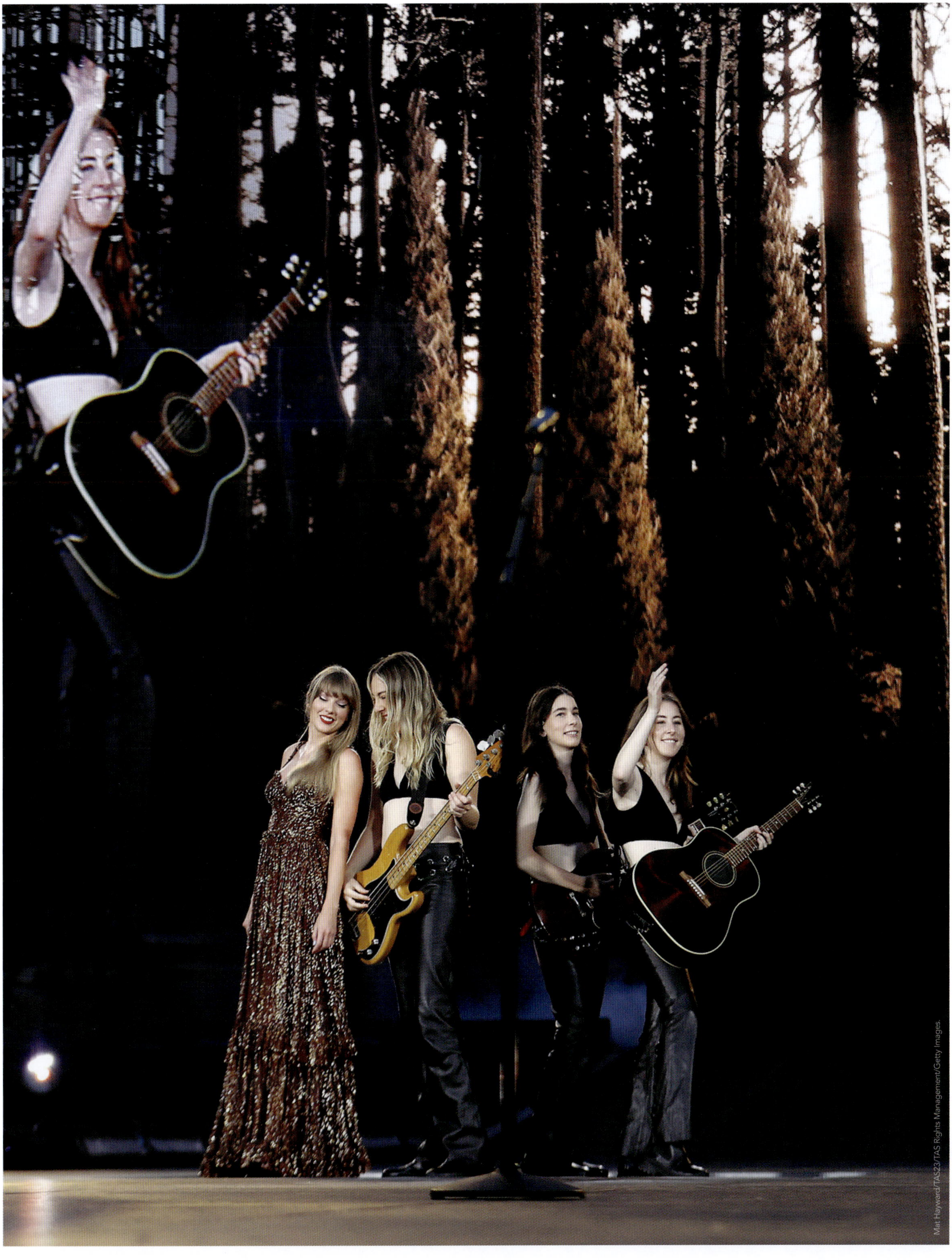

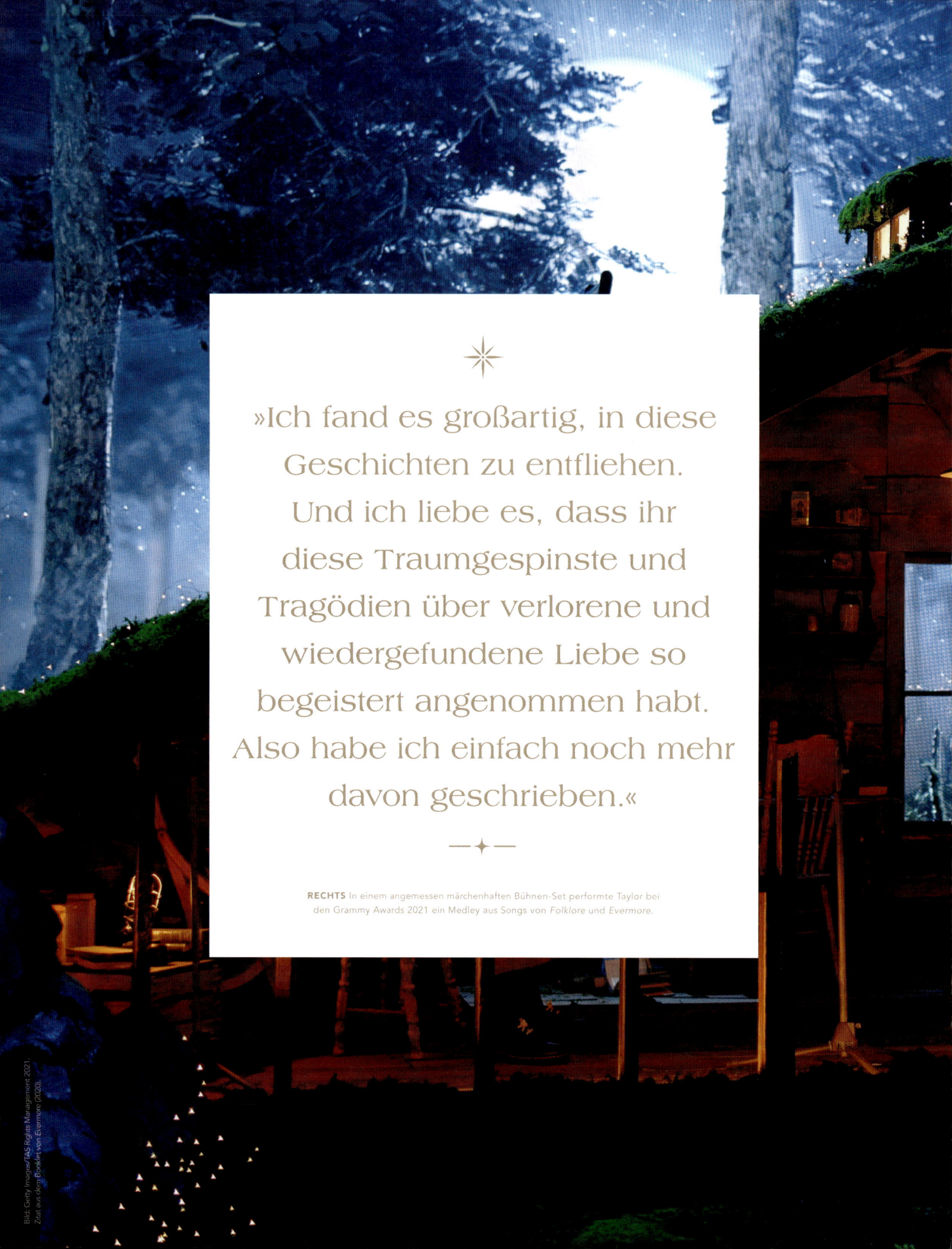

✦

»Ich fand es großartig, in diese Geschichten zu entfliehen. Und ich liebe es, dass ihr diese Traumgespinste und Tragödien über verlorene und wiedergefundene Liebe so begeistert angenommen habt. Also habe ich einfach noch mehr davon geschrieben.«

—✦—

RECHTS In einem angemessen märchenhaften Bühnen-Set performte Taylor bei den Grammy Awards 2021 ein Medley aus Songs von *Folklore* und *Evermore*.

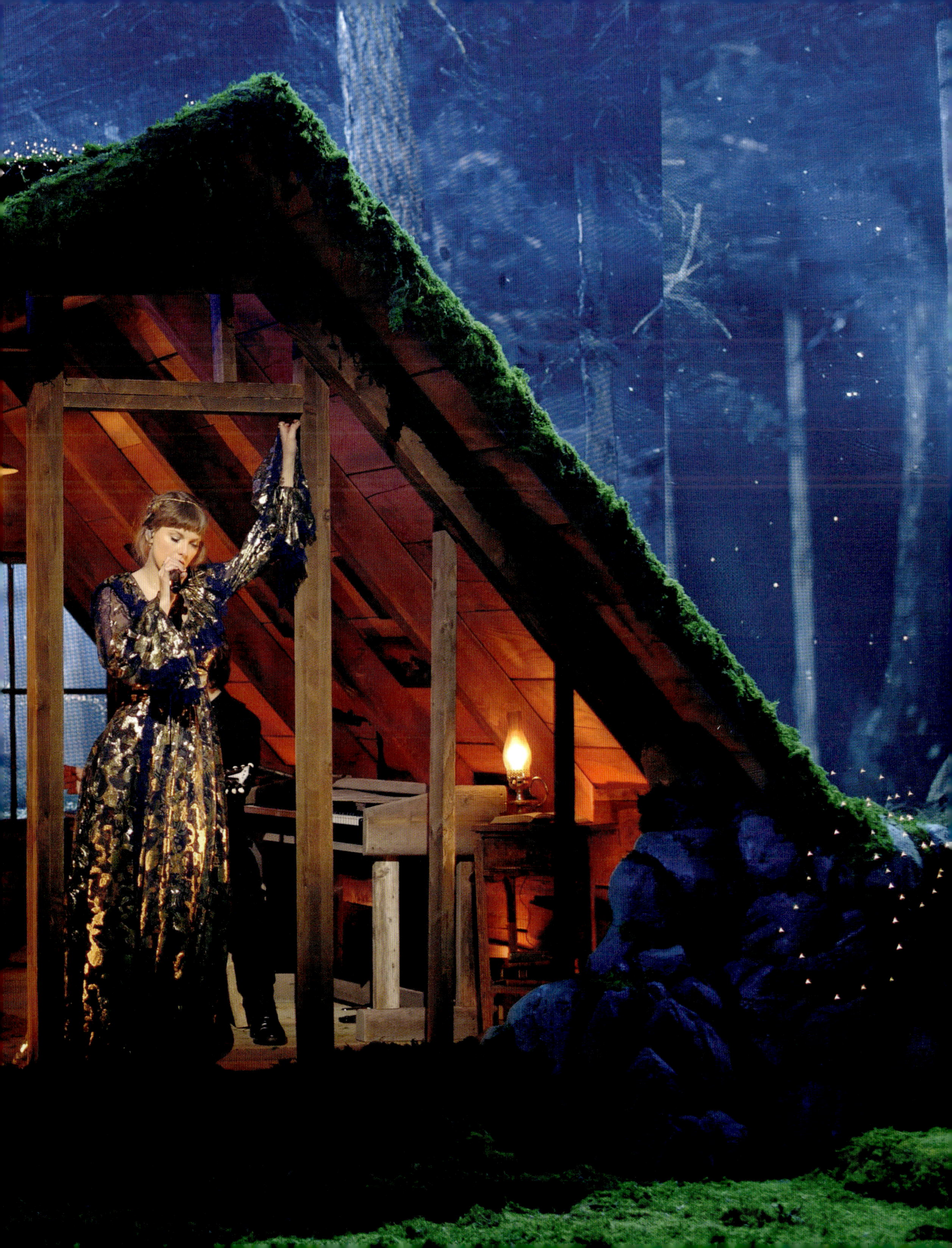

MIDNIGHTS

Nach zwei Folk-Alben kehrt Taylor in die Welt des Pop zurück und beschert uns ein Konzeptalbum, das durch »die Geschichten von 13 schlaflosen Nächten« inspiriert wurde.

VERÖFFENTLICHUNG: OKTOBER 2022

LAVENDER HAZE

›Lavender Haze‹ ist ein Begriff, der in den 1950ern in den USA geläufig war und bedeutet, dass man bis über beide Ohren in jemanden verknallt ist. Taylor hörte die Bezeichnung erstmals in der Serie *Mad Men*. Hier singt sie darüber, dass sie alles tun würde, um in dieser Lavendelwolke zu bleiben, auch, wenn das heißt, die Meinungen anderer und das Geschwätz der Presse zu ignorieren. Taylor scheint in diesem Song auf die Gerüchte anzuspielen, die zu jener Zeit über eine Verlobung zwischen ihr und Joe Alwyn kursierten. Der Text erinnert ein wenig an ›Delicate‹, denn auch hier erklärt Taylor, dass Alwyn »großartig« mit dem öffentlichen Interesse fertig wurde, da die Anfangsphase ihrer Beziehung beherrschte. Die Schauspielerin Zoë Kravitz, eine gute Freundin von Taylor, trug ebenfalls ihren Teil zu den Lyrics bei und zeichnet sich außerdem für den Hintergrundgesang verantwortlich.

MAROON

Mit ›Maroon‹ (Kastanienbraun) greift Taylor greift die Farbsymbolik ihres Albums *Red* von 2012 wieder auf. In dem Song lässt sie die Höhen und Tiefen einer gescheiterten Beziehung Revue passieren und gesteht, dass sie noch immer jeden Tag an diese Zeit denkt. In der Bridge singt sie: »And I wake with your memory over me, that's a real f***ing legacy.« *(Wenn ich aufwache, hängt deine Erinnerung über mir. Das nenne ich mal ein verfluchtes Vermächtnis.)* Kastanienbraun ist dunkler als das »brennende Rot«, von dem sie auf *Red* singt, was darauf schließen lässt, dass es hier um eine reifere Liebe geht als auf dem Album von 2012.

ANTI-HERO

Die Vorab-Single des Albums hat die Charts im Sturm erobert und befasst sich offen und ehrlich mit Taylors eigenen Unsicherheiten. Sie erklärte in den Sozialen Medien, dass ›Anti-Hero‹ einer ihrer Lieblingssongs ist, weil er »wirklich ehrlich« ihre selbstkritische Art beschreibt: »Ich glaube nicht, dass ich mich schon mal so tiefgreifend und so detailliert mit meiner eigenen Verunsicherung auseinandergesetzt habe.« Sie bezeichnete das Lied als »Fremdenführung« durch all die Dinge, die sie an sich selbst hasst, und gestand, dass sie sich manchmal gar nicht wie ein echter Mensch fühlt, weil ihr Leben »zu groß« geworden ist, um es noch kontrollieren zu können. Man kann Parallelen zwischen ›Anti-Hero‹ und ›The Archer‹ vom Album *Lover* ziehen, denn beide Songs erinnern an eine Beichte über Selbsthass.

SNOW ON THE BEACH (FEAT. LANA DEL REY)

Der Hintergrundgesang dieser verträumten Pop-Ballade stammt von Lana Del Rey. Taylor verriet ihren Fans, dass sie Del Rey »für den Rest ihres Lebens« dankbar dafür sein wird, dass die Sängerin – die für Taylor »eine der besten Musikerinnen aller Zeiten« ist – einwilligte, bei dem Song mitzumachen. In dem Track geht es um den surrealen Augenblick, wenn sich zwei Menschen genau im selben Moment ineinander verlieben. Das Schlagzeug hier wird von dem Schauspieler Dylan O'Brien (*Maze Runner – Die Auserwählten, American Assassin*) gespielt – als sie mit O'Brien abhingen, schlugen Taylor und ihr Kreativpartner Jack Antonoff ihm spontan vor, bei dem Song den Drum-Part zu übernehmen.

> »Taylor erklärte in den sozialen Medien, dass ›Anti-Hero‹ zu ihren Favoriten zählt, weil es ›wirklich ehrlich‹ ihre selbstkritische Art beschreibt.«

YOU'RE ON YOUR OWN, KID
Das fünfte Lied des Albums beginnt mit Taylors Erinnerungen an eine frühe Beziehung in ihrer alten Heimatstadt, bevor sich daraus eine Geschichte über die Anfänge ihrer Karriere entwickelt und darüber, welche Probleme ihr Aufstieg zum Starruhm mit sich brachte. Der Song lässt sich als Botschaft von Taylor an ihr jüngeres Selbst interpretieren. In der Bridge erwähnt sie sogar offen, dass sie früher an einer Essstörung litt, und gesteht, um ihrer Karriere willen »einige Brücken hinter sich verbrannt zu haben.« Der Song beginnt mit einem pulsierenden Beat, der sich den ganzen Track hindurch zum Ende hin immer weiter steigert.

MIDNIGHT RAIN
Begleitet von einem minimalistischen Drumbeat und Synthesizern, denkt Taylor in diesem Song an eine vergangene Beziehung zurück, die endete, weil sie lieber ihre Karriere verfolgen wollte, statt sich häuslich niederzulassen. Sie denkt daran, dass sie und ihr Ex-Partner das genaue Gegenteil voneinander waren – sie nennt ihn den »Sonnenschein«, während sie sich selbst als »Mitternachtsregen« (Midnight Rain) bezeichnet – und grundverschiedene Dinge von der Beziehung erwarteten. Er »wollte eine Braut«, doch sie »jagte lieber dem Ruhm nach«, um sich in der Musikbranche einen Namen zu machen, was dazu führte, dass sie sich in dieser Zeit stark veränderte, derweil blieb er so, wie er war.

QUESTION ...?
Im siebten Song des Albums stellt Taylor ihrem Ex eine Reihe von Fragen über ihre gemeinsame Zeit und fragt sich, ob sich seine späteren Beziehungen nach diesem »Meteoreinschlag« wohl immer nur wie ein »zweitklassiger Ersatz« angefühlt haben. Sie möchte von ihm wissen, ob er es bedauert, am Ende ihrer Romanze nicht stärker um sie gekämpft zu haben, und ob er sich wünscht, sie immer noch berühren zu dürfen. O'Brien, Antonoff, dessen Schwester Rachel und Taylors Bruder Austin lieferten den Jubel, der in dem Song zu hören ist, der mit einem Sample aus Taylors Single ›Out of the Woods‹ (2016) beginnt, in der es ebenfalls um eine gescheiterte Beziehung geht.

VIGILANTE SHIT
Dieser Trap-beeinflusste Song erzählt die Geschichte einer Frau, die sich an einem Mann rächen will, nachdem er ihr übel mitgespielt hat. Außerdem hilft sie anderen betrogenen Frauen, Lügnern und Ehebrechern »eins auszuwischen«, und singt: »She needed cold, hard proof, so I gave her some. [...] Now she gets the house, gets the kids, gets the pride.« (Sie brauchte einen unwiderlegbaren Beweis, also gab ich ihr einen. [...] Jetzt kriegt sie das Haus, die Kinder, den Stolz.) Mit seinem düsteren Rachemotiv hätte dieser Track auch problemlos auf *Reputation* gepasst. Gleichzeitig gibt es hier aber auch Parallelen vom Selbstjustiz-Song ›No Body, No Crime‹ vom Album *Evermore*.

LINKS Taylor beendet ihre *Eras*-Konzerte mit dem *Midnights*-Akt, der in einer feierlichen Tanzparty zu ›Karma‹ gipfelt.

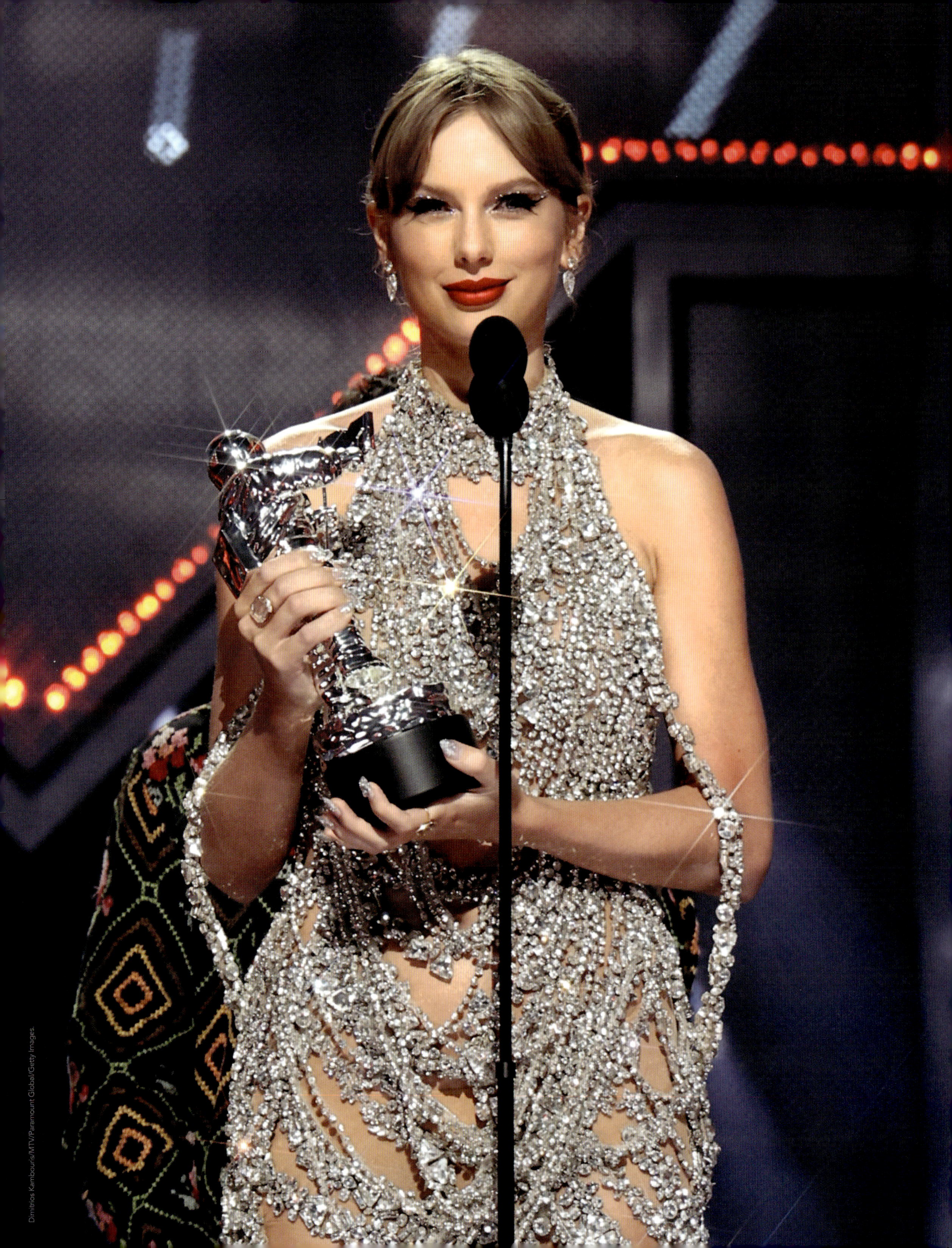

Dimitrios Kambouris/MTV/Paramount Global/Getty Images.

DIE ENTWICKLUNG VON TAYLOR SWIFT

»Fans spekulierten, dass Taylor ein ganzes Album mit dem Titel ›Karma‹ geschrieben hätte, nachdem das Wort Anfang 2020 im Musikvideo zu ›The Man‹ auftauchte, aber ein solches Album ist nie erschienen – zumindest bislang nicht.«

BEJEWELED

In diesem quirligen Popsong bringt Taylor ihre Frustration über einen Lover zum Ausdruck, der auf ihrem »Seelenfrieden herumtrampelt« und sie nicht so behandelt, wie sie es verdient. Denn sie weiß, was sie wert ist – jedenfalls redet sie sich das ein. Darum geht sie eines Abends aus, um ihr Selbstwertgefühl zurückzugewinnen und zu beweisen, dass sie nach wie vor das gewisse Etwas hat, um »einen ganzen Raum zum Leuchten zu bringen.« Gegenüber iHeartRadio gestand Taylor, dass der Song ihr dabei half, sich selbst für ihre Rückkehr zur Popmusik zu »hypen« und sicherzustellen, dass sie nach ihren Folk-Alben noch immer genug »glitzert« für die Pop-Welt.

LABYRINTH

Taylor singt in diesem diffusen, träumerischen Song darüber, mit einem gewissen Zögern in eine neue Beziehung zu gehen. Mit ihrer rauchigen, ätherischen Stimme verrät sie, dass sie ihre letzte Trennung eigentlich noch nicht verwunden hatte, als sie ihren neuen Lover kennenlernte. Eigentlich dachte sie, sie würde den Rest ihres Lebens brauchen, um über ihren Ex hinwegzukommen, aber dann kommt plötzlich alles anders und sie verliebt sich wieder.

KARMA

Karma ist bei Taylor ein ständig wiederkehrendes Thema. In diesem Song geht es darum, dass das Karma ihr gute Dienste erwiesen hat, denn sie ist glücklich mit ihrem Leben und fragt sich, ob die Menschen, die sie schlecht machen und über sie herziehen, das wohl auch von sich behaupten können. Taylor erzählte iHeartRadio, dass ›Karma‹ quasi aus der Sicht von jemandem geschrieben ist, der wirklich glücklich und stolz auf das Leben ist, das er führt, »als wäre das die Belohnung dafür, irgendwas richtig gemacht zu haben.« Diese Thematik hat sie in ihrer Diskografie immer wieder aufgegriffen, zum Beispiel in ›Look What You Made Me Do‹ und im Hinblick auf ihre Fehden mit Kanye West, Kim Kardashian und Scooter Braun. Eine Zeitlang spekulierten die Fans, dass Taylor ein ganzes Album mit dem Titel *Karma* geschrieben hätte, nachdem das Wort Anfang 2020 im Musikvideo zu ›The Man‹ auftauchte, aber ein solches Album ist nie erschienen – zumindest bislang nicht.

SWEET NOTHING

Taylor schrieb diesen verträumten Popsong gemeinsam mit Alwyn, der hier unter dem Pseudonym William Bowery auftritt, das er schon bei ihren Kollaborationen auf *Folklore* und *Evermore* benutzte. In dem Song geht es darum, wie einfach, mühelos und harmonisch ihre Beziehung zu Hause ist – im Gegensatz zu ihrem hektischen Leben in der Öffentlichkeit. Taylor findet Gelassenheit in dem Wissen, dass Alwyn »süßes Nichts« von ihr verlangt, während sie sich dem Druck und den hohen Erwartungen der Außenwelt stellt. Der Titel indes hat eine doppelte Bedeutung, denn »sweet nothings« sind im Englischen auch Umschreibungen für Worte der Zuneigung, die Verliebte einander zuflüstern. In der ersten Strophe des Tracks erwähnt Taylor einen Stein, den sie von einem Ufer in County Wicklow in Irland mitgenommen hat, da, wo Alwyn 2022 das TV-Drama *Conversations With Friends* drehte.

MASTERMIND

Im letzten Track der »Standard Edition« des Albums gesteht Taylor, dass nicht das Schicksal sie und ihren Liebsten zusammenbrachte – sondern dass die das Ganze genau geplant hat. Der Text widerspricht der Vorstellung, dass Liebe Karma ist, etwas, das einfach so passiert – ein Thema, das Taylor in Songs wie z. B. ›Invisible String‹ schon selbst angesprochen hat. Das wohl größte Geständnis in dem Lied ist die Stelle, wenn Taylor singt: »No one wanted to play with me as a little kid, so I've been scheming like a criminal ever since.« *(Als ich noch ein Kind war, wollte niemand mit mir spielen, darum schmiede ich seitdem Pläne wie eine Kriminelle.)* Im Gespräch mit iHeartRadio verriet sie zudem, dass der Song praktisch so etwas wie eine »romantische Version« der Strategien ist, die sie für gewöhnlich nutzt, wenn sie in ihren Liedern Easter Eggs für ihre Fans versteckt. Taylor erklärt: »Man plant und arrangiert Dinge und lässt es so aussehen, als wäre alles bloß Zufall. Ich glaube, das ist sowas wie ein Insider-Scherz zwischen mir und meinen Fans. Darum mache ich das auch so gerne.«

LINKS Taylor kündigte *Midnights* im August 2022 an, als sie bei den MTV Music Awards den Preis für das »Video des Jahres« entgegennahm.

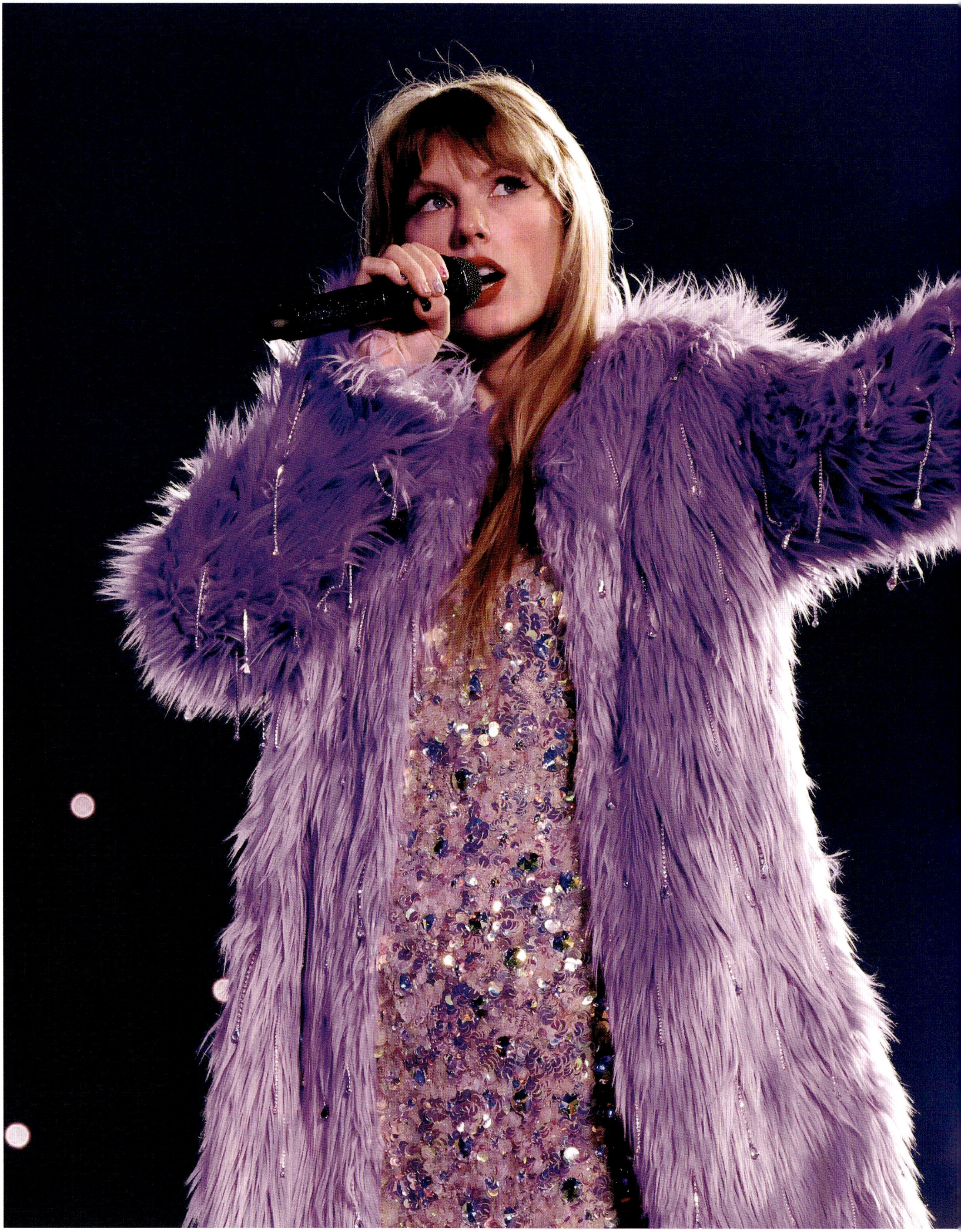

»Es ist eine Sammlung von Stücken, die mitten in der Nacht geschrieben wurden; eine Reise durch erschreckende und süße Träume.«

LINKS Taylor performt ›Lavender Haze‹ während der ersten Nacht ihrer *Eras*-Tour. Bei diesem Lied wird die Bühne in eine violette Traumlandschaft verwandelt, und sogar die Tänzer sehen aus wie bauschige Wolken.

Bei den 43. Annual Academy of Country Music Awards in Las Vegas (18. Mai 2008).

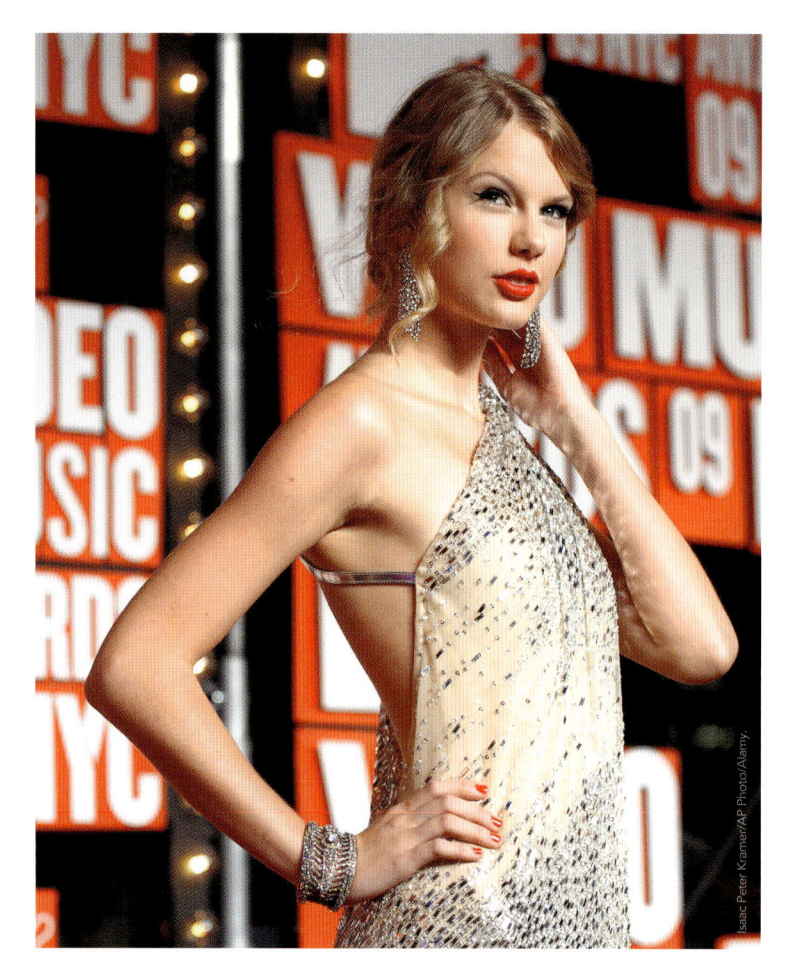

Die MTV Video Music Awards am 13. September 2009 in New York City.

Hinter der Bühne in New York während der *Fearless*-Tour (27. August 2008).

Das Fan-Fest der Country Music Association am 12. Juni 2011.

Eine Foto-Session in Hollywood am 22. September 2010.

Taylor und Shania Twain beim Dreh in Thompson's Station, Tennesse (6. Juni 2011).

Bei den MTV Music Video Awards in Los Angeles am 6. September 2012.

Bei der Victoria's Secret Fashion Show am 13. November 2013 in New York.

Beim Z100 Jingle Ball in New York (12. Dezember 2014).

Bei der *Vanity Fair*-Oscar-Party am 29. Februar 2016 in Beverly Hills.

In Arlington, Texas, während der *Reputation*-Stadiontour (6. Oktober 2018).

Am 24. November 2019 traten Camila Cabello, Taylor und Halsey gemeinsam bei den American Music Awards in Los Angeles auf.

Bei den 77th Annual Golden Globe Awards in Beverly Hills (5. Januar 2020).

Bei den Grammy Awards am 14. März 2021 in Los Angeles.

Bei der Abschlussfeier der New York University am 19. Mai 2022.

Während der *Eras*-Tour in Glendale, Arizona (17. März 2023).

Taylor mit Beyoncé bei der Premiere des *Eras*-Konzertfilms am 11. Oktober 2023 in Los Angeles ...

... und am 30. November 2023 bei der Filmpremiere von Beyoncés *Renaissance* in London.

FEARLESS

Taylor's Version

13 Jahre nach der ursprünglichen Veröffentlichung kehrt Taylor zu ihrem zweiten Album zurück und läutet damit eine ganze Reihe von Neuaufnahmen ein.

VERÖFFENTLICHUNG: APRIL 2021

Ein paar Monate, nachdem Scott Borchetta die Master-Aufnahmen von Taylors ersten sechs Alben – von ihrem Debüt *Taylor Swift* (2006) bis hin zu *Reputation* (2017) – an Scooter Braun verkauft hatte, erklärte Taylor, dass sie die Songs neu aufnehmen würde, um so die Rechte daran zurückzuerlangen und endlich die Kontrolle über ihre Musik zu haben.

Doch statt chronologisch vorzugehen und mit *Taylor Swift* zu beginnen, gab die Sängerin im Februar 2021 bekannt, dass sie zunächst *Fearless* neu auflegen würde, für das sie 2008 ihren ersten Grammy für das »Album des Jahres« bekam.

Die 13 Tracks des Originalalbums bloß neu einzuspielen, reichte ihr allerdings nicht – stattdessen packte Taylor ganze 19 Songs auf die »Platinum Edition« von *Fearless*. Neu hinzu kamen ›Today Was a Fairytale‹ vom Soundtrack des Films *Valentinstag* sowie sechs Songs »From the Vault« (aus dem Archiv), die es damals aus verschiedenen Gründen nicht mit auf das Album geschafft hatten, was Taylor nach eigenen Worten »das Herz gebrochen« hatte.

Für dieses Projekt scharte sie ihre üblichen Mitstreiter Jack Antonoff und Aaron Dessner sowie einige ihrer Musiker von der *Eras*-Tour um sich. Sie wollte den Texten, Melodien und Arrangements der Originale zwar treu bleiben, jedoch unbedingt die Soundqualität verbessern.

»Wir gingen ins Studio, um Versionen der Songs zu erschaffen, die ›gleich, aber besser‹ sind«, erklärte sie *PEOPLE*. »Ich bin alles Zeile für Zeile durchgegangen und habe mir jede Note angehört ... Wenn sich etwas verbessern ließ, habe ich es getan. Aber im Wesentlichen sollte das Ganze dem treu bleiben, was ich ursprünglich geschrieben und mir für die Tracks vorgestellt hatte. Nur besser, versteht sich.«

Das Ergebnis ist eine Version von *Fearless*, die für das ungeübte Ohr nahezu identisch klingen mag, aber doch subtile Unterschiede aufweist, die Fans, die mit dem Original aufwuchsen, sofort erkennen und zu schätzen wissen. Beispielsweise ist Taylors Gesang kräftiger und erwachsener, die Produktion ist hochwertiger und die Qualität der Aufnahmen entschieden besser.

Die Fans spekulierten seinerzeit darüber, dass Taylor sich als nächstes *Red* vornehmen würde, und nur ein paar Monate später sollte sich diese Vermutung als richtig erweisen ...

YOU ALL OVER ME (FEAT. MAREN MORRIS)

In ›You All Over Me‹ geht es darum, dass Taylor nach der Trennung einfach nicht über einen Ex hinwegkommt. Sie verwendet hier eine ähnliche Symbolik wie bei ›Clean‹ vom Album *1989*. So lautet beispielsweise eine Schlüsselstelle des Songs: »No amount of freedom gets you clean, I've still got you all over me.« (*Ganz gleich, wie frei du dich fühlst, das wird dich nicht reinwaschen. Du bist immer noch ganz bei mir.*) Taylor bat die Country-Sängerin Maren Morris – die bereits bei der *Reputation*-Stadiontour einen Überraschungsauftritt hatte –, den Hintergrundgesang des Tracks zu übernehmen. Wie Taylor ihren Instagram-Followern verriet, genoss sie es, »einige meiner Lieblingskünstler« mit an Bord zu holen und bei den sechs Vault-Songs ein bisschen experimentieren zu können, weil sie ja noch niemand gehört hatte.

MR. PERFECTLY FINE
›Mr. Perfectly Fine‹ ist ein weiterer Song über eine Trennung. Allgemein wird angenommen, dass es darin um Joe Jonas geht, mit dem Taylor 2008 kurzzeitig zusammen war. Taylor spricht ihren Ex in dem Song direkt an, nachdem er sie ohne Erklärung fallengelassen hat. Man hört ihren Zorn darüber, dass ihm das Ganze kein bisschen zuzusetzen scheint und er schnell ein neues Mädchen findet, während sie an Herzschmerz leidet. Taylor nennt diesen Ex außerdem »casually cruel« (*beiläufig grausam*), eine Beschreibung, die sie auch in ›All Too Well‹ vom Album *Red* benutzt. Jonas' damalige Frau, Sophie Turner, gab dem Song ihren Segen, indem sie auf Instagram Stories schrieb: »Der Track ist einfach ein KNALLER.«

WE WERE HAPPY
In dieser Ballade spricht Taylor mit einem Ex und schwelgt in Erinnerungen an die besten Tage ihrer Beziehung. Taylor konnte für diesen Song Country-Sänger Keith Urban gewinnen, bei dessen Tour sie während ihrer *Fearless*-Ära der Opening Act war, um die Harmonien einzusingen. Auf Instagram schrieb sie über diese Kollaboration: »Ich fühle mich aufrichtig geehrt, dass @keithurban sich an diesem Projekt beteiligt. ›That's When‹ ist ein Duett von uns beiden und bei ›We Were Happy‹ singt er die Harmonien. Ich habe während meiner *Fearless*-Ära Konzerte für ihn eröffnet, und seine Musik ist eine endlose Inspirationsquelle für mich.«

THAT'S WHEN (FEAT. KEITH URBAN)
Ihre nächste Kollaboration mit Keith Urban ist ein Duett, das die Geschichte eines Mädchens erzählt, das seinen Freund verlässt, weil sie Zeit und Freiraum braucht, »um über die ganze Sache nachzudenken«, gleichzeitig aber von ihm wissen möchte, wann sie zurückkommen kann. Als Urban in der *Ellen DeGeneres Show* über die Zusammenarbeit mit Taylor sprach, erzählte er, dass er gerade dabei war, in Australien Weihnachtsgeschenke einzukaufen, als Taylor sich bei ihm meldete: »Ich saß im Gastronomiebereich des Einkaufszentrums und hörte mir diese beiden unveröffentlichten Taylor-Swift-Songs an – ein ziemlich ungewöhnlicher Ort, um unveröffentlichte Musik zu hören. Aber ich fand die Tracks großartig, und glücklicherweise konnte ich bei beiden meinen Gesang beisteuern.«

DON'T YOU
›Don't You‹ behandelt ein ähnliches Thema wie ›Mr. Perfectly Fine‹: Taylor hegt noch immer Gefühle für einen Ex, der jedoch bereits eine neue Partnerin hat. Als sie sich zum ersten Mal seit ihrer Trennung zufällig wiedersehen, macht es Taylor wahnsinnig, wie nett und freundlich er ist, obwohl er ihr so viel Herzschmerz bereitet hat. Und obgleich sie ihn nicht hasst, will sie trotzdem nicht so tun, als wären sie Freunde. Taylor verriet Spotify, dass es »ein Riesenspaß« war, den Song mit Tommy Lee James zu schreiben, weil sie »eine sprudelnde Emotionsquelle hatte, aus der wir schöpfen konnten.« Außerdem lobte sie ihren Produzent Jack Antonoff dafür, dass »der Song eine luftige, irgendwie träumerische Qualität bekam.«

BYE BYE BABY
In diesem Song fährt die Erzählerin gerade vom Haus ihres Ex weg, nachdem sie sich voneinander getrennt haben. Eigentlich war sie davon überzeugt, dass sie für alle Zeiten eine perfekte Beziehung haben würden, aber dann funktionierte sie plötzlich nicht mehr. Taylor schrieb das Lied gemeinsam mit Liz Rose, mit der sie in den frühen Tagen ihrer Karriere oft zusammengearbeitet hat, beispielsweise bei ›We Were Happy‹.

LINKS Bei der *Eras*-Tour sind Taylors Outfits an ihre früheren Modestile angelehnt, so wie dieses goldene Kleid, das sie im *Fearless*-Akt trägt.

TAYLOR SWIFT. DER AUFSTIEG EINES SUPERSTARS

Taylor's Version

RED

Bei ihrem zweiten Neuaufnahme-Projekt widmet sich Taylor ihrem Album von 2012.

VERÖFFENTLICHUNG: NOVEMBER 2021

Das zweite neu aufgenommene Album, *Red (Taylor's Version)*, bietet neben den 20 Songs der »Deluxe Edition« auch noch ihre Charity-Single ›Ronan‹ von 2012, ihre Versionen von ›Better Man‹ und ›Babe‹ (die sie zwar schrieb, ursprünglich aber Little Big Town bzw. Sugarland überlassen hatte) und sieben weitere Lieder ›aus dem Archiv‹, einschließlich der 10-Minuten-Version von ›All Too Well‹. Ihre Fans hatten Taylor angefleht, die sagenumwobene ungekürzte Version des Songs zu veröffentlichen, seit sie erwähnt hatte, dass das Lied anfangs viel länger gewesen sei.

Die meisten Künstler, mit denen sie bei der Originalversion des Albums zusammengearbeitet hatte, kehrten für *Taylor's Version* zurück. (Eine Ausnahme bildeten hier bloß die damaligen Produzenten Nathan Chapman und Max Martin.) Wie bei *Fearless (Taylor's Version)* sind der Gesang hier kräftiger und reifer und die Produktion klarer und präziser, aber abgesehen davon bleiben die Neuaufnahmen den Originalen ausgesprochen treu – mit einer Ausnahme: ›Girl at Home‹ klingt nun mehr wie ein Popsong, da die akustische Gitarre des Songs gegen elektronische Sounds ausgetauscht wurde.

Taylor erzählte dem Talkshow-Host Seth Meyers, wie aufregend sie es findet, alte Songs aus dem Archiv auszugraben und ihnen durch Kollaborationen mit Künstlern wie Phoebe Bridgers und Chris Stapleton neues Leben einzuhauchen. Auf die Frage angesprochen, warum die Tracks nicht schon damals den Weg aufs Album fanden, erklärte sie: »Ich wollte sie fürs nächste Album aufsparen. Aber dann stellte sich raus, dass dieses Album eine völlig andere Richtung einschlug, und so blieben sie letztlich auf der Strecke.«

BETTER MAN

In diesem Song geht es darum, dass Taylor eine vergangene Beziehung und ihren Ex vermisst, obwohl sie weiß, dass sie »allein besser dran ist«, weil ihr Lover eifersüchtig war und sie nicht zu schätzen wusste. Nachdem ›Better Man‹ es nicht auf die Originalveröffentlichung von *Red* geschafft hatte, überließ Taylor den Song der Country-Band Little Big Town, die ihn 2016 rausbrachte und dafür einen Grammy Award bekam.

NOTHING NEW (FEAT. PHOEBE BRIDGERS)

Dieses Duett spricht die Ängste des Erwachsen- und Älterwerdens an, während sich die Sängerinnen fragen, ob die Öffentlichkeit und die Musikindustrie auch noch an ihnen interessiert sein werden, wenn sie älter sind und neue, aufregende, junge Künstlerinnen auf der Bildfläche erscheinen. Taylor erzählte bei *Late Night with Seth Meyers*, dass sie das Lied mit 22 Jahren schrieb, als sie sich plötzlich nicht mehr länger wie eine »schillernde, brandneue Sängerin« fühlte. Da sie bei diesem Song mit einer weiblichen Duettpartnerin zusammenarbeiten wollte, kontaktierte sie Phoebe Bridgers, die auf ihre Anfrage erwiderte: »Ich habe mein ganzes Leben auf diese Nachricht gewartet!«

RECHTS Taylor in ihrem *Red*-Outfit am allerersten Abend der *Eras*-Tour. Die Aufschrift auf dem T-Shirt lautet: »A lot going on at the moment.« (*Ist viel los im Augenblick.*)

BABE

In dieser Country-Ballade, die Patrick Monahan von Train mitgeschrieben hat, singt Taylor über einen Partner, der durch Fremdgehen ihre Beziehung zerstört hat. Da der Song es nicht auf die ursprüngliche Version von *Red* schaffte, überließ Taylor den Track dem Country-Duo Sugarland, das sich den Song zu eigen machte. Sugarland brachte das Lied 2018 raus. Als der Song veröffentlicht wurde, erklärte sie in einem Instagram-Video: »Ich bin so froh, dass das Lied nun doch sein eigenes Leben bekommt. Ich freue mich, dass Sugarland den Song aufnehmen wollten und dabei so großartige Arbeit geleistet haben.«

MESSAGE IN A BOTTLE

Mit diesem Uptempo-Popsong fängt Taylor die Verunsicherung und das Herzflattern ein, das man empfindet, wenn man einen neuen Schwarm kennenlernt und sich fragt, ob vielleicht mehr daraus werden könnte. Dies war der allererste Track, den Taylor je mit Max Martin und Shellback schrieb, ihren künstlerischen Partnern von *1989* und *Reputation*, und Gerüchten zufolge geht es in dem Song um Harry Styles, daher auch die Erwähnung von London in der Bridge.

I BET YOU THINK ABOUT ME (FEAT. CHRIS STAPLETON)

In diesem Country-lastigen Song singt Taylor über eine Beziehung, die endete, weil ihr Freund irgendwann das Gefühl hatte, sie würden aus »zu unterschiedlichen« Schichten stammen. Sie ist davon überzeugt, dass er trotzdem noch an sie denkt, obwohl er inzwischen mit einer anderen zusammen ist. Die Fans haben darüber spekuliert, dass sich der Song um Jake Gyllenhaal drehen könnte, weil im Text die Rede davon ist, dass besagter Ex in Beverly Hills aufwuchs – also genau wie der Schauspieler. Taylor schrieb das Stück im Juni 2011 zusammen mit Lori McKenna. Ihr Hauptziel dabei war, »die Leute mit dem Text zum Lachen zu bringen.«

FOREVER WINTER

In diesem Track, den Taylor gemeinsam mit Mark Foster von Foster the People schrieb, sorgt sich die Sängerin ständig um das Wohl ihres Partners, der Probleme mit seiner seelischen Gesundheit zu haben scheint. In den Lyrics heißt es unter anderem: »I pull at every thread trying to solve the puzzles in your head.« *(Ich ziehe an allen Fäden, um die Rätsel in deinem Kopf zu lösen.)* und »If I was standing there in your apartment, I'd take that bomb in your head and disarm it.« *(Wäre ich jetzt in deinem Apartment, würde ich die Bombe in deinem Kopf entschärfen.)*

RUN (FEAT. ED SHEERAN)

Taylors zweites Duett mit Ed Sheeran auf dem Album beschreibt, wie sie der Stadt entfliehen und sich an einen Ort zurückziehen, »wo sonst niemand ist.« Dies ist das erste Lied, das sie jemals gemeinsam schrieben, da ›Everything Has Changed‹, die Nummer, die es seinerzeit auf *Red* schaffte, tatsächlich eine Woche später entstand. Wie Ed dem Radiosender Capital FM verriet, war ›Run‹ von den beiden Songs sein Favorit, und dass er seit damals hoffte, das Lied würde irgendwann wieder aus der Versenkung auftauchen: »Ich bin sehr froh, dass der Track jetzt doch noch das Licht der Welt erblickt.«

THE VERY FIRST NIGHT

In dieser Dance-Pop-Nummer schwelgt Taylor in schönen Erinnerungen an eine vergangene Beziehung. Sie vermisst ihren Ex so sehr, dass sie sich wünscht, sie könnte in der Zeit zu jener Nacht zurückreisen, als sie einander kennenlernten. Taylor schrieb dieses Lied zusammen mit Espen Lind und Amund Bjørklund vom norwegischen Songwriter/Produzenten-Duo Espionage.

ALL TOO WELL (10 MINUTE VERSION)

Das Kronjuwel der Neuaufnahme von *Red* ist die längere Version dieser bei den Fans ungemein beliebten Ballade, mit mehr Strophen und einem langen Outro. In einem Interview mit Talk-Show-Host Jimmy Fallon erzählte sie, dass sie eines Tages »wirklich traurig und aufgewühlt« zu Proben ins Studio kam und einfach anfing, »über das zu improvisieren, was ich gerade durchmachte und was ich empfand. Das ging irgendwie immer so weiter. Der Song wurde immer intensiver, bis er am Ende zehn oder 15 Minuten lang war.« Sie ist davon überzeugt, dass diese Variante die definitive Version des Tracks werden wird.

SPEAK NOW

Taylor widmet sich der Neuaufnahme ihres dritten Studioalbums und hat ihre Mission, ihre ersten sechs Alben neu auszulegen, damit offiziell zur Hälfte abgeschlossen.

VERÖFFENTLICHUNG: JULI 2023

Speak Now ist ein Country-Pop-Album mit Pop-Rock-Sound, das Taylor komplett im Alleingang verfasste – eine Reaktion auf die Kommentare von Kritikern, die behaupteten, sie würde ihre Songs nicht selbst schreiben. Als sie *Taylor's Version* des Albums ankündigte, erklärte sie auf Twitter: »Die Lieder, die in dieser Zeit meines Lebens entstanden, waren brutal ehrlich, ohne Filter, wie eine Beichte oder Einträge in einem Tagebuch, voll von wilder Wehmut. Ich liebe dieses Album, weil es vom Erwachsenwerden erzählt; davon, zu straucheln, zu fliegen, zu fallen – und all das zu überleben, um davon erzählen zu können.«

Neben den 14 Songs der »Standard Edition« enthält diese Version von *Speak Now* zwei Tracks von der »Deluxe Edition« (›Ours‹ und ›Superman‹) sowie sechs Songs »aus dem Archiv«. Um diese neuen Bonussongs zu produzieren, tat Taylor sich einmal mehr mit ihren langjährigen Weggefährten Jack Antonoff und Aaron Dessner zusammen.

Taylors Gesang ist hier erwachsener und geschliffener, was nicht weiter verwundert, wenn man bedenkt, dass *Speak Now* ursprünglich 2010 erschien. Die meisten Songs unterscheiden sich in ihrer Länge nur minimal von den Originalen; die größten Unterschiede gibt es beim Text von ›Better Than Revenge‹, wo Taylor die kontroverse Zeile »She's better known for the things that she does on the mattress.« (*Sie ist besser bekannt für ihre Künste im Bett.*) zu »He was a moth to the flame, and she was holding the matches.« (*Er war wie eine Motte, die von der Flamme angezogen wird, und sie hielt das Streichholz in der Hand.*) änderte.

ELECTRIC TOUCH (FEAT. FALL OUT BOY)

Die erste von zwei Kollaborationen auf dem Album ist ein Pop-Punk-Song mit fast kinoartiger Produktion, in dem Taylor und Patrick Stump, der Lead-Sänger von Fall Out Boy, die Unsicherheit und Aufregung vor einem ersten Date und die Hoffnung auf eine neue Liebe thematisieren, nachdem man eine schmerzhafte Trennung durchgemacht hat. »All I know is this could either break my heart or bring it back to life«, heißt es im Text. (*Ich weiß nur, das hier bricht mir entweder das Herz oder erweckt es wieder zum Leben.*) Dieser Track ist nicht das erste Mal, dass Taylor und Fall Out Boy zusammenarbeiten: Sie hatten bereits einen gemeinsamen Auftritt bei der Victoria's Secret Fashion Show 2013. Außerdem hatte Stump einen Gastauftritt bei Taylors *Red*-Tournee.

WHEN EMMA FALLS IN LOVE

Dieser süße, anrührende Song entstand in Zusammenarbeit mit Dessner und beschreibt die Reise von Emma, einer faszinierenden jungen Frau, die romantische Irrungen und Wirrungen durchlebt, ehe sie schließlich ihre wahre Liebe findet. Das Lied pendelt zwischen einer Ballade mit Piano-Melodie und einem Country-Popsong mit Gitarren hin und her. In dem Track, der von Taylors herzergreifendem Gesang getragen wird, bringt sie ihre Bewunderung für Emma zum Ausdruck. Nach der Veröffentlichung des Albums verriet Taylor während der *Eras*-Tour bei ihrem ersten Konzert in Kansas City, dass sie den Song für eine ihrer besten Freundinnen geschrieben hat. Das befeuerte die Gerüchte, dass ›Emma‹ in Wirklichkeit die Schauspielerin Emma Stone ist, eine gute Freundin von ihr.

I CAN SEE YOU

›I Can See You‹ ist ein sinnlicher, sexy Song voller verführerischer Anspielungen, in dem Taylor sich an einen potenziellen neuen Lover wendet und ihre gegenseitige Anziehungskraft beschreibt, begleitet von einem Gitarrenriff, das verglichen mit dem Rest des Albums ein wenig bissiger klingt. Generell ist der Sound des von Antonoff koproduzierten Songs relativ experimentell und erinnert in dieser Hinsicht eher an die Alben *Reputation* und *Midnight*. Die sexuell geladenen Lyrics hingegen lassen sich am ehesten mit dem Track ›Dress‹ vergleichen. Dies ist aktuell der einzige Vault-Song des Albums, der ein richtiges Musikvideo spendiert bekam, in dem u. a. Taylors Ex-Freund Taylor Lautner zu sehen ist.

CASTLES CRUMBLING (FEAT. HAYLEY WILLIAMS)

Dies ist wohl einer der emotionalsten, introspektivsten Songs des Albums. Bei ›Castles Crumbling‹ erhält Taylor Unterstützung von Hayley Williams, der Sängerin von Paramore, mit der sie schon lange befreundet ist. In einem Interview mit dem Magazin *Coup de Main* gab Hayley zu Protokoll, dass sich der Song um eine Erfahrung dreht, die sie beide gemein haben, nämlich »unter den Augen der Öffentlichkeit aufzuwachsen«. Dementsprechend geht es im Text um die Komplexität und den Druck des Ruhms, um Selbstzweifel und letztlich um Taylors Angst, die Unterstützung ihrer Fans und damit ihre Karriere zu verlieren. Diese getragene Ballade stellt einen Gegenpol zu den meisten anderen Songs auf dem Album dar, wo sich der Großteil der Tracks um romantische Beziehungen dreht.

FOOLISH ONE

In diesem von Dessner koproduzierten Song erzählt Taylor vom Schmerz einer nicht erwiderten Liebe und davon, wie die unverbesserliche Romantikerin in ihr vergebens darauf wartet, dass die Person, die sie liebt, ihre Gefühle erwidert. Die melancholische Machart des Tracks beschreibt den Herzschmerz und die Naivität junger Liebe, doch am Ende akzeptiert Taylor, dass ihr Schwarm sich für eine andere entschieden hat, und erkennt, wie töricht ihr Verhalten war. Seit der Veröffentlichung des Songs wird lebhaft darüber spekuliert, ob es in ›Foolish One‹ um Taylors Ex, den Sänger John Mayer, geht, doch das wurde nie bestätigt. Interessanterweise wurde die Textzeile »It's delicate.« *(Es ist zerbrechlich.)* aus der zweiten Strophe zur Inspirationsquelle für ein ganzes Lied auf Taylors Album *Reputation* von 2017.

TIMELESS

Diese gefühlvolle Ballade befasst sich mit dem Konzept von Schicksal und Ewiger Liebe. Im Text malt Taylor sich ihre Beziehung in verschiedenen Epochen der Geschichte aus und kommt zu dem Schluss, dass sie stets zueinander gefunden hätten, egal, in welcher Zeit. Dieser Country-Pop-Klassiker fügt sich mit seiner Mischung aus Akustikgitarren, Schlagzeug und Piano perfekt in die Originalsongs von *Speak Now* ein und spielt sogar auf die klassische Mär von *Romeo & Julia* an, die schon Taylors Hit ›Love Story‹ inspirierte. Im Lyric-Video zu ›Timeless‹ sind Fotos von Taylors Großeltern zu sehen, Marjorie und Robert Finlay, deren Beziehung vermutlich die Grundlage für das Lied lieferte.

LINKS Als die Neuaufnahme des Albums erschien, nahm Taylor ›Long Live‹ gleich nach ›Enchanted‹ in die Setlist der *Eras*-Tour auf.

1989

Taylor's Version

Neun Jahre nach der Erstveröffentlichung bekommt Taylors bislang erfolgreichstes Album seine heißersehnte Neuauflage. Tatsächlich klingt diese Retro-Pop-Tour-de-Force besser als je zuvor.

VERÖFFENTLICHUNG: OKTOBER 2023

Als Taylors vierte Album-Neuaufnahme erschien, hätten die Erwartungen gar nicht größer sein können, schließlich hatte sie persönlich erklärt, dass *1989* ihr bisheriger Favorit sei. Das Originalalbum hatte 2014 Taylors Status als Pop-Superstar zementiert und gilt auch heute noch bei vielen Fans und Kritikern als ihr Meisterwerk.

Sich *Taylor's Version*s anzuhören, ist, als würde man eine alte Freundin in ihrem neuen Zuhause besuchen, und *1989* stellt da keine Ausnahme dar. Das Album ist angenehm nostalgisch, aber gleichzeitig fühlt sich alles frisch an, mit deutlich mehr Feinschliff. Die Tracks des Originals (einschließlich ikonischer Chart-Hits wie ›Shake It Off‹, ›Blank Space‹ und ›Bad Blood‹) strahlen noch immer genauso wie vor all den Jahren, und subtile Veränderungen in der Produktion heben die Songs auf ein ganz neues Level, ohne dabei so anders zu sein, dass es einem unangenehm auffallen würde.

Wie üblich fängt Taylor ihren ursprünglichen Gesang mit beeindruckender Genauigkeit ein, wobei hier und da aber immer noch Platz für ein paar neue Schnörkel bleibt. Dabei fühlen sich diese kleinen Twists stets sehr natürlich an – nichts wird je verändert, nur damit es anders klingt. Außerdem ist Taylors tiefere Stimmlage im Laufe der Jahre kräftiger geworden, was ihr beispielsweise bei den Lyrics von ›New Romantic‹ zu noch mehr Nachdruck und Kontrolle verhilft.

Manche Fans hatten auf mehr Songs aus den Archiven gehofft, schließlich waren 2014 angeblich über 100 Lieder für das Album geschrieben worden. Doch wie Taylor bereits 2015 in einem Interview in der erklärt hat, musste sie bei der Zusammenstellung der Trackliste extrem kompromisslos sein: »Ich hatte viele Songs für das Album geschrieben, die wirklich gut waren. Aber wenn ich in irgendeiner Weise das Gefühl hatte, dass sie eigentlich auf mein voriges Album, *Red*, gehörten, strichen wir sie.« Demselben Ansatz folgte sie vermutlich auch, als sie die Vault-Songs auswählte: Die Tracks mussten ihrer Vision für das Album als Ganzes entsprechen. Dadurch bekamen wir gierigen Swifties zwar letztlich »nur« fünf neue Lieder, aber jedes einzelne davon ist ein waschechter Synth-Pop-Volltreffer.

»SLUT!«

Als der Titel des Songs bekanntgegeben wurde, schossen definitiv ein paar Augenbrauen in die Höhe. Wegen des Ausrufezeichens spekulierten manche, dass der Track eine Art Hymne werden würde, so ähnlich wie ›ME!‹. Doch in völligem Widerspruch zur Zeichensetzung ist dieser Song in Wahrheit eine verträumte, sinnliche Nummer, in der es darum geht, dass Taylor wegen ihres schlagzeilenträchtigen Liebeslebens in den Medien als »Schlampe« gebrandmarkt wurde. Doch ungeachtet des sanften Gesangs hält der Song eine trotzige Botschaft parat: Taylor ist entschlossen, zu daten, wen immer sie will, ohne sich noch länger darum zu scheren, wie ihr Liebesleben ihr öffentliches Image beeinflusst: »And if they call me ›slut‹, you know it might be worth it for once.« *(Wenn sie mich schon als »Schlampe« beschimpfen, soll's das diesmal zumindest wert sein.)*

DIE ENTWICKLUNG VON TAYLOR SWIFT

SAY DON'T GO
Bei diesem Track arbeitete Taylor mit der Songwriting-Legende Dianne Warren zusammen, die unter anderem für Hits wie ›How Do I Live‹ von LeAnn Rimes und ›I Don't Wanna Miss a Thing‹ von Aerosmith verantwortlich zeichnet. ›Say Don't Go‹ ist eine hochfliegende Power-Ballade, die sich auch im Abspann eines romantischen Dramas aus den 1980ern gut machen würde. Der Song handelt davon, sich mit dem unvermeidlichen Kummer einer gescheiterten Beziehung abzufinden; dennoch kann Taylor nicht anders, als darauf zu hoffen, dass ihr Partner es sich nochmal anders überlegt und sie anfleht, nicht zu gehen. Doch die Beziehung ist emotional unausgeglichen – während Taylor schmachtet, wirkt ihr Freund distanziert und desinteressiert. Er schenkt ihr gerade genug Zuneigung, damit sie bei ihm bleibt: »Cause you kiss me and it stops time. And I'm yours, but you're not mine.« *(Denn wenn du mich küsst, bleibt die Zeit stehen. Ich gehöre dir, aber du nicht mir.)*

NOW THAT WE DON'T TALK
Mit nur zwei Minuten und 26 Sekunden Laufzeit ist dies der bislang kürzeste Song in Taylors gesamter Diskografie. Dennoch hat der Track es in sich, da Taylor hier ihre gesamte stimmliche Bandbreite präsentiert und mühelos von den tiefen Noten in den Strophen zu einem anschwellenden Falsett im Chorus wechselt. Textlich nimmt sie dabei einen Ex ins Visier und spricht wortgewandt und scharfsinnig über all die Dinge, die unausgesprochen bleiben werden, jetzt, wo sie »nicht mehr miteinander reden.« Im Zusammenspiel mit den schillernden Synth-Sounds machte Taylors eingängiger Gesang bis hin zum markanten Outro den Track schlagartig zu einem Fan-Favoriten. »Von den Songs, die damals auf der Strecke blieben, mag ich den hier mit am liebsten«, erklärte Taylor auf Tumblr. »Es fiel mir unglaublich schwer, ihn außen vor zu lassen, aber soweit ich mich entsinne, haben wir ihn gegen Ende der Produktion verfasst und hatten Probleme, den Sound richtig hinzukriegen.«

SUBURBAN LEGENDS
Dieser Song erzählt von einer Beziehung zwischen zwei Berühmtheiten, die eine starke Verbindung miteinander teilen. Anfangs träumt Taylor davon, was aus der Romanze wohl werden kann, doch dann schleicht sich Desillusionierung ein. Zunächst vergibt sie ihrem Ex seine schlecht verborgene Untreue noch, weil sie glaubt, dass sie beide zusammengehören: »You had people who called you on unmarked numbers in my peripheral vision.« *(Aus dem Augenwinkel sah ich, wie dich Leute mit unterdrückter Nummer anrufen.)* Doch da ihr Ex die Sache einfach weiterlaufen lässt, entscheidet sie schließlich, die Beziehung zu beenden, auch wenn es wehtut.

IS IT OVER NOW?
Man nimmt an, dass viele Songs auf *1989* von Taylors Beziehung mit Harry Styles beeinflusst sind, und dieses Lied kommt einer Bestätigung dieser Vermutung wohl am nächsten, da im Text konkrete Ereignisse genannt werden, die sich während ihrer gemeinsamen Zeit zutrugen: »Red blood, white snow« *(rotes Blut, weißer Schnee)* bezieht sich auf den Schneemobil-Unfall, der auch schon in ›Out of the Woods‹ angesprochen wurde, während »Blue dress, on a boat« *(Ein blaues Kleid auf einem Boot)* auf ein Paparazzifoto von Taylor anspielt, als sie ihren Urlaub mit Styles abbrach und allein abreiste. Untermalt von atmosphärischen Synth-Klängen, liefert sie hier einen ihrer besten Texte ab, um die verschwommenen Grenzen einer Trennung zu beschreiben. Außerdem wartet der Song mit einer Bridge auf, die sofort in den Olymp von Taylors einprägsamsten Kompositionen aufsteigt und eine ikonische Zeile parat hält: »I think about jumping off of very tall somethings, just to see you come running.« *(Ich überlege, irgendwo von hoch oben runterzuspringen, nur, damit du angerannt kommst.)*

LINKS Anlässlich der Ankündigung von *1989 (Taylor's Version)* trug Taylor am 9. August 2023 blaue Versionen einiger ihrer *Eras-Tour*-Outfits.

3. KAPITEL

TEAM TAYLOR

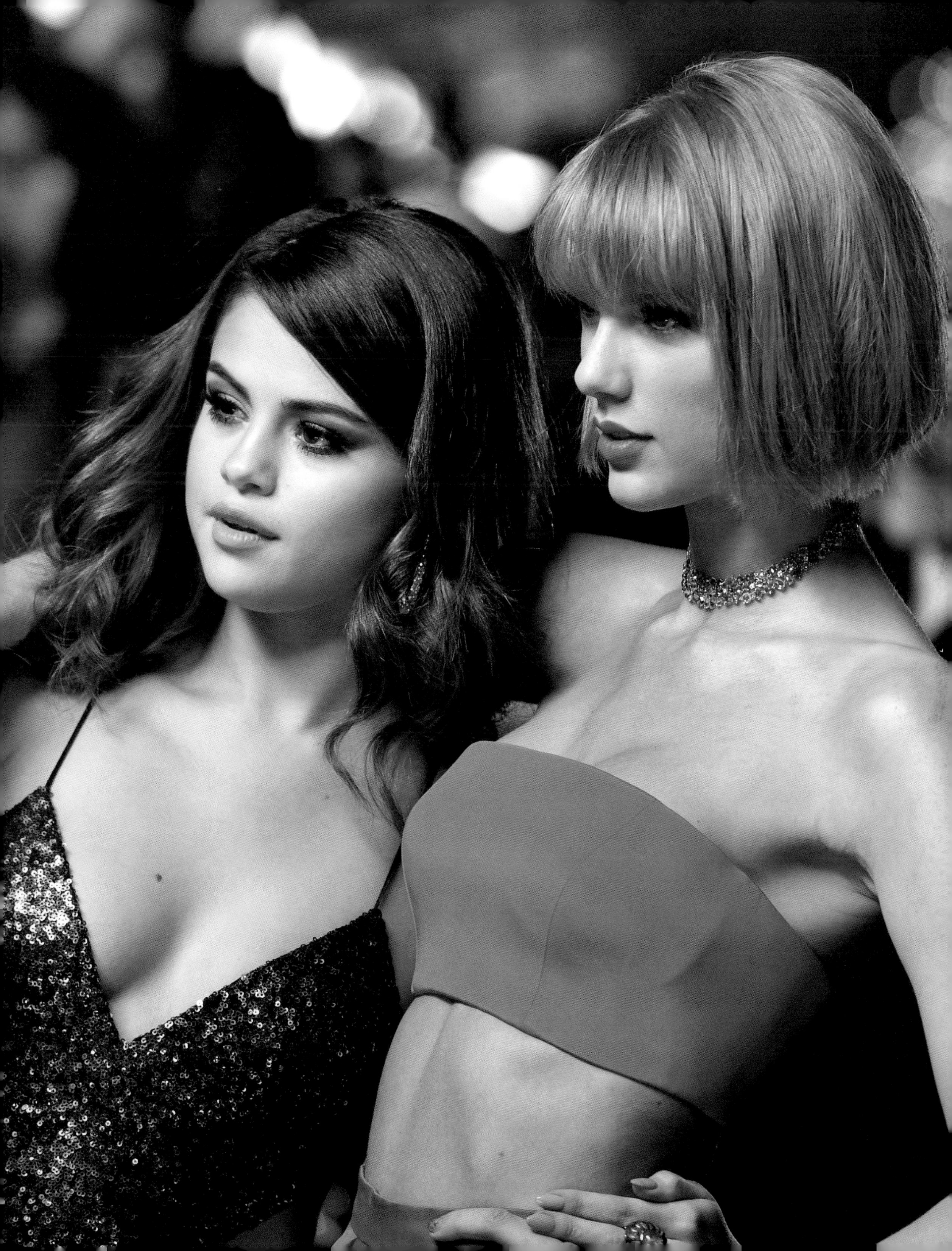

TEAM TAYLOR

Schlagzeilenträchtige Romanzen, berühmte Freundschaften und Fehden mit anderen Celebrities – hier werfen wir einen genauen Blick darauf, wer »Team Taylor« ist ... und wer nicht.

Taylor wäre nicht der Superstar, der sie heute ist, hätte sie nicht ein umfangreiches Netzwerk von Bezugspersonen um sich. Ihre Familie, ihre Freunde und ihre Kreativpartner haben sie im Verlauf ihrer Karriere immer unterstützt und ihr Liebesleben hatte in all diesen Jahren großen Einfluss auf ihr Songwriting. Leider gibt es auch einige, die öffentlich Streit und Feindseligkeit in Taylors Leben gebracht haben, doch Taylor hat jede Fehde und jeden Disput mit Reife und Weitsicht gemeistert und alle Probleme auf eine Weise überwunden, dass sie dadurch letztlich nur stärker wurde.

TAYLORS BEZIEHUNGEN

Taylors Liebesleben ist einer der zentralen Brennpunkte ihrer Karriere, schließlich war es ihr ehrlicher, aufrichtiger Blick auf Teenager-Romanzen, der zu Beginn ihrer Laufbahn so viele Fans auf sie aufmerksam machte. Doch der Weg zu wahrer Liebe ist voller Umwege und Sackgassen und auch Taylor blickt auf einige Aufs und Abs zurück.

Aktuell ist die Sängerin in einer Beziehung mit dem Football-Star Travis Kelce, dem Tight End der Kansas City Chiefs. Travis gilt als einer der besten Tight Ends in der Geschichte der NFL und spielt schon seine gesamte Karriere über bei den Chiefs. Während dieser Zeit hat er mehrere Rekorde gebrochen; beispielsweise erreichter er schneller als jeder andere Tight End die Marke von 10.000 Receiving Yards. Außerdem hat er in seiner Karriere bereits zweimal den Super Bowl gewonnen, 2023 sogar gegen seinen eigenen Bruder, Jason, der als Center für die Philadelphia Eagles spielt.

Gemeinsam mit Jason nimmt Travis den erfolgreichen Podcast *New Heights* auf. Dort verriet er seinen Fans im Juli 2023, dass er einen Monat zuvor versucht hatte, Taylor auf sich aufmerksam zu machen, als er ihr *Eras*-Konzert in Kansas City besuchte. Travis hatte eigens ein Armband mit seiner Telefonnummer für sie gebastelt, sie aber leider nicht getroffen. »Ich war enttäuscht, weil sie vor und nach ihren Shows mit niemandem redet, aber natürlich muss sie ihre Stimme schonen, schließlich singt sie 44 Songs«, so Kelce.

Doch im September machten Gerüchte die Runde, wonach die beiden sich inzwischen nicht nur getroffen hatten, sondern sogar miteinander ausgingen. Als man ihn in einem Interview danach fragte, hielt Kelce sich bedeckt, aber am 21. September 2023 gestand er schließlich, dass er »den Ball in ihre Hälfte geworfen« und sie zu einem seiner Spiele eingeladen hatte. Drei Tage später waren die Swifties erstaunt und erfreut, als Taylor tatsächlich beim Spiel der Kansas City Chiefs gegen die Chicago Bears gesehen wurde: Sie feuerte Kelce von seiner Loge aus an, gemeinsam mit seiner Mutter, Donna. Später wurde Taylor dabei gefilmt, wie sie das Stadion gemeinsam mit Kelce in seinem Cabrio verließ – praktisch die Bestätigung, dass die beiden zusammen waren. Im Dezember 2023 verriet Taylor in einem Interview mit *TIME*, dass sie bereits mit Kelce liiert war, als sie dieses NFL-Spiel besuchte. »Keiner von uns ist durchgeknallt genug, sowas als erstes Date zu nehmen«, scherzte sie.

Seitdem wurde das Pärchen immer wieder gesehen, und stets wirkten die beiden schwer verliebt. Im Gegensatz zu Taylors früheren Beziehungen scheint es ihr diesmal egal zu sein, ob die Presse und die Öffentlichkeit etwas davon mitbekommen. Mittlerweile hat sie viele von Kelces Spielen besucht, was unter Swifties zu einem gesteigerten Interesse an der NFL und an Travis selbst gesorgt hat. Im Gegenzug hat

RECHTS Taylor und einige ihrer tollen Tänzer beim *Eras*-Konzert in Atlanta, Georgia, im April 2023.

Text: Rachel Finn, Ergänzungen: Jessica Leggett.
Bild: Terence Rushin/TAS23/TAS Rights Management/Getty Images.

Ezra Shaw/Getty Images.

Kelce Taylor bei mehreren ihrer *Eras*-Konzerte unterstützt. Beispielsweise war er bei ihrem Auftritt in Argentinien dabei, als Taylor den Text von ›Karma‹ abänderte und sang: »Karma is the guy from the Chiefs, coming straight home to me.« *(Karma ist, dass dieser Kerl von den Chiefs direkt zu mir nach Hause kommt.)* Ihre Beziehung mit Travis scheint schnell tiefer und stärker zu werden, und viele Fans sind sicher, dass Taylor diesmal den Richtigen gefunden hat.

Davor war sie mit dem britischen Schauspieler Joe Alwyn zusammen. Die beiden waren seit 2016 ein Paar, beschlossen jedoch etwa zu Beginn der *Eras*-Tour im Frühjahr 2023, künftig getrennte Wege zu gehen. Während ihrer gemeinsamen Zeit hatten Taylor und Joe viele Details ihrer Beziehung geheim gehalten, und auch zu ihrer Trennung wollte sich keiner der beiden öffentlich äußern.

Fans und Medien sind überzeugt, dass Taylor anschließend kurzzeitig mit Matt Healy von der Band The 1975 ausging, da die beiden mehrmals miteinander gesehen wurden, nachdem Taylor sich von Alwyn getrennt hatte, doch auch dieses Gerücht wurde nie offiziell bestätigt. Derartige hitzige Spekulationen gibt es immer, wenn Taylor in der Öffentlichkeit mit einem Mann gesehen wird, selbst wenn sie nur Freunde sind. Darüber hat sie sich u. a. im Booklet von *1989 (Taylor's Version)* geäußert: »Ich musste erkennen, dass es so etwas wie zwangloses Dating für mich nicht gibt. Ich kann nicht mal mit einem Mann befreundet sein, selbst wenn die Sache rein platonisch ist, denn sobald ich mit ihm gesehen werde, gehen die Leute automatisch davon aus, dass ich mit ihm ins Bett gehe.«

Doch auch, wenn die beiden zu diesem Zeitpunkt kein Paar mehr waren, blieb Joe weiterhin ein wichtiger Teil von Taylors Leben. Höchstwahrscheinlich lernten sich die beiden bei einem Event der Unterhaltungsindustrie kennen. Wo und wann genau? Nun, viele Fans glauben, dass der Song ›Dress‹ von *Reputation* darüber Aufschluss gibt, wo es heißt: »Flashback to when you met me, your buzzcut and my hair bleached.« *(Flashback zu unserem ersten Treffen – dein Haar war kurzgeschoren, meins blondiert.)* Taylor hatte ihr Haar für die Met Gala 2016 strahlend platinblond gefärbt, während Joe die Veranstaltung nicht mit seiner üblichen, mittellangen Frisur besuchte, sondern – richtig geraten – mit einem militärisch kurzen Bürstenschnitt, weshalb viele Fans annehmen, dass dies der Abend war, als die beiden einander das erste Mal begegneten.

Zu jener Zeit war Taylor noch mit dem schottischen DJ Calvin Harris zusammen, von dem sie sich Berichten zufolge kurz nach der Met Gala trennte. Darauf folgte eine kurze Beziehung mit dem Schauspieler Tom Hiddleston, die im September 2016 in die Brüche ging. Bald darauf machten in

---

LINKS Travis Kelce hat in der NFL mehrere Rekorde gebrochen. Da er selbst in seinem Metier ein Superstar ist, sehen viele Swifties in ihm den idealen Partner für Taylor.

OBEN Fotografen konnten bei mehreren NFL-Spielen Schnappschüsse von Taylors ungefilterten Reaktionen machen. »Keine Ahnung, woher die immer wissen, in welcher Loge ich bin«, sagte sie in ihrem Interview mit *TIME*.

TAYLOR SWIFT. DER AUFSTIEG EINES SUPERSTARS

»Taylor ist seit ihrer Jugend berühmt. Darum musste sie sich mit der Tatsache abfinden, dass ihr Liebesleben von den Fans und den Medien genau unter die Lupe genommen wird.«

den Medien Gerüchte die Runde, dass Taylor und Joe jetzt ein Paar seien. Mehrere Monate lang bestätigte zwar keiner der beiden die Beziehung, doch man sah sie immer wieder bei denselben Events, auch wenn sie sich nicht zusammen fotografieren ließen. So waren die zwei im Oktober 2016 nach einem Kings of Leon-Konzert auf der Afterparty, und einen Monat später wurde Taylor dabei gesehen, wie sie sich auf die Premiere von Joes Film *Die irre Heldentour des Billy Lynn* schlich. Gewissheit über ihren Beziehungsstatus herrschte allerdings erst, als man das Pärchen im darauffolgenden Juni in Nashville gemeinsam beim Kaffeetrinken ablichtete.

Taylor hatte allen Grund, ihre stetig ernster werdende Beziehung mit Joe nicht an die große Glocke zu hängen. Sie war seit ihrer Jugend berühmt und hatte sich darum mit der Tatsache arrangieren müssen, dass ihr Liebesleben von den Fans und den Medien gleichermaßen eingehend unter die Lupe genommen wird. Als sie schon wenige Wochen nach ihrer Trennung von Calvin Harris begann, Tom Hiddleston zu daten, stürzten sich die Presse und die Öffentlichkeit regelrecht darauf. Bei Joe wollte Taylor zumindest versuchen, ihr Privatleben *privat* zu halten.

Als sie vor der Veröffentlichung ihres siebten Albums *Lover* mit *The Guardian* sprach, erklärte Taylor, warum es ihr so wichtig war, ihre Beziehung mit Joe so weit wie möglich unter Verschluss zu halten. »Ich habe gelernt, dass die Leute glauben, es sei okay, über meine Beziehungen zu reden, wenn *ich* darüber rede, und unsere Beziehung steht nicht zur Diskussion«, so Taylor. »Wenn Sie und ich gerade ein Glas Wein trinken würden, könnten wir darüber plaudern und das wäre in Ordnung – aber so wird alles gleich in die ganze Welt hinausgetragen. Da ziehe ich die Grenze. Nur so kann ich mein Leben kontrollieren. Und ich will einfach das Gefühl haben, die Dinge im Griff zu haben.«

Auch Joe hat darüber gesprochen – wenn auch nur flüchtig –, wie sehr er die private Seite ihrer Beziehung zu schätzen weiß. 2018 wurde er in einem Interview mit *Esquire* gefragt, ob er die Meinungen seiner Freunde eingeholt hätte, als er und Taylor anfingen, miteinander auszugehen. »Nein, diesbezüglich habe ich niemanden um Rat gefragt«, entgegnete er. »Ich weiß, was ich empfinde. Ich weiß, wie ich dazu stehe. Ich glaube, es gibt eine klare Linie im Hinblick darauf, was man mit anderen teilen möchte oder glaubt, teilen zu müssen, und dem, was man nicht teilen will und auch nicht teilen müssen sollte.«

Die beiden arbeiteten u. a. bei *Folklore* und *Evermore* zusammen, Taylors Alben von 2020, für die Joe unter dem Pseudonym William Bowery mehrere Songs mitschrieb und ko-produzierte. Als *Folklore* 2021 den Grammy für das »Album des Jahres« gewann, ließ sich Taylor in ihrer Dankesrede zu einer seltenen Äußerung über ihre Beziehung hinreißen: »Mein aufrichtiger Dank gilt Joe. Er ist der Erste, dem ich jeden einzelnen Song vorspiele, nachdem ich ihn geschrieben habe. Es war großartig, während der Quarantäne Lieder mit dir zu schreiben.«

Vor Joe hatte Taylor ihre romantischen Beziehungen vollkommen anders gehandhabt und nicht bloß über ihre Ex-Freunde gesungen, sondern auch öffentlich über sie gesprochen. Zwischen Juli und Oktober 2008 datete sie Joe Jonas von den Jonas Brothers, aber die Sache ging in die Brüche und Joe beendete die Beziehung am Telefon. »Wenn ich den Richtigen finde, werde ich mich nicht mal mehr an den Jungen erinnern können, der innerhalb von 25 Sekunden am Telefon mit mir Schluss gemacht hat, als ich 18 war«, sagte Taylor nach der Trennung in der *Ellen DeGeneres Show*. Bei diesem Auftritt erklärte sie außerdem, dass der Song ›Forever & Always‹ ihre gemeinsame Zeit mit Joe Jonas thematisiert.

In Taylors Single ›We Are Never Ever Getting Back Together‹ von 2012 hingegen soll es um den Schauspieler Jake Gyllenhaal gehen, mit dem sie zwischen Oktober und Dezember 2010 ausging. In dem Song lässt sie ihn wissen, wie »anstrengend« sie seinen Sinneswandel und seinen Musikgeschmack fand und singt mit einem Augenzwinkern: »You hide away and find your peace of mind with some indie record that's much cooler than mine.« *(Du verkriechst dich und findest deinen Seelenfrieden mit irgendwelchen Indie-Platten, die viel cooler sind als meine.)* Der Song ›Out of the Woods‹ hingegen thematisiert Gerüchten zufolge Taylors Beziehung mit Harry Styles, mit dem sie von Ende 2012 bis Anfangs 2013 liiert war. Dem *Rolling Stone* verriet Taylor 2014, dass es in dem Song um eine Beziehung geht, in der »jeder Tag ein Kampf« war.

»Wir schmiedeten keine Pläne für den Rest unseres Lebens – wir hatten schon Mühe, es bis nächste Woche zu schaffen.«

Als Taylor und Calvin Harris im Juni 2016 nach einer 15-monatigen Beziehung die Reißleine zogen, schien es, als wäre sie mehr als bereit, zukünftige Romanzen privater zu halten. »Ich bin in meinen frühen Zwanzigern auf genauso viele Dates gegangen wie jeder andere – und wurde dafür niedergemacht«, sagte sie dem Magazin *Vogue*. »Darum ging ich vor Calvin zweieinhalb Jahre mit niemandem aus. Ist es

RECHTS Swifties lieben es, darüber zu spekulieren, welcher ihrer früheren Partner Taylor zu welchen Songs inspiriert haben könnte. Von links nach rechts: Jake Gyllenhaal, Calvin Harris und Joe Alwyn.

Vittorio Zunino Celotto/Getty Images

Jon Kopaloff/FilmMagic/Getty Images

Emma McIntyre/WireImage/Getty Images

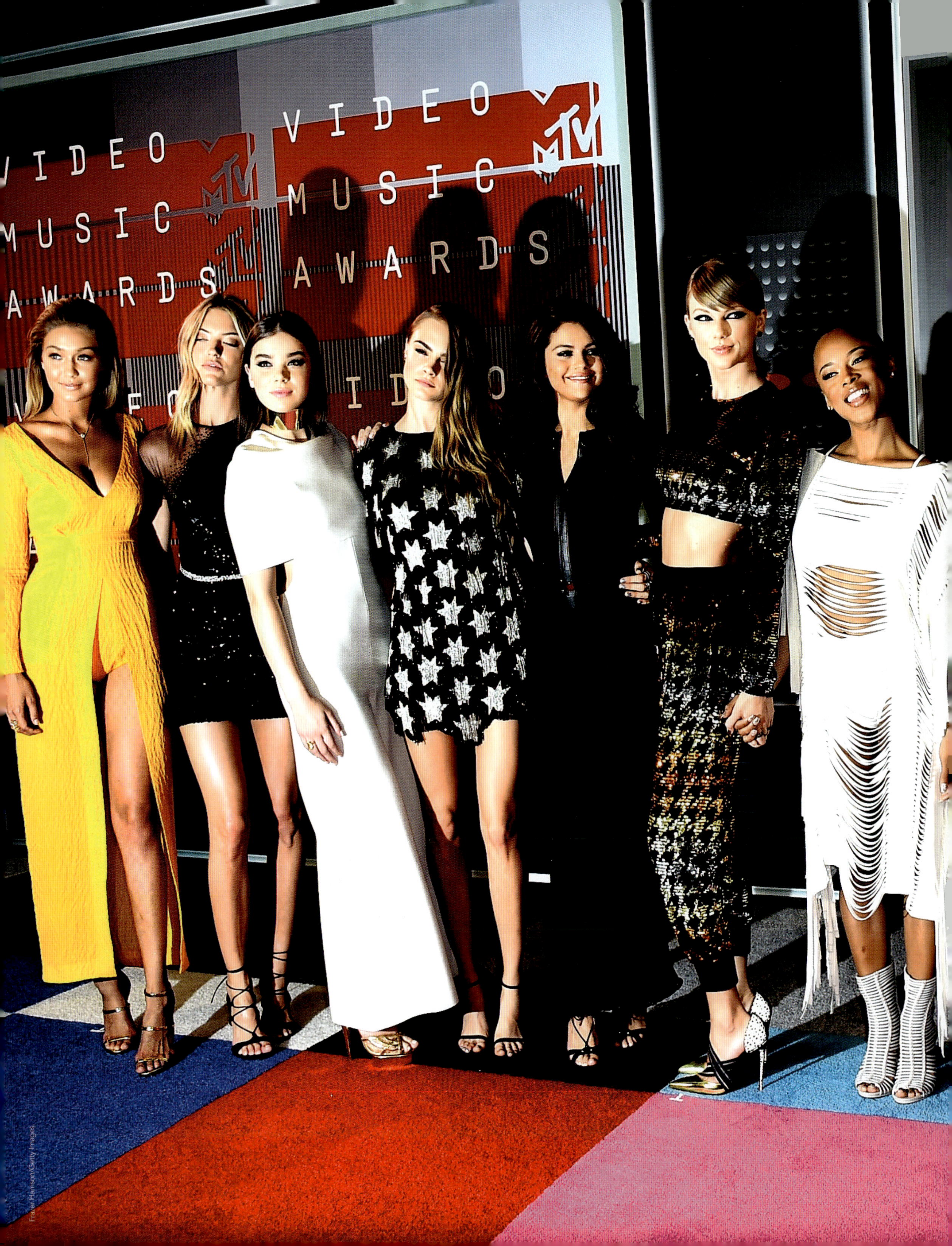

Frazer Harrison/Getty Images

gerecht, dass ich dazu gezwungen wurde? Nein.« Sie hat den Umstand, dass ihre Beziehungen zu Material für Internet-Slideshows reduziert werden, schon häufig kritisiert.

Und auch, wenn Taylor öffentlich nie groß über Pläne gesprochen hat, eine Familie zu gründen, erwähnt sie in der Netflix-Dokumentation *Miss Americana* von 2019 doch potenzielle Zukunftspläne. »Ein Teil von mir fühlt sich, als wäre ich 57«, sagt sie da. »Aber ein anderer Teil von mir ist absolut noch nicht bereit dafür, Kinder zu haben, und noch weniger für all diesen Erwachsenenkram. Ich kann mir den Luxus nicht leisten, mich mit solchen Dingen auseinanderzusetzen oder alles einfach auf mich zukommen zu lassen, weil die nächsten zwei Jahre meines Lebens immer schon verplant sind.«

TAYLORS »SQUAD«

Nicht nur Taylors Liebesleben erregt regelmäßig das Interesse der Öffentlichkeit, sondern auch ihre Freundschaften. Mit der Veröffentlichung ihres fünften Studio-Albums *1989* ließ sie 2014 ihre Country-Wurzeln hinter sich und avancierte zu einem waschechten Popstar. Zu jener Zeit entstand auch ihr »Squad«, eine Gruppe berühmter Musikerinnen, Schauspielerinnen und Models, die regelmäßig an Taylors Seite waren, ob nun bei Partys, Branchenevents oder den extravaganten Feiern, die Taylor jedes Jahr am 4. Juli, dem amerikanischen Unabhängigkeitstag, in ihrem Anwesen in Rhode Island abhält.

Zu Taylors »Squad« gehörten unter anderem die Schauspielerinnen Lena Dunham, Emma Stone und Hayley Steinfeld, die Models Karlie Kloss, Clara Delevigne und Gigi Hadid sowie die Popstars Lorde, HAIM und Hayley Williams von Paramore. Die Mädels sind häufig in den Instagram-Feeds der jeweils anderen zu sehen und viele spielten im Musikvideo zu ›Bad Blood‹ Mitglieder von Taylors Kampfeinheit. Tatsächlich sind einige ihrer Freundinnen sogar bei Konzerten von Taylors *1989*-Welttournee aufgetreten.

Auf die Frage, warum sie ihr »Squad« der Welt ausgerechnet während ihrer *1989*-Ära vorgestellt hat, erklärte Taylor, dass das mit ihrer eigenen Verunsicherung zu tun hatte, weil sie als Jugendliche nicht viele Freunde hatte. »Sogar jetzt, als Erwachsene, habe ich immer noch Flashbacks, wie ich allein an einem Tisch in der Schulkantine saß oder mich in einer Toilettenkabine versteckte oder versuchte, neue Freundschaften zu schließen, aber bloß ausgelacht wurde«, schrieb sie 2019 in einem Essay für *ELLE*. »In meinen Zwanzigern war ich dann plötzlich von lauter Mädchen umgeben, die mit mir befreundet sein wollten. Und ich wollte, dass die ganze Welt das weiß. Ich postete Bilder und feierte meine Aufnahme in diese Schwesternschaft, ohne zu erkennen, dass es vielen anderen Menschen genauso ging, wie mir damals, als ich mich so allein fühlte. Es ist wichtig, die Probleme anzusprechen, die uns schon unser ganzes Leben über plagen, bevor wir zur leibhaftigen Verkörperung davon werden.«

—✦—

LINKS Einige Mitglieder von Taylors »Squad« bei den MTV VMAs 2015. Von links nach rechts: Gigi Hadid, Martha Hunt, Hailee Steinfeld, Cara Delevigne, Selena Gomez, Taylor Swift, Serayah, Mariska Hargitay, Lily Aldridge und Karlie Kloss.

»Sie hat sich auf eine Weise für mich eingesetzt, die ich nie erwartet hätte.

Sie setzte sich extra ins Flugzeug, weil ich verletzt war und eine schwere Zeit durchmachte. Es gab Probleme in meiner Familie. Mit jedem Jahr, mit jedem Moment meines Lebens zeigt sich mehr und mehr, dass sie eine meiner besten Freundinnen auf der ganzen Welt ist.

Wir sind nicht immer einer Meinung, aber wir respektieren einander in jeder Hinsicht.«

SELENA GOMEZ ÜBER IHRE FREUNDSCHAFT
MIT TAYLOR SWIFT

RECHTS Selena und Taylor sind seit über 15 Jahren befreundet und haben sich in dieser Zeit auch beruflich immer wieder gegenseitig unterstützt.

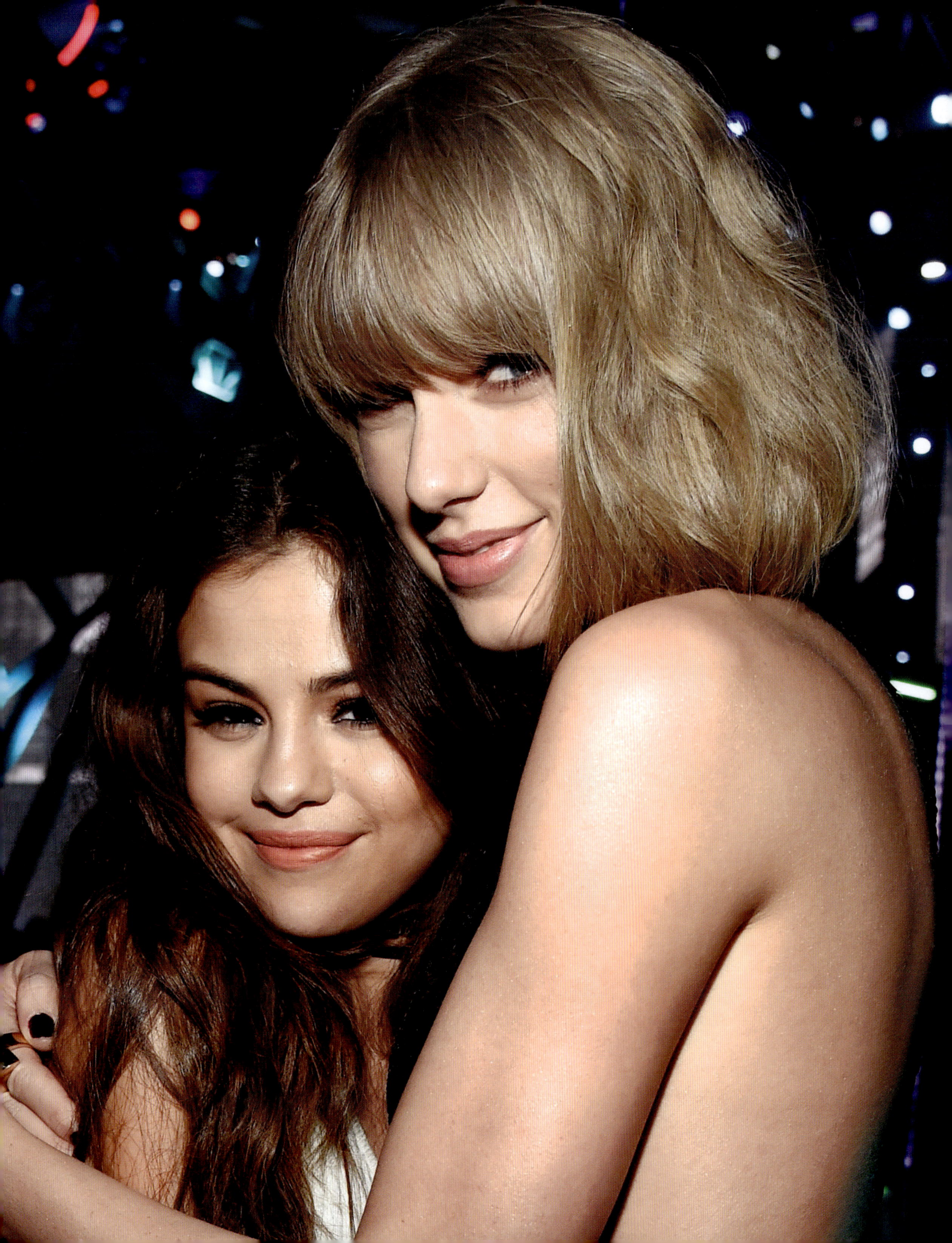

»Dass Taylor immer im Scheinwerferlicht steht, bedeutet, dass sie Meinungsverschiedenheiten und Fehden oft vor den Augen der ganzen Welt austragen muss.«

Im Laufe der Zeit wurden die Posts, die Taylors Schwesternschaft zelebrierten, seltener, und auch, wenn einige von ihnen noch immer eng befreundet sind, scheinen sich andere Mitglieder von Taylors »Squad« mittlerweile abgekapselt zu haben. In ihrem *ELLE*-Essay schreibt Taylor, dass sich Freundschaften mit der Zeit verändern. »Wenn Leute in ihren frühen Zwanzigern sind, finden sie manchmal in Gruppen zusammen, die sich wie eine Wahlfamilie anfühlen. Vielleicht bleiben sie das auch für den Rest ihres Lebens. Vielleicht hält diese Kameradschaft aber auch nur für eine gewisse Weile, nicht für immer. Das ist zwar schade, aber wenn man älter wird, wächst man manchmal aus Beziehungen heraus. Doch auch, wenn man manche Freundschaften irgendwann hinter sich lässt, bleiben einem die Erinnerungen daran.«

TAYLOR GEGEN DEN REST DER WELT

Dass Taylor ständig und überall im Scheinwerferlicht steht, bedeutet nicht nur, dass ihre Romanzen und Freundschaften zum Gesprächsthema in der Öffentlichkeit werden – auch Meinungsverschiedenheiten und Fehden muss sie oft vor den Augen der ganzen Welt austragen.

Ihr berühmtester Celebrity-Zoff ist vermutlich der mit dem Rapper Kanye West, der schon vor über zehn Jahren seinen Anfang nahm. Alles begann bei den MTV VMAs 2009, als die damals 19-jährige Taylor für den Song ›You Belong With Me‹ den Preis für das »Best Female Video« gewann – woraufhin Kanye mitten in ihrer Dankesrede auf die Bühne stürmte und lautstark verkündete, eigentlich hätte Beyoncé den Award verdient. »Hör zu, Taylor, ich freu mich echt für dich und ich lass dich auch gleich weiterreden, aber Beyoncés Video ist eines der besten aller Zeiten!«, verkündete Kanye, während Taylor nur verwirrt dastand. Beyoncé selbst wirkte ebenfalls verdutzt, während die Menge buhte. Taylor verließ die Bühne Berichten zufolge unter Tränen, nachdem ihr großer Moment vor Millionen Zuschauern auf so rüde Weise ruiniert worden war.

Obwohl Kanye sich später dafür entschuldigte, ist der Vorfall in die Annalen der Popkultur eingegangen und sogar Präsident Obama nannte den Rapper angesichts seiner aufmerksamkeitsheischenden Aktion einen »Idioten«. 2010 zog Kanye seine Entschuldigung wieder zurück, ehe er in einem Interview mit der *New York Times* 2013 sagte: »Ich bedaure nichts. [...] Wenn irgendwer, der das hier liest, auf eine abgedroschene Entschuldigung hofft, kann er jetzt mit dem Lesen aufhören.«

Einige Jahre später schienen sich die Wellen zwischen den beiden so weit geglättet zu haben, dass sich Taylor und Kanye gemeinsam bei den Grammys 2015 fotografieren ließen. Kanye stellte selbst eine mögliche Kollaboration mit Taylor in den Raum. Allerdings war das, was er als nächstes tat, garantiert nicht die Art von Zusammenarbeit, die Taylor dabei im Sinn hatte ...

Im Februar 2016 veröffentlichte Kanye seinen Song ›Famous‹, der schon bald aus den falschen Gründen Schlagzeilen machte. In dem Track heißt es unter anderem: »I feel like me and Taylor might still have sex. Why? I made that bitch famous.« (Ich glaube, ich und Taylor könnten immer noch Sex haben. Wieso? Na, ich hab die Schlampe berühmt gemacht.) Im dazugehörigen Musikvideo ging Kanye sogar noch einen Schritt weiter, indem er ein Model, das Taylor darstellen sollte, nackt auf einem riesigen Bett zeigt – zusammen mit anderen Popkultur-Persönlichkeiten und Politikern wie Donald Trump, Rihanna und Anna Wintour, der Herausgeberin der *Vogue*.

Als Kritik an dieser Textstelle aufkam, verteidigte Kanye sich auf Twitter mit der Ausrede, die Zeile wäre doch eigentlich ein Kompliment. »Ich hab Taylor angerufen. Wir haben uns eine Stunde lang über die Sache unterhalten. Sie fand's witzig und hat mir ihren Segen dafür gegeben«, tweetete er. Außerdem behauptete er, die »Bitch«-Zeile sei sogar Taylors eigene Idee gewesen. Taylor ließ daraufhin durch einen Sprecher verlautbaren, dass sie nichts von der Textstelle wusste und Kanye andernfalls ausdrücklich davor gewarnt hätte, »einen Song mit einer so frauenfeindlichen Message zu veröffentlichen.«

Als *1989* nur ein paar Wochen später mit dem Grammy als »Album des Jahres« ausgezeichnet wurde, gestattete Taylor sich einen kleinen Seitenhieb in Richtung Kanye, indem sie erklärte, er hätte nicht das Geringste mit ihrem Erfolg zu schaffen. »Man begegnet immer wieder Leuten, die einem den Erfolg missgönnen oder versuchen, deine Erfolge oder deinen Ruhm für sich zu beanspruchen«, sagte sie in ihrer Dankesrede. »Aber wenn ihr euch einfach nur auf eure Arbeit konzentriert und euch nicht von diesen Leuten ablenken lasst, werdet ihr euer Ziel eines Tages erreichen, und wenn ihr dann zurückblickt, erkennt ihr, dass ihr selbst es wart – ihr und die Leute, die euch lieben –, die euch so weit gebracht haben. Und das ist das großartigste Gefühl der Welt.«

RECHTS Der berüchtigte Moment, in dem Kanye Taylors Dankesrede bei den MTV VMAs 2009 unterbricht.

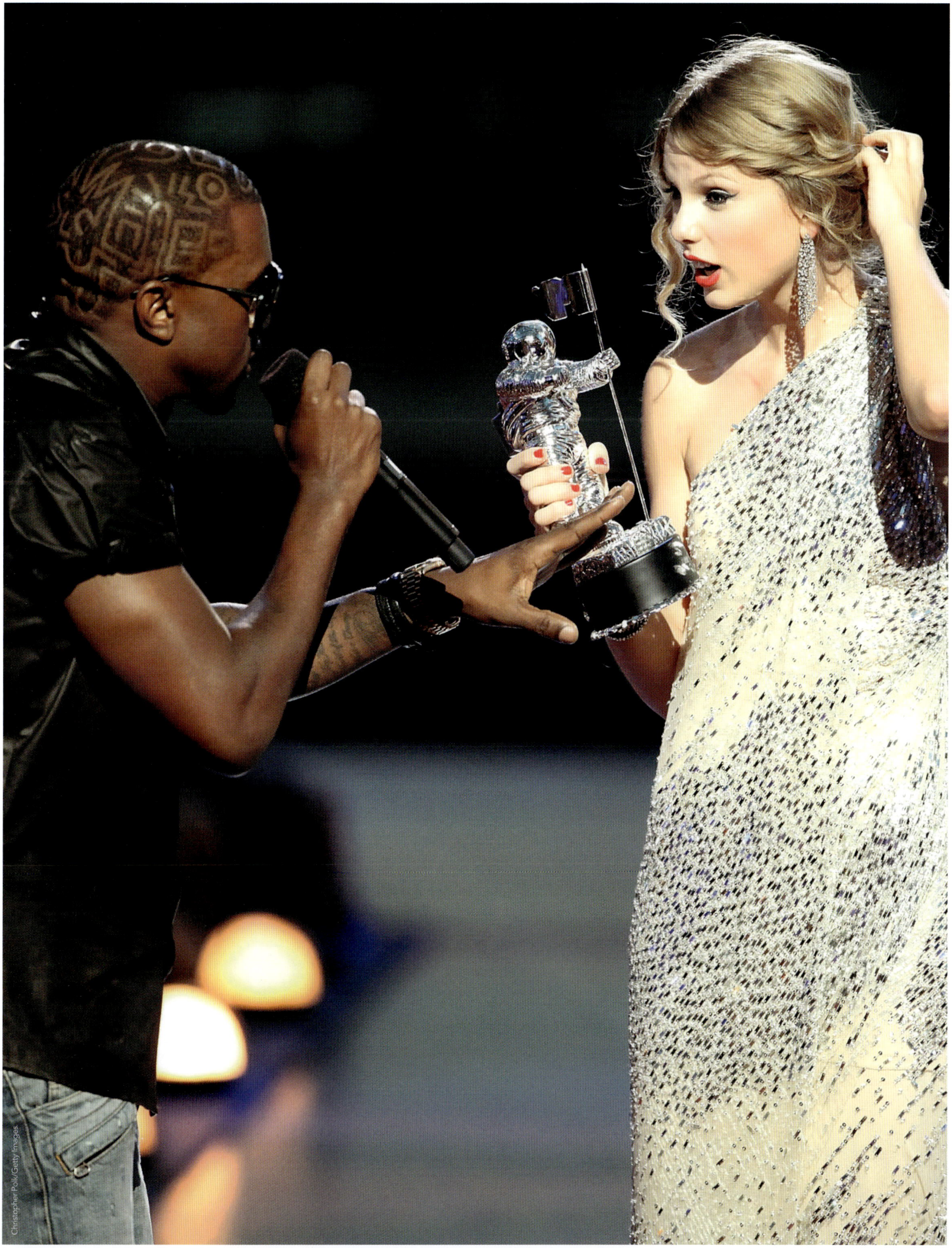

Christopher Polk/Getty Images

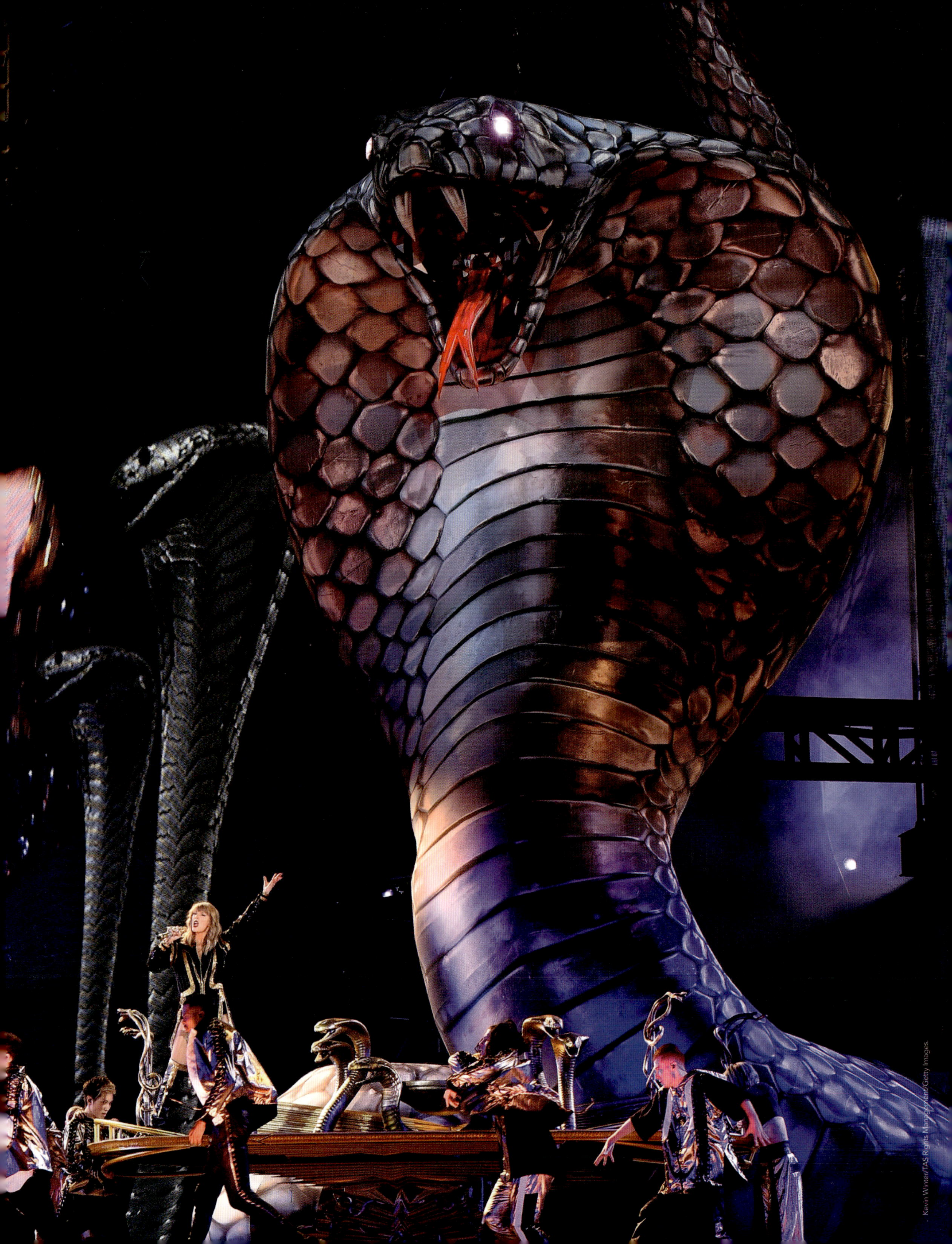

Kevin Winter/TAS Rights Management/Getty Images.

Doch damit war die Sache noch nicht ausgestanden, denn Kanyes Frau, Kim Kardashian, veröffentlichte in den Sozialen Medien einen Audio-Mitschnitt, der angeblich aus einem Telefongespräch zwischen Kanye und Taylor stammte und beweisen sollte, dass sie dem Song grünes Licht gegeben hatte. Kim versah diesen Post mit einem Schlangen-Emoji. Daraufhin erklärte Taylor, dass es dieses Gespräch mit Kanye zwar tatsächlich gab, dass sie ›Famous‹ zu diesem Zeitpunkt aber noch nie gehört oder gar abgesegnet hatte. Kanye hätte ihr zwar versprochen, ihr den Song vorzuspielen, »aber das hat er nie gemacht.« Ihr Statement endete mit den Worten: »Ich würde mir wünschen, dass man mich aus dieser Sache raushält, mit der ich schon seit 2009 nie etwas zu tun haben wollte.«

All die negativen Ereignisse der vergangenen Jahre – die ungerechte Zurschaustellung ihrer Beziehungen in den Medien, die Streitigkeiten und Fehden mit Leuten, die sie für Freunde gehalten hatte, und ihre Wut auf eine Öffentlichkeit, von der sie sich so oft im Stich gelassen fühlte – entluden sich 2017 auf dem Album *Reputation*. Vor der Veröffentlichung löschte Taylor den gesamten Inhalt ihrer Instagram-Seite, dann teaserte sie das Album mit Videos von Schlangen an – diese Bildsprache zog sich durch die gesamte Werbekampagne für *Reputation*. Tatsächlich gehörte während der Tour zum Album sogar eine riesige Schlange zum Bühnenbild. Man hatte sie als »Schlange« verunglimpft. Jetzt drehte sie den Spieß kurzerhand um und zog ihren Nutzen daraus.

»Vor ein paar Jahren startete ein gewisser Jemand eine Online-Hasskampagne gegen mich, in der ich im Internet als Schlange bezeichnet wurde. Die Tatsache, dass so viele Leute auf diesen Zug aufsprangen, hat mich zum absoluten Tiefpunkt meines bisherigen Lebens geführt. Aber ich kann euch gar nicht sagen, wie schwer es mir fällt, nicht jedes Mal loszulachen, wann immer eine 21 Meter große, aufblasbare Kobra namens Karyn vor 60.000 jubelnden Fans auf der Bühne erscheint. Es ist, als würde man mit LOL auf den Post eines Internettrolls reagieren, nur eben in der Tour-Variante davon, ein paar Nummern größer«, sagte sie 2019 in *ELLE*.

Als Taylor nach ihrem selbstauferlegten Exil mit *Reputation* ihr Comeback feierte, griff sie in der ersten Single-Auskopplung des Albums, ›Look What You Made Me Do‹, die Fehde mit Kanye auf. Im Musikvideo zu dem Song trägt Taylor dasselbe Outfit wie bei den VMAs 2009 und wiederholt am Ende ihre Aussage, dass sie »mit dieser Sache nichts zu tun haben will«.

LINKS Dass man sie als »Schlange« bezeichnet hat, inspirierte Taylor dazu, bei ihrer *Reputation*-Stadiontour vor einer riesigen, aufblasbaren Schlange – Spitzname: Karyn – zu performen.

UNTEN Bei den MTV VMAs 2015 schien es, als hätten Kanye und Taylor das Kriegsbeil begraben. Doch nur wenige Monate später veröffentlichte Kanye seinen Song ›Famous‹.

> »Am ersten Abend ihrer *Reputation*-Stadiontour sandte Katy Taylor einen Olivenzweig, um sich so bei ihr zu entschuldigen.«

2020 sorgte der Streit einmal mehr für Schlagzeilen, als online ein Mitschnitt des Telefonats zwischen Kanye und Taylor geleakt wurde. Diese Aufnahme legte nahe, dass der Clip, den Kim seinerzeit gepostet hatte, digital manipuliert und zusammengeschnitten worden war und Kanye das Wort »Bitch« ganz bewusst ausgelassen hatte, als er sich Taylors Okay für die Zeile holte. In den Augen vieler Swifties war dies Taylors längst überfällige Rehabilitierung.

Allerdings ist Kanye West nicht der einzige Promi, mit dem Taylor eine Fehde hatte. Lange Zeit stand sie auch mit Katy Perry auf Kriegsfuß, nachdem Katy 2014 angeblich mehrere Tänzer von Taylors Tournee für ihre *Prism*-Tour abgeworben hatte. Das Gerücht, dass die beiden Zoff hatten, verdichtete sich noch weiter, als Taylor über die Inspiration für ihren Song ›Bad Blood‹ in einem Interview mit *Rolling Stone* erklärte, das Lied handele »von einer anderen Künstlerin«, die sie nicht namentlich nennen wolle.

»Jahrelang war ich mir nicht sicher, ob wir Freundinnen sind oder nicht. Sie kam bei Awards-Shows zu mir, sagte etwas und ging dann wieder und ich fragte mich: ›Sind wir jetzt Freundinnen oder war das gerade die gemeinste Beleidigung meines Lebens?‹« Doch dann überschritt dieser »ungenannte Popstar« eine Grenze, wie Taylor erzählte. »Sie hat etwas so Schreckliches getan, dass ich dachte: ›Nein, wir sind keine Freundinnen, sondern richtige Feindinnen.‹ Und es ging dabei nicht mal um einen Kerl! Es ging ums Geschäft. Im Grunde versuchte sie, meine gesamte Stadion-Tour zu sabotieren. Sie wollte einen Haufen meiner Leute abwerben, direkt vor meiner Nase. Das mag einige vielleicht überraschen, aber ich mag es nicht, mich zu streiten. Ich hasse Konflikte. Darum gehe ich ihr jetzt lieber aus dem Weg, auch wenn es sich unangenehm anfühlt und mir nicht gefällt.«

2017 veröffentlichte Katy den Song ›Swish Swish‹, in dem es darum geht, den Sieg über jemanden errungen zu haben, und einige Fans vermuten, dass damit Taylor gemeint ist: »So keep calm, honey. I'mma stick around, for more than a minute, get used to it. Funny my name keeps comin' out your mouth 'cause I stay winning.« *(Bleib ruhig, Süße. Ich geh nämlich nicht weg, nicht mal für 'ne Minute. Also gewöhn dich besser dran. Schon komisch, dass du immer wieder meinen Namen in den Mund nimmst, denn ich bleibe die Siegerin.)*

Im folgenden Jahr schienen sich die Wogen zwischen den beiden Sängerinnen allerdings wieder geglättet zu haben. Katy schickte Taylor zum Auftakt ihrer *Reputation*-Stadiontournee einen Olivenzweig – nicht im übertragenen Sinne, sondern wortwörtlich – wohl, um sich so bei ihr zu entschuldigen. Und wie um endgültig klarzustellen, dass ihr Streit Schnee von gestern ist, hatte Katy 2019 sogar einen Auftritt in Taylors Musikvideo zu ›You Need to Calm Down‹. Zumindest in diesem Fall scheint sich das Sprichwort bewahrheitet zu haben, dass die Zeit alle Wunden heilt.

DER STREIT UM DIE MASTER-AUFNAHMEN

2019 musste Taylor sich öffentlich mit dem bislang größten geschäftlichen Disput ihrer Karriere auseinandersetzen. Scooter Braun – das Musik-Schwergewicht, das für die Karrieren von Künstlern wie u. a. Justin Bieber, Ariana Grande, Usher und Kanye West mitverantwortlich zeichnet – hatte im Rahmen eines 300 Millionen US-Dollar schweren Deals Taylors früheres Plattenlabel, Big Machine, gekauft und damit auch die Rechte an den Master-Aufnahmen ihrer Alben erworben.

Als Taylors Vertrag mit dem Label 2018 nach zwölf Jahren ausgelaufen war, stand sie vor einer schweren Entscheidung: Sollte sie den Deal erneuern oder sich lieber ein neues Label suchen? Später in jenem Jahr verkündete sie schließlich, dass sie einen mehrere Alben umfassenden Vertrag mit der Universal Music Group (UMG) unterzeichnet hatte. Besonders wichtig war ihr dabei, dass UMG ihr die Rechte an den Master-Aufnahmen aller Alben überließ, die sie für das Label produzierte.

Ein »Master« ist im Grunde die finale Version eines Songs oder Albums, von der alle Kopien gezogen werden, egal, ob Schallplatten, CDs, digitale Downloads oder Streaming-Dateien. Laut Taylors ursprünglichem Vertrag mit Big Machine gehörten ihr die Master-Aufnahmen der Alben nicht, die sie für das Label machte; stattdessen bekam sie einen bestimmten Prozentsatz an allen Verkaufserlösen oder Lizenzeinnahmen. Derartige Vereinbarungen sind in der Branche weit verbreitet, schließlich wollen die Plattenfirma sicherstellen, dass das Geld, das sie in ihre Künstler und deren Musik investieren, auch wieder reinkommt.

Taylors neuer Deal mit UMG hingegen sah ein bisschen anders aus: Das Label hat zwar das Recht, Kopien ihrer Musik für den Verkauf zu produzieren, aber Taylor behält die Rechte an ihrer Arbeit. Das ist für Taylor natürlich eine tolle Sache, da das bedeutet, dass sie mehr Kontrolle über ihre eigene

RECHTS Taylor posiert 2010 mit Katy Perry für ein Foto, mehrere Jahre vor ihrem berühmten Zerwürfnis.

TEAM TAYLOR

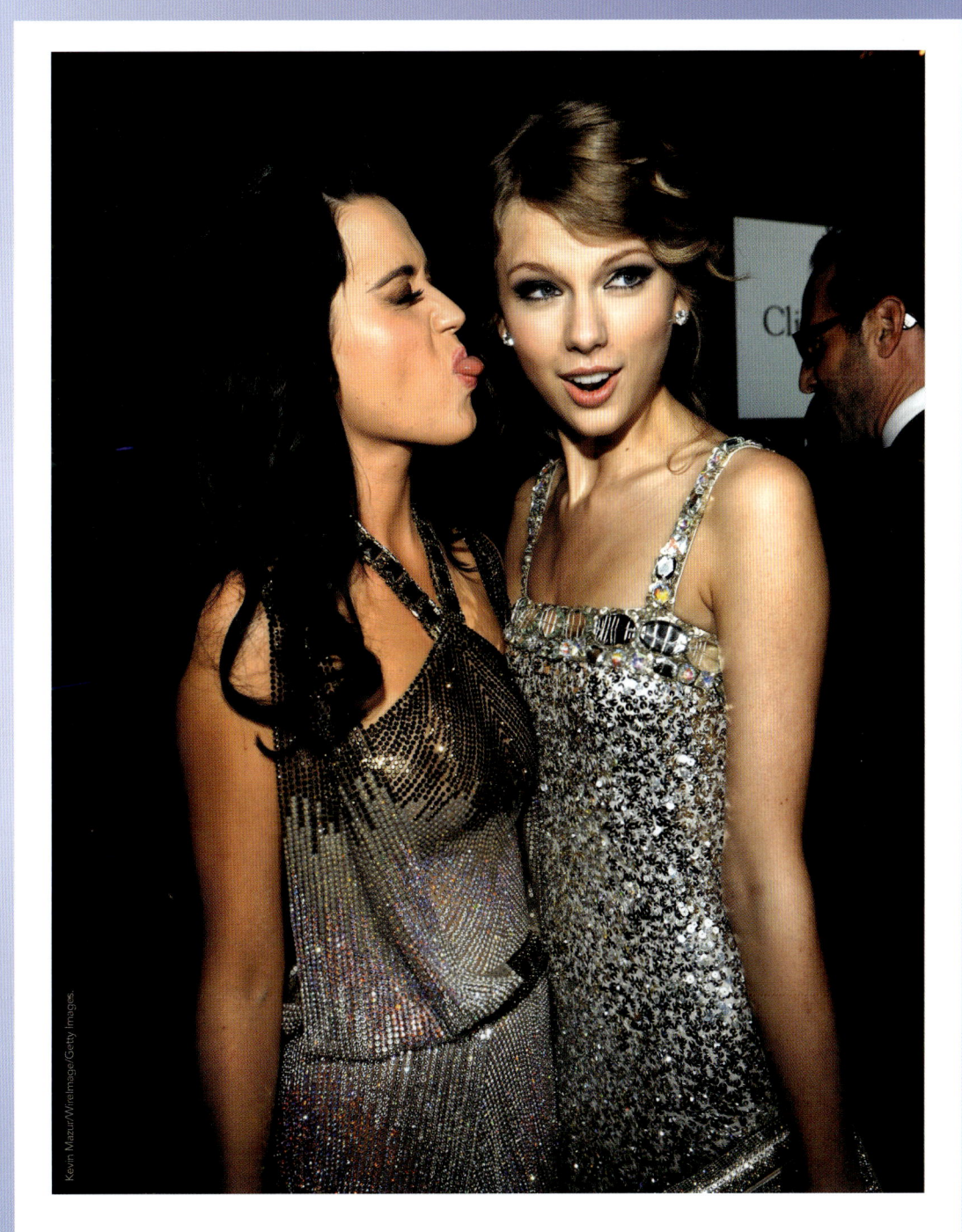

GRAMMY AWARDS | BEVERLY HILLS | 30. JANUAR 2010

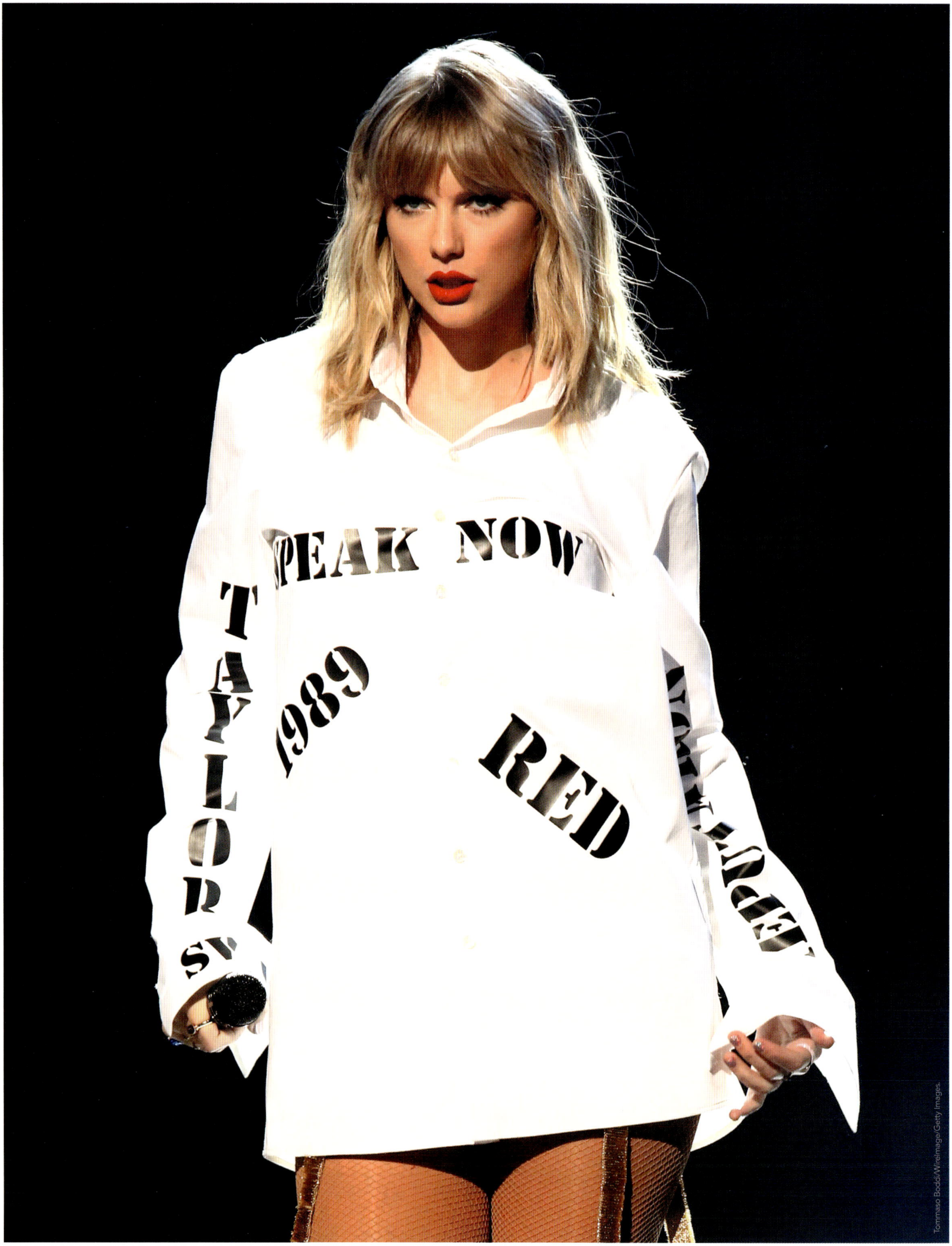

Tommaso Boddi/WireImage/Getty Images.

TEAM TAYLOR

»Taylor hat sich nicht nur die Rechte an ihren Songs zurückgeholt,
sondern zugleich auch auf die Probleme aufmerksam gemacht,
denen sich viele Künstler gegenübersehen.«

Musik hat. Die Master ihrer ersten sechs Alben, von *Taylor Swift* bis *Reputation*, gehörten hingegen noch immer ihrem alten Label, weshalb Taylor alles andere als glücklich darüber war, dass Scooter Braun Big Machine kaufte – und damit auch ihre Master-Aufnahmen.

»Als ich Scott [dem CEO von Big Machine] meine Master-Aufnahmen überließ, schloss ich meinen Frieden mit dem Gedanken, dass er sie irgendwann verkaufen würde. Aber nicht mal in meinen schlimmsten Alpträumen hätte ich mir vorstellen können, dass Scooter der Käufer sein würde«, schrieb Taylor auf Tumblr, als die Nachricht von der Label-Übernahme am 30. Juni 2019 publik wurde. »Jedes Mal, wenn Scott Borchetta die Worte ›Scooter Braun‹ aus meinem Mund hörte, habe ich entweder geweint oder darum gekämpft, meine Tränen zurückzuhalten. Er wusste genau, was er tut – das gilt für beide. Sie wollten die Kontrolle über eine Frau, die nichts mit ihnen zu tun haben will. Dauerhaft. Für alle Zeiten.« Taylor fügte hinzu, dass sie zu diesem Zeitpunkt bereits seit Jahren versucht hatte, ihre Master-Aufnahmen von Big Machine zurückzukaufen, aber Scott Borchetta, »für den ›Loyalität‹ offensichtlich eher sowas wie eine Vertragsbedingung ist«, wollte davon nichts wissen. Angesichts ihrer Fehde mit Kanye West, der früher von Scooter vertreten wurde, sah Taylor sich mit ihrem schlimmsten Alptraum konfrontiert.

»Alles, woran ich denken konnte, war, wie gnadenlos er mich über Jahre hinweg manipuliert und schikaniert hat«, schrieb Taylor. »Ich dachte daran, wie Kim Kardashian Schnipsel eines illegal aufgezeichneten Telefonats publik machte und Scooter seine beiden Klienten gegen mich aufhetzte, um mich online zu mobben ... Oder wie sein Klient Kanye West ein pornografisches Rachevideo produzierte, in dem ich nackt gezeigt werde. [...] Jetzt hat Scooter mir auch noch mein Lebenswerk geraubt, ohne dass ich die Chance hatte, die Aufnahmen selbst zu kaufen. Unterm Strich bedeutet das, dass mein musikalisches Erbe in den Händen eines Mannes liegt, der vorher versucht hat, es zu zerstören.«

Scott stritt ab, dass er Taylor daran gehindert hätte, ihre Master-Aufnahmen selbst zu erwerben. In einem Statement auf der Big-Machine-Webseite schrieb er: »100 % aller Taylor-Swift-Rechte wären sofort in ihren Besitz übergegangen, wenn sie einen neuen Vertrag bei uns unterschrieben hätte ... Mein Angebot war in Anbetracht der überschaubaren Größe unseres Labels extrem großzügig. Selbst nachdem sie mir erklärte, dass sie mit anderen Plattenfirmen reden wollte, um zu sehen, was es da draußen sonst noch so für sie gibt, gab es kein böses Blut zwischen uns. Ich bin ihr dabei nicht in die Quere gekommen, sondern habe ihr vielmehr alles Gute gewünscht.«

Unterdessen betonte Scooter Braun: »Ich würde in dieser Sache gern eine Lösung finden ... Ich bin offen für ALLES. In den vergangenen sechs Monaten habe ich jede Menge Versuche unternommen und Anrufe getätigt, um ein offenes Gespräch zu suchen, aber ich wurde stets zurückgewiesen. Viele aus deinem Team und unserer gemeinsamen Freunde haben versucht, dich an den Verhandlungstisch zu bekommen, aber keiner von ihnen hatte Erfolg. Ich habe beinahe das Gefühl, als hättest du in Wahrheit gar kein Interesse daran, diesen Konflikt zu lösen.«

Taylor reagierte darauf mit der Ankündigung, falls nötig neue Versionen ihrer alten Alben aufzunehmen, und viele Promis stärkten ihr in den Sozialen Medien den Rücken. Selena Gomez z. B. schrieb auf Instagram: »Ich weiß aus persönlicher Erfahrung, dass Taylor NICHTS wichtiger ist als ihre Familie, Liebe, ihre Fans und ihre MUSIK. Ich hoffe aufrichtig, dass es in dieser unseligen Sache eine gütliche Einigung gibt.« Fans riefen auf Twitter das Hashtag #IStandWithTaylor ins Leben, das schnell trendete.

Nachdem sie im November 2020 die Recht erhielt, ihre alten Stücke neu aufzunehmen, verlor Taylor keine Zeit: Binnen eines Jahres hatte sie »Taylor's Versions« von *Fearless* und *Red* veröffentlicht und trotz ihres hektischen Tour-Terminplans kamen 2023 auch noch *Speak Now* und *1989* hinzu. Bislang haben sich alle Neuaufnahmen als unglaublich erfolgreich erwiesen.

Durch dieses einzigartige Projekt hat Taylor nicht nur die Rechte an ihren Songs zurückerlangt, sondern zugleich auch auf die Probleme aufmerksam gemacht, denen sich viele Künstler gegenübersehen, wenn es um die Rechte an ihrem Werk geht, ganz abgesehen davon, dass die Swifties von Team Taylor der Musikindustrie eindrucksvoll demonstriert haben, wie mächtig und wertvoll wahre Fan-Loyalität sein kann.

LINKS Bei den AMAs 2019 setzte Taylor ein Zeichen, indem sie in einem Hemd auf die Bühne trat, das mit den Titeln ihrer ersten sechs Alben bedruckt war.

4. KAPITEL

STIL & SUBSTANZ

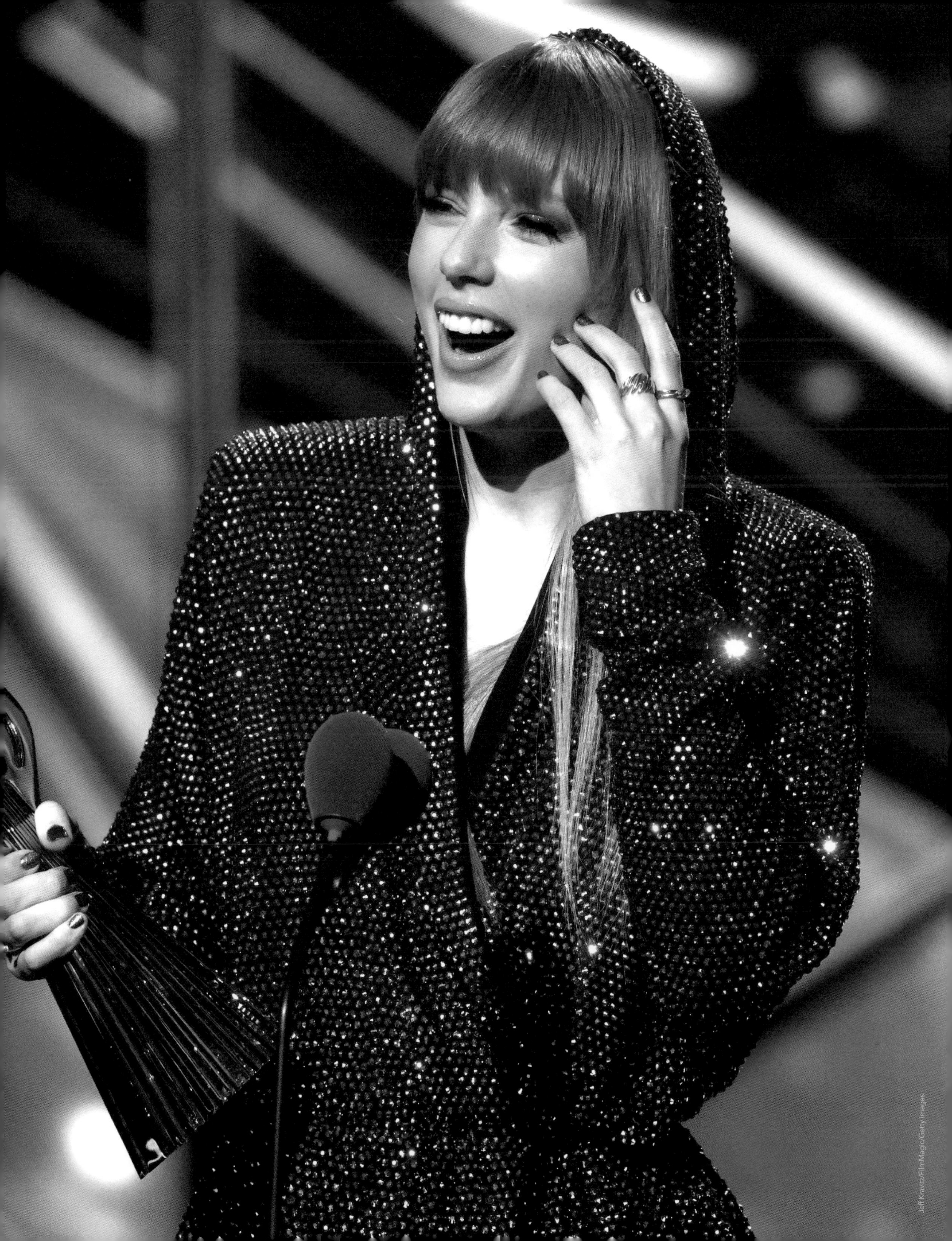
Jeff Kravitz/FilmMagic/Getty Images.

Text: Rachel Finn, Ergänzungen: Tiffany Starlow.
Bild: Image Press Agency/Alamy.

STIL & SUBSTANZ

Auf ihrem Weg zu globalem Starruhm hat Taylor sich in vielerlei Hinsicht verändert, von ihrem Modestil bis hin zu ihrem wachsenden Engagement bei politischen und gesellschaftlichen Themen.

Bedenkt man, dass Taylors Karriere mittlerweile fast 20 Jahre umspannt, verwundert es nicht, dass sich ihr Stil im Laufe der Zeit gewandelt hat. Genau wie bei uns allen ist ihr Modegeschmack seit ihren Teenagertagen reifer geworden. Allerdings geht Taylors Look weit über die oberflächlichen Elemente ihres Auftretens hinaus – sie will nicht einfach bloß gut aussehen. Vielmehr hat sie sich den Ruf verdient, genauso Gutes zu *tun*. Als eine der berühmtesten, einflussreichsten Personen der Welt hat Taylor mittlerweile das nötige Selbstbewusstsein gewonnen, für die Dinge einzustehen, an die sie glaubt, und nutzt ihre Plattform, um auf bestimmte Probleme aufmerksam zu machen und auf einen Wandel zum Besseren hinzuarbeiten.

MODE-EVOLUTION

Da Taylor im Scheinwerferlicht aufwuchs, fand ihr modischer Werdegang – vom Stil eines Teenagers über den einer Twenty-Something bis hin zu dem eines Superstars mit Anfang 30 – vor den Augen der Öffentlichkeit statt. Und wie wohl jeder bestätigen kann, der schon mal auf die fragwürdigen Modeentscheidungen seiner Teenie-Jahre zurückgeblickt hat, gibt es immer irgendwelche Outfits aus früheren Tagen, die man bedauert – vor allem, wenn sie in Form von Bildern im Internet verewigt wurden!

Taylor hingegen scheint diesbezüglich eher gelassen zu sein. Im Gespräch mit dem *ELLE*-Magazin sagte sie 2015, dass sie es nicht für nötig hält, sich von ihren früheren Style-Entscheidungen zu distanzieren. »Was den Drang angeht, gegen sich selbst und sein Image zu rebellieren, muss ich sagen: Ich verspüre nicht den Wunsch, das Haus niederzubrennen, das ich mit eigenen Händen gebaut habe«, erklärte sie. »Ich kann anbauen, ich kann neu dekorieren. Aber *ich* habe das aufgebaut. Also werde ich mich nicht hinsetzen und sagen: ›Oh, ich wünschte, ich hätte auf diese Korkenzieherlocken verzichtet und bei Award-Shows keine Cowboystiefel und Sommerkleider getragen, als ich 17 war. Ich wünschte, ich hätte nicht diese Märchen-Phase gehabt, als ich zu jeder Preisverleihung am liebsten ein Prinzessinnenkleid tragen wollte.‹ Denn das waren meine eigenen Entscheidungen. Das war *ich*.«

Genauso, wie sich Taylors Musik im Laufe der Jahre weiterentwickelt hat, gilt dies auch für ihren Modegeschmack. Als sie nach der Veröffentlichung ihres Debütalbums 2006 erstmals über die Roten Teppiche dieser Welt schritt, war ihr Stil stark von der typischen Country-Musik-Ästhetik beeinflusst: Sie trug ihr Haar in dichten Locken und kombinierte lange, fließende Kleider regelmäßig mit Cowboystiefeln.

In der *Fearless*-Ära sahen wir die nächste Stufe dieses Looks: Bei ihrer Stadiontour 2009/2010 trug Taylor eine Reihe von glamourösen Kleidern im Prinzessinnen-Stil –

LINKS Einige Fans deuteten Taylors Look bei den VMAs 2023 als Hinweis darauf, dass sie als nächstes *Reputation* neu aufnimmt.

in Anlehnung an ihr von *Romeo & Julia* inspiriertes Musikvideo zu ›Love Story‹ – und ein glamouröses Marschkapellen-Outfit als Verweis auf ihr Video zu ›You Belong With Me‹. Dieser Look überlebte sogar bis in die *Speak Now*-Ära.

Als Taylor 2012 *Red* herausbrachte, wurde ihr neuer, eher Pop-orientierter Sound von einem neuen Stil begleitet. Passend zum Albumtitel trat Taylor sowohl auf der Bühne als auch bei Events oft in knalligen, roten Outfits mit farblich abgestimmtem Lippenstift in Erscheinung. Außerdem trug sie klassische, adrette Kleidung: hochtaillierte Shorts, Blusen, gestreifte Tops und eine Vielzahl stylischer Hüte. Auf Taylors modischer Reise war dies womöglich die Zeit, in der ihr Look am zugänglichsten und alltagstauglichsten wirkte, weg von den Märchenkleidern ihrer frühen Tage hin zu etwas Praktischerem, aber immer noch Stylischem. »Jeder Künstler hat seine eigenen Prioritäten«, erklärte Taylor 2014 *The Guardian*. »Will ich, dass man mich für sexy hält? Das interessiert mich nicht wirklich. Aber nett? Ich hoffe wirklich, dass ich diesen Eindruck mache.«

Nach dem stylischen, leger-eleganten Look von *Red* steuerte Taylor mit *1989* wieder in glamourösere Gefilde. Während der Welttournee anlässlich des Albums trat sie in Showgirl-inspirierten Outfits auf, von paillettenbesetzten Hosenanzügen über bauchfreie Oberteile bis hin zu Glockenröcken und hochhackigen Schuhen. Ein paar Jahre später, bei der *Reputation*-Stadiontour, gab die düstere Ästhetik des Albums auch modisch den Takt vor: Taylor trug Bodysuits mit Pailletten oder Schlangen-Prints und dazu kniehohe Stiefel.

Ein Fashion-Moment von Taylor, der besonders heiß diskutiert wurde, war ihr Auftritt bei der Met Gala 2016. Taylor trug hier ein futuristisches Silberplättchen-Kleid, dazu kurzes, platinblondes Haar und tiefvioletten Lippenstift. Auf dem Roten Teppich verglich sie ihr Outfit mit einem »Gladiatoren-Roboter aus der Zukunft« – so sehr nach Rock'n'Roll hatte sie bis dahin noch nie ausgesehen. Diesen Look pflegte sie auch in den folgenden Monaten. Als sie im Mai 2016 mit platinblonder Bobfrisur, glänzendem Slipdress und himmelhohen Plateaustiefeln auf dem Cover der *Vogue* erschien, erinnerte nichts mehr an den mädchenhaften Country-Look, für den sie zehn Jahre zuvor bekannt gewesen war. Allerdings gestand Taylor 2019 in einem Essay für *ELLE*, dass sie rückblickend kein Fan dieses kurzen stilistischen Abstechers ist. »Wenn man sich Bilder seiner früheren Looks ansieht und nicht peinlich berührt das Gesicht verzieht, hat man etwas falsch gemacht«, schrieb sie. »Ich sage nur: Bleachella.«

OBEN Taylors frühe Bühnen-Outfits waren stark von ihren Country-Wurzeln geprägt, sie trat sogar regelmäßig in Cowboystiefeln auf.

RECHTS Während der *Red*-Ära stand Taylors Look ganz im Zeichen der namensgebenden Farbe. Sie spielte auch auf einer eigens gefertigten Gitarre mit Hunderten roten Kristallen.

Owen Sweeney/Associated Press/Alamy

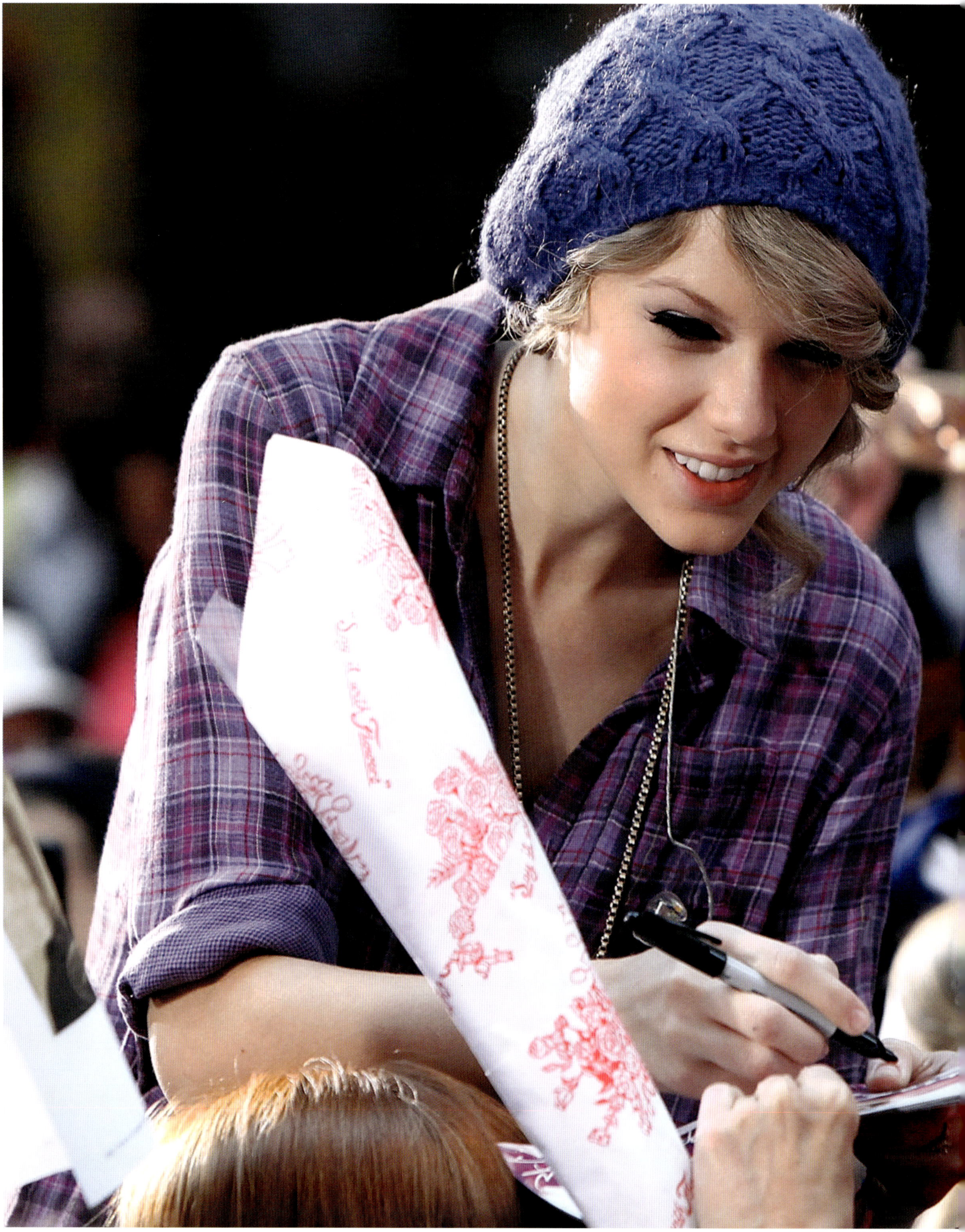

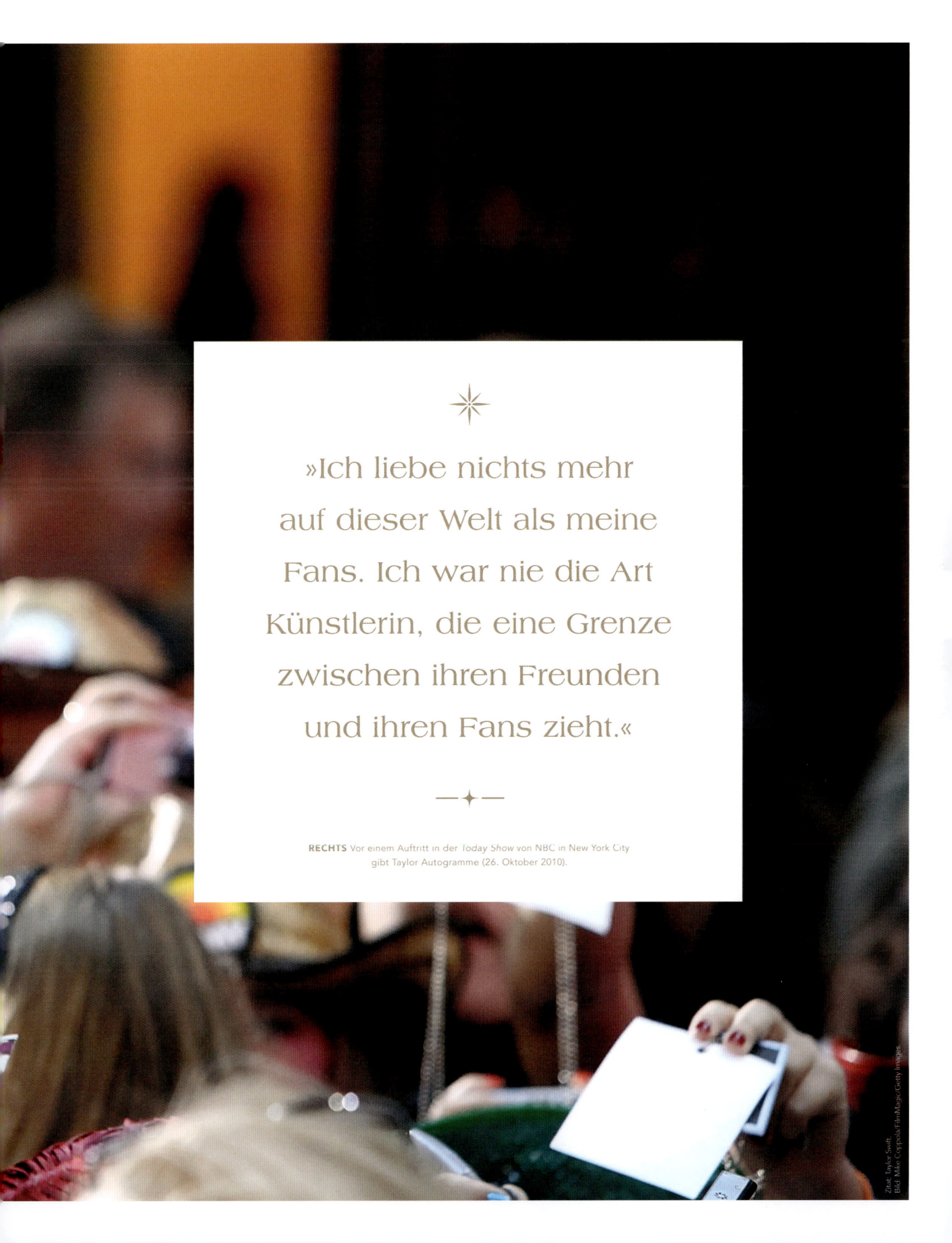

»Ich liebe nichts mehr auf dieser Welt als meine Fans. Ich war nie die Art Künstlerin, die eine Grenze zwischen ihren Freunden und ihren Fans zieht.«

RECHTS Vor einem Auftritt in der *Today Show* von NBC in New York City gibt Taylor Autogramme (26. Oktober 2010).

Bei ihrem siebten Album, *Lover*, ließ Taylor sich vom Regenbogen inspirieren, und das sowohl auf als auch abseits der Bühne. Die Schnitte ihrer Outfits wurden weicher, die Stoffe luftiger, mit einem klaren Fokus auf Farben und Pastelltönen. Im Vergleich zum düsteren Gothic-Look der *Reputation*-Ära stellte dies ästhetisch den wohl größten Wandel zwischen zwei Alben dar – einen Wandel, den sie bereits durch kryptische Hinweise auf ihrer Instagram-Seite angeteasert hatte, als sie im Vorfeld der Album-Ankündigung mehrere Bilder postete, die alle in irgendeiner Form Schmetterlinge zeigten. Wo *Reputation* mit der Anschuldigung gespielt hatte, Taylor sei eine »Schlange«, sollte *Lover* der Augenblick sein, in dem sie ihre Flügel ausbreitete und dieses ganze Drama hinter sich ließ.

2020 überraschte Taylor die Welt mit ihren beiden Lockdown-Alben *Folklore* und *Evermore*. Mit ihrem neuen Indie-Folk-Sound kamen ein entspannter Cottagecore-Look und verträumte, »hexenartige« Outfits. Im Gegensatz zum Regenbogen-Feeling von *Lover* hatten diese Folk-lastigen Schwesteralben eine eher gedämpfte Atmosphäre, der Taylor mit natürlichen Farbtönen und gemütlicher Strickmode Rechnung trug, ergänzt durch dezentes Make-up und schlichte Frisuren.

Als die Lockdowns der Pandemie-Jahre endlich vorüber waren und Taylor 2022 *Midnights* veröffentlichte, entwickelte sich ihr Modestil einmal mehr weiter. In jüngster Zeit besticht sie durch einen Look, der eher an Businesskleidung angelehnt ist, mit Blazern und Anzügen. Zugleich baut sie aber auch gern ihre persönlichen Lieblingsstile ein, wie etwa bauchfreie Oberteile, figurbetonte Kostüme und klassische Abendkleider. Auf der *Eras*-Tour zelebriert sie nicht bloß die Musik aus allen Phasen ihrer Karriere, sondern auch viele der Outfits und Stile aus diesen Jahren. Taylors atemberaubende Bühnen-Garderobe wurde eigens von berühmten Modedesignern wie u. a. Oscar de la Renta, Roberto Cavalli, Alberta Ferretti und Nicole + Felicia angefertigt und erinnert eindrucksvoll an ihre ikonischsten Fashion-Momente.

SYMBOLE UND HINWEISE

Taylor ist schon seit Langem bekannt dafür, ihre Fans mit Hinweisen, Symbolen und Easter Eggs zu versorgen, die ihre musikalischen Welten miteinander verbinden. ›ME!‹, das erste Musikvideo, das zu *Lover* veröffentlicht wurde,

---

UNTEN Taylors auffälliges Outfit bei der Met Gala 2016. Später bezeichnete sie diesen Look scherzhaft als »Bleachella«.

RECHTS In den letzten paar Jahren hat Taylor ihre Garderobe um Outfits ergänzt, die eher an Businesskleidung erinnern, z. B. elegante Anzüge und maßgeschneiderte Blazer.

Dimitrios Kambouris/Getty Images

MTV VIDEO MUSIC AWARDS | NEW JERSEY | 26. AUGUST 2019

STIL & SUBSTANZ

»Zu Beginn ihrer Karriere war ihre Verbindung zu den Fans einer der Hauptgründe für ihren Erfolg.«

ist beispielsweise randvoll mit Andeutungen, was die Fans vom Rest des Albums erwarten konnten. In dem Video sind nicht bloß zahlreiche Stars zu sehen; in einer Einstellung sieht man auch Big Ben am Horizont (ein Verweis auf den Track ›London Boy‹). Außerdem lässt sich Ellen DeGeneres ein Tattoo auf dem Unterarm stechen, das sich ›Cruel Summer‹ liest (passend zum gleichnamigen Song), und die Sängerin Hayley Kiyoki schießt einen Pfeil ins mit einer »5« versehene Schwarze einer Zielscheibe (der fünfte Song des Albums ist ›The Archer‹).

Später folgte das Video zu ›The Man‹, bei dem Taylor nicht bloß erstmals selbst Regie führte, sondern – durch Make-Up und Prothesen bis zur Unkenntlichkeit verändert – auch die Rolle des schmierigen Geschäftsmanns »Tyler Swift« spielt. Auch dieses Video ist voller Easter Eggs über ihr persönliches Leben. Eine Szene wurde z. B. in der 13th Street Station gedreht – eine Anspielung auf Taylors Lieblingszahl. Zudem gibt es Verweise auf ihren fortdauernden Streit mit Musikproduzent Scooter Braun, der ihr ehemaliges Plattenlabel, Big Machine Label Group, gekauft hat (und damit auch die Master-Aufnahmen ihrer ersten sechs Alben): In der U-Bahn-Station hängt ein »Scooter verboten«-Schild neben einem Plakat, auf dem »MISSING – Please Return to Taylor Swift« steht – ein Hinweis darauf, dass sie seinerzeit noch immer darum kämpfte, die Rechte für ihre eigene Musik zurückzubekommen.

Aber auch Taylors frühere Videos sind voller Easter Eggs über ihre Lebenserfahrungen und ihre Karriere. In ›Look What You Made Me Do‹ von 2017 sieht man Taylor in einer Wanne voller Schmuck baden, während neben ihr ein 1-Dollar-Schein liegt – eine Anspielung auf Taylors 1$-Gegenklage gegen den ehemaligen Radio-DJ David Mueller in einem Verfahren wegen sexueller Belästigung 2016. Später sieht man Taylor vor einer Armee von Models stehen, womit sie sich über die Kritiker lustig machte, die Taylors »Squad« unterstellten, sie wären alle groß, dünn und austauschbar. Als Taylor in dem Video nach einem Autounfall von Paparazzi umringt wird, hat ihre Frisur frappierende Ähnlichkeit mit der von Katy Perry und sie hält einen Grammy in die Höhe – offenbar ein Verweis darauf, dass Katy noch keinen einzigen gewinnen konnte, wohingegen Taylor schon zehn davon auf dem Kaminsims stehen hat. »Ich liebe es, mich durch Easter Eggs auszudrücken«, sagte sie 2019 *Entertainment Weekly*. »Ich finde, kryptische Botschaften sind die besten.«

TAYLOR UND IHRE FANS

Diese versteckten Botschaften sind nicht nur witzig, sondern gleichermaßen Ausdruck von Taylors enger Beziehung zu ihren Fans und ihrer Bemühungen, visuell und konzeptionell eine Welt zu erschaffen, die über die Musik hinausgeht. Zu Beginn ihrer Karriere war Taylors Verbindung zu den Fans einer der Hauptgründe für ihren Erfolg. Damals bewies sie, dass Country nicht bloß etwas für Erwachsene ist, sondern dass es eine noch unerschlossene Zielgruppe dafür gab: Teenagerinnen. Taylors direkte, ehrliche Texte über Herzschmerz und unerwiderte Liebe sprachen vielen Fans aus dem Herzen, die in ihrem Leben genau dasselbe durchgemacht hatten. Anstatt die Emotionen von Teenagern als trivial oder überdramatisiert abzutun, schenkte Taylor ihren Gefühlen eine Stimme.

»Ich liebe nichts mehr auf dieser Welt als meine Fans«, sagte sie, auf ihre Beziehung zu ihrem Publikum angesprochen. »Ich war nie die Art Künstlerin, die eine Grenze zwischen ihren Freunden und ihren Fans zieht. Diese Linie war für mich schon immer sehr verschwommen. Ich verbringe nach einer Show Zeit mit ihnen, ich verbringe vor einer Show Zeit mit ihnen. Wenn wir uns im Einkaufszentrum begegnen, bleibe ich stehen und rede zehn Minuten mit ihnen.«

Abgesehen davon, dass sie nach ihren Konzerten den persönlichen Kontakt zu ihren Fans sucht, erstreckt sich diese Beziehung auch auf das Internet. Seit Taylor 2014 Tumblr für sich entdeckte, hat sie den Swifties inspirierende Nachrichten geschickt, wenn sie am Boden zerstört waren, lustige Memes weitergeleitet und Posts geliked, um Spekulationen über ihre Alben zu bestätigen oder zu dementieren. Ja, sie hat Fans sogar Geschenke geschickt, ihnen beim Abbezahlen ihrer Studienkredite geholfen und sie auch sonst in finanziellen Notlagen unterstützt.

Ein Beispiel von Taylors spontaner Wohltätigkeit sorgte im August 2020 für Schlagzeilen, als sie Vitoria Mario, einer jungen Studentin aus London, 23.000 £ (ca. 27.000 €) spendete. Vitoria war von Portugal nach Großbritannien gezogen und hatte Mühe, das nötige Geld für ihr Mathe-Studium an der Universität zusammenzubekommen, da sie

LINKS Taylor ist dafür bekannt, dass sie sich auf dem Roten Teppich viel Zeit lässt, um ihre Fans zu treffen, Autogramme zu geben und für Fotos zu posieren.

»Taylors Musik hat vielen ihrer Fans durch die schwierigsten Momente ihres Lebens geholfen.«

nicht für Stipendien oder Studienkredite zugelassen war. Sie hatte auf GoFundMe etwa die Hälfte ihres Finanzziels erreicht, als Taylor zufällig auf ihre Seite stieß und folgende Nachricht schrieb: »Vitoria. Ich habe online von deiner Geschichte erfahren und finde deinen Mut und deine Entschlossenheit, deinen Traum wahr werden zulassen, einfach inspirierend. Darum möchte ich dir gern den Rest deines Zielbetrags spenden. Viel Glück bei allem, was du tust! Alles Liebe, Taylor.« Vitoria war »völlig aus dem Häuschen«, als sie die Spende sah: »Taylor hat mir buchstäblich meinen Traum erfüllt!«

In einem YouTube-Video von 2012 erklärte Taylor, warum es ihr so wichtig ist, den Menschen etwas zurückzugeben: »Es gibt nur wenig, das sich so gut anfühlt wie das Wissen, dass es da diese Gruppe von Leuten gibt, die mich unterstützen und immer für mich da sind. Darum suche ich ständig nach Möglichkeiten, um mich bei ihnen dafür zu bedanken.«

Zweifellos hat Taylors Musik vielen ihrer Fans durch die schwierigsten Momente ihres Lebens geholfen. Im Gegenzug sind die Swifties stets zur Stelle, wann immer Taylor eine persönliche Krise durchlebt. Als ihre alten Master-Aufnahmen 2019 in den Besitz von Scooter Braun übergingen, schrieb sie auf Twitter: »Hiermit bitte ich euch um eure Hilfe. Bitte, lasst Scott Borchetta und Scooter Braun wissen, was ihr davon haltet.« Daraufhin riefen ihre Fans den Hashtag #IStandWithTaylor ins Leben und schickten Scott und Scooter Tausende Nachrichten, in denen sie sie darum baten, Taylor gegenüber bei diesem Disput fair zu sein.

Allerdings sind nicht alle Fans von Taylor, na ja, Menschen. Es ist kein Geheimnis, dass Taylor eine Katzenliebhaberin ist. Sie selbst hat drei Stubentiger: Meredith Grey, Olivia Benson und Benjamin Button. Das älteste Mitglied ihrer Katzenfamilie ist Meredith, die Taylor 2011 bei sich aufnahm, als Meredith noch ein Kitten war, und nach einer Figur aus *Grey's Anatomy* benannte, einer ihrer Lieblingsserien. 2014 kam Oliva dazu, deren Namenspatin ein Charakter aus der Serie *Law & Order* ist. 2019 machte Benjamin Button (der seinen Namen dem von Brad Pitt verkörperten Protagonisten des Films *Der seltsame Fall des Benjamin Button* von 2008 verdankt) das Triumvirat komplett. »Die Leute können über mein Privatleben sagen, was immer sie wollen, denn ich weiß selbst am besten, wie mein Privatleben aussieht: Es besteht größtenteils aus Fernsehen, Katzen und Freundinnen«, scherzte Taylor 2014 in einem Interview mit *The Guardian*.

AKTIVISMUS

Obwohl Taylor ursprünglich dadurch berühmt wurde, dass sie über ihre persönlichen Erfahrungen schrieb und ihre Karriere größtenteils auf ihre Musik beschränkte, begann sie mit zunehmendem Alter, ihre Meinungen und Ansichten immer deutlicher nach außen zu tragen. Sie fing an, sich zu diversen politischen Themen zu äußern, über die sie zuvor nur widerwillig gesprochen hatte. Das geschah allerdings nicht über Nacht, sondern erst nach einer langen Phase, in der sie mehr und mehr den Druck verspürte, ihre Stimme zu erheben.

Im Gegensatz zu vielen Prominenten hatte Taylor bei der US-Präsidentschaftswahl 2016 keinen bestimmten Kandidaten unterstützt. Daher glaubten viele, dass sie sich entweder nicht für die Wahl interessierte oder insgeheim Donald Trump unterstützte, den rechtspopulistischen Kandidaten der Republikaner. Als der Wahlkampf in die heiße Phase ging, schien Taylor mit anderen Dingen beschäftigt zu sein; beispielsweise postete sie auf Instagram Bilder von sich auf der New York Fashion Week, posierte mit Drake, knuddelte Koalas und feierte mit ihren Freundinnen am 4. Juli eine ihrer berühmten Unabhängigkeitstagspartys, bei der sie sogar eine US-Flagge schwenkte. Doch über ihre politischen Ansichten bewahrte Taylor stets Stillschweigen. Einige Fans vermuteten, dass sie sich diesbezüglich nicht äußerte, weil sie Angst hatte, damit einen Teil ihrer Fanbase zu vergraulen – was durchaus möglich gewesen wäre, schließlich hat sie ihre Wurzeln in der Country-Musik, einem Musikgenre, das sich besonders bei konservativen Wählern im Süden der USA großer Beliebtheit erfreut. Öffentlich erwähnte Taylor die Wahl mit keinem Wort, bis der große Tag gekommen war und sie ein Bild von sich selbst in der Warteschlange vor der Wahlurne postete. »Heute ist der Tag. GEHT WÄHLEN«, schrieb sie dazu.

Dann änderte sich alles. Ein paar Jahre später sprach Taylor darüber, wie sehr sie es bedauert, sich nicht schon früher öffentlich politisch geäußert zu haben, und erklärte, die Dinge, die sie für richtig hält, fortan offen anzusprechen.

RECHTS Taylor 2012 mit Kerry Kennedy, Vincent A Mai und Frank Mugisha bei der Justice and Human Rights Ripple of Hope-Gala im Robert F. Kennedy Center in New York.

Charles Eshelman/FilmMagic/Getty Images.

Zitat: Todrick Hall, aus einem Interview mit Attitude.
Bild: Bruce Glikas/Getty Images.

»Es war toll, ihr dabei zu helfen, zu erkennen, dass ihre Stimme ein mächtiges Instrument ist und sie damit die Denkweise von Leuten ändern kann, die Homosexuelle ohne sie niemals als echte Menschen betrachtet hätten.«

TODRICK HALL ÜBER SEINE FREUNDSCHAFT MIT TAYLOR

LINKS Taylor und Todrick hinter der Bühne bei einer Broadway-Aufführung von *Kinky Boots* (2016).

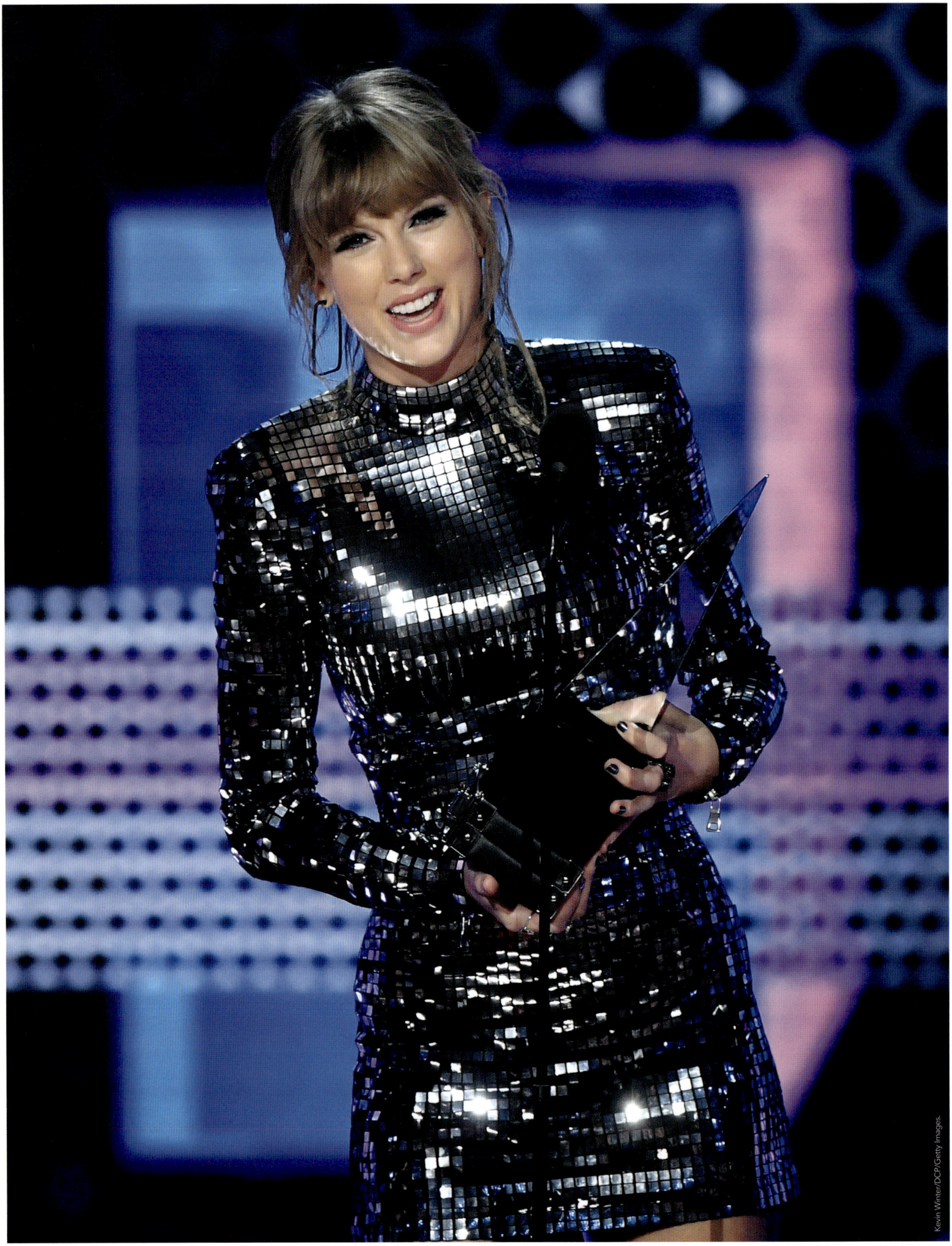

Kevin Winter/DCP/Getty Images.

STIL & SUBSTANZ

In einem Interview mit *The Guardian* sagte sie 2019: »Die Dinge, die uns in unserem Leben widerfahren, formen unsere politischen Ansichten. Ich habe acht Jahre in diesem Obama-Paradies gelebt, in dem man seine Stimme abgibt, die Person, für die man stimmt, gewinnt, und am Ende sind alle glücklich! Was in den letzten drei, vier Jahren in diesem Land passiert ist, hat viele völlig überrumpelt, mich selbst eingeschlossen.«

Dass sie früher zögerte, öffentlich zu politischen und gesellschaftlichen Themen Stellung zu beziehen, hing auch damit zusammen, dass ihr damaliges Plattenlabel diesbezüglich Bedenken hatte. »Im Laufe meiner Karriere haben die Leute vom Label immer gesagt: ›Ein nettes Mädchen zwingt niemandem seine Meinung auf‹«, erklärte Taylor in der Dokumentation *Miss Americana* und fügte hinzu: »Es fühlt sich großartig an, keinen Maulkorb mehr zu tragen und zu wissen, dass ich mich selbst davon befreit habe.«

Als es dann das nächste Mal Zeit wurde, zu wählen, blieb sie nicht still. Auf Instagram postete sie einen Aufruf, bei den Senatswahlen 2018 in ihrem Heimatstaat Tennessee den Kandidaten der Demokraten, Phil Bredesen, zu unterstützen, was dazu führte, dass sich allein in den ersten 24 Stunden nach ihrem Post mehr als 65.000 neue Wähler für die Abstimmung registrieren ließen – die Medien tauften dies den »Swift Lift«, den »Swift-Aufschwung«. Donald Trumps Reaktion darauf? »Sagen wir mal so: Ich mag Taylors Musik jetzt ungefähr 25% weniger.«

»Ich gebe es nur ungern zu, aber ich hatte das Gefühl, dass ich nicht genug darüber wusste, um mich öffentlich dazu äußern zu können«, gestand Taylor später. »Mein Fehler war, das ich nicht aktiv versucht hatte, mich politisch zu bilden – zumindest nicht in dem Maße, das ich für nötig hielt, schließlich erreichen meine Aussagen Hunderte Millionen Menschen.«

Doch inzwischen ist Taylor älter und weitsichtiger und vieles hat sich geändert. Vor den US-Präsidentschaftswahlen 2020 ließ sie keinen Zweifel daran, welchen Kandidaten sie unterstützte, und ermutigt die Leute, auch weiterhin wählen zu gehen. Als Trump versuchte, das Briefwahlsystem zu untergraben, da aufgrund der Covid-19-Pandemie eine Rekordzahl von Wählern ihre Stimme per Post abgab, schrieb Taylor auf Twitter: »Trumps kalkulierter Versuch, die Briefwahl zu verdammen, beweist eins ganz deutlich: Er weiß GANZ GENAU, dass wir ihn nicht als Präsidenten wollen! Er schreckt nicht davor zurück, ungeniert zu lügen, zu betrügen und Millionen amerikanischer Leben zu gefährden, bloß um an der Macht zu bleiben.« Später setzte sie nach:

LINKS Kurz nachdem sie in einer Instagram-Botschaft erstmals ihr politisches Schweigen gebrochen hatte, nutzte Taylor ihre Dankesrede bei den AMAs 2018, um die Menschen bei den US-Zwischenwahlen an die Urnen zu rufen.

OBEN Als Taylor 2017 gegen David Mueller vor Gericht zog, unterstützten sie Fans in einem Haus gegenüber dem Gerichtsgebäude mit entsprechenden Botschaften in den Fenstern.

»Millionen Leute blicken zu ihr auf …
Was Taylor sagt und tut, hat Gewicht.«

»Donald Trumps ineffektive Führung hat die Krise, in der wir uns befinden, extrem verschlimmert, und jetzt will er genau diese Krise missbrauchen, um unser Recht, zu wählen, zu korrumpieren und zu zerstören. Fordert zeitnah eure Stimmzettel an. Wählt frühzeitig!« Kein Zweifel: Taylor hält mit ihrer Meinung nicht länger hinter dem Berg!

Wahlen sind aber nicht das Einzige, wozu sich Taylor in den vergangenen Jahren vermehrt zu Wort gemeldet hat. So setzte sie sich im März 2018 beispielsweise erstmals für Waffenkontrollen ein und sie spendete eine nicht näher bezifferte Summe, um die March For Our Lives Rally zu unterstützen, einer von Schülern angeführten Bewegung gegen Waffengewalt, die von den Überlebenden des Amoklaufs an der Marjory Stoneman Douglas High School in Parkland, Florida, gegründet wurde. »Niemand sollte Angst vor Waffengewalt haben müssen, wenn er zur Schule geht. Oder in einen Nachtclub. Oder auf ein Konzert. Oder ins Kino. Oder zum Gottesdienst«, schrieb Taylor auf Instagram. An der March-For-Our-Lives-Demo nahmen Schätzungen zufolge 1,2 bis 2 Millionen Menschen teil, was ihn zu einer der größten Protestaktionen in der Geschichte der USA macht. »Ich habe gespendet, um meine Unterstützung zu zeigen – für die Schüler, für die March-Of-Our-Lives-Kampagne, für alle, die von diesen Tragödien betroffen sind, und für eine längst überfällige Reform der Waffen-Gesetze«, fügte sie hinzu.

2017 fand Taylor sich nicht bloß in einem Gerichtsprozess mit dem Radio-DJ David Mueller wieder – der nach Taylors Vorwürfen, er hätte sie während eines Meet-and-Greet-Events 2013 begrabscht, gefeuert worden war –, sondern wenig später auch im Mittelpunkt einer weiteren wichtigen gesellschaftlichen und politischen Bewegung: Im Oktober 2017 ging das Hashtag #MeToo viral, ausgelöst durch die umfangreichen Vorwürfe gegen den mittlerweile in Ungnade gefallenen (und zu einer langjährigen Gefängnisstrafe verurteilten) Filmproduzenten Harvey Weinstein. Daraufhin begannen Frauen (und auch einige Männer) überall auf der Welt, ihre Erfahrungen mit sexueller Belästigung und sexuellem Missbrauch zu teilen. Taylors Geschichte war anfangs eigentlich nur eine von vielen, die von der Bewegung aufgegriffen wurden, doch das Magazin TIME bezeichnete die Sängerin in seinem Person-des-Jahres-2017-Special, in dem sich eine breite Palette von Menschen aus den unterschiedlichsten Branchen und Gesellschaftsschichten gegen sexuelle Belästigung und Nötigung ausspricht, als eine der »Schweigensbrecherinnen«. »Ich glaube, dies ist ein wichtiger Moment, um mehr Bewusstsein dafür zu schaffen, wie Eltern mit ihren Kindern reden und wie Opfer ihr Trauma verarbeiten, egal, ob ganz frisch oder schon älter«, erklärte Taylor in einem Instagram-Post. »Die mutigen Frauen und Männer, die dieses Jahr ihre Stimme erhoben, haben wirklich etwas bewirkt und den Leuten klar gemacht, dass derartiger Machtmissbrauch nicht toleriert werden darf.«

Zudem hat Taylor sich mit deutlichen Worten zur Diskriminierung der LGBTQ+-Community geäußert – ein Thema, das sie auch in ihrer Single ›You Need to Calm Down‹ vom Album *Lover* aufgreift, wo es im Text heißt: »You just need to take several seats and then try to restore the peace, and control your urges to scream about all the people you hate 'cause shade never made anybody less gay.« *(Setzt euch einfach hin und versucht, den Frieden wiederherzustellen. Zügelt euren Drang, über all die Leute zu zetern, die ihr hasst, denn über jemanden zu lästern, macht ihn nicht weniger gay.)* Außerdem rief sie eine Petition zur Unterstützung des LGBT-freundlichen »Equality Act« ins Leben, auf die sie am Ende ihres stargespickten Musikvideos hinwies. Über 800.000 Leute unterschrieben die Petition, woraufhin dieser wichtige Gesetzesentwurf gegen sexuelle Diskriminierung unter der Biden-Regierung dem Senat zur Abstimmung vorgelegt wurde. Zum jetzigen Zeitpunkt wurde allerdings noch immer nicht darüber entschieden.

Dank der Textzeile »Why are you mad? When you could be GLAAD.« *(Warum seid ihr wütend, wo ihr doch froh (glad) sein könntet?)* sorgte der Song außerdem für einen Anstieg der Spenden für GLAAD, eine Non-Profit-Organisation, die sich für eine faire, inklusive Darstellung der LGBTQ+-Community in den Medien einsetzt. Viele Fans spendeten symbolisch 13 US-Dollar, in Anlehnung an Taylors Lieblingszahl.

Obwohl Taylor sich in den letzten Jahren für mehr LGBTQ+-Rechte stark gemacht hat, äußerte sie zugleich ihr Bedauern darüber, früher nicht mehr getan zu haben.

RECHTS Bei den MTV VMAs 2019 gewann ›You Need to Calm Down‹ den »Video for Good Award« für Musikvideos mit einer sozialen und/oder politischen Botschaft.

STIL & SUBSTANZ

MTV VIDEO MUSIC AWARDS | NEW JERSEY | 26. AUGUST 2019

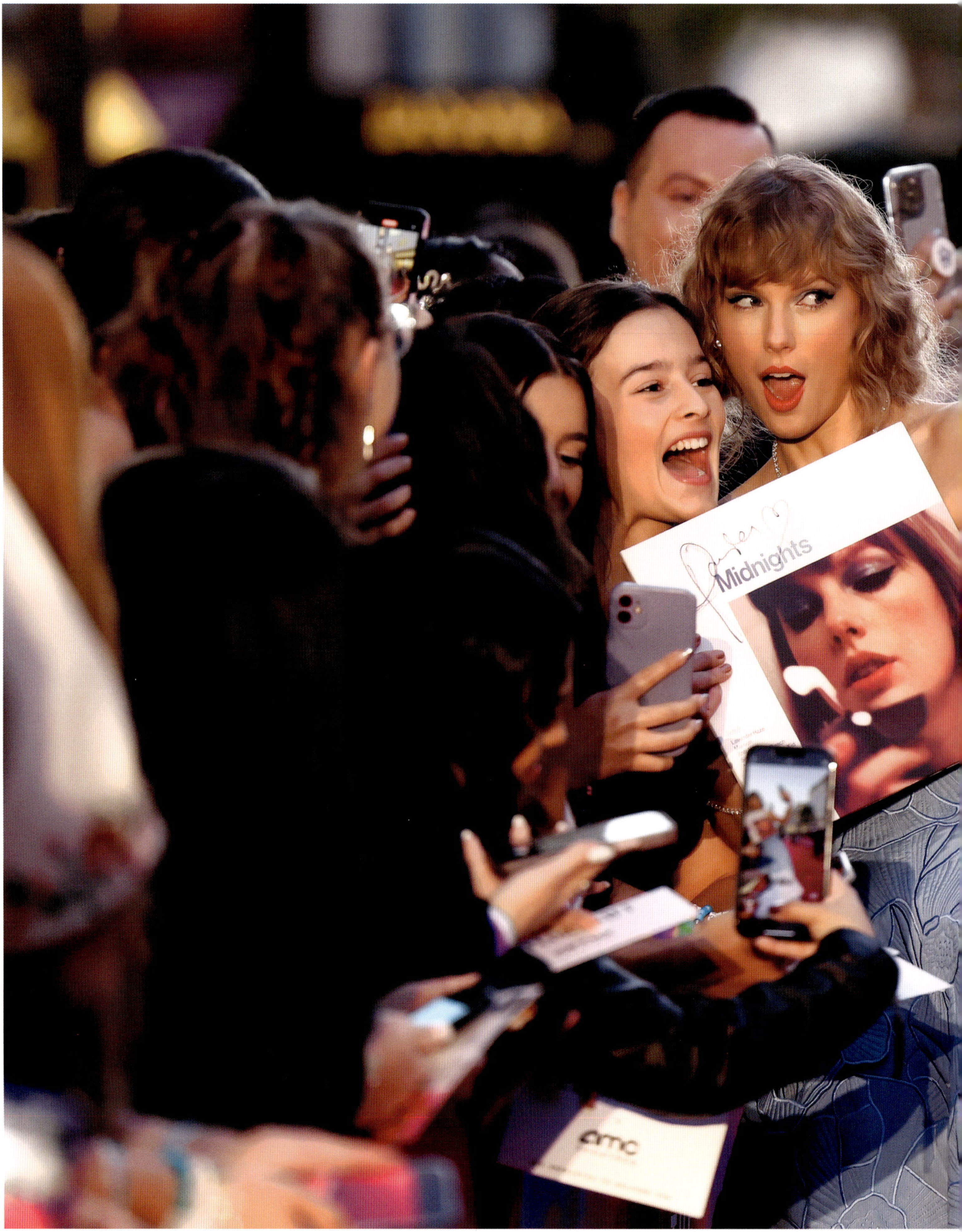
Midnights
amc

»Vor ein oder zwei Jahren saßen mein Kumpel Todrick Hall und ich im Auto und er fragte mich: ›Was würdest du tun, wenn dein Sohn schwul wäre?‹«, erzählte sie 2019 der *Vogue*. »Die Tatsache, dass er meinte, mich das überhaupt fragen zu müssen, schockierte mich und zeigte mir, dass ich meine Meinung in dieser Sache nicht klar und laut genug zum Ausdruck gebracht hatte. Wenn mein Sohn schwul ist, ist er eben schwul. Na und? Ich verstehe die Frage nicht. […] Und wenn Todd so dachte, was mussten dann erst meine Fans in der LGBTQ+-Community denken? Es war niederschmetternd, zu erkennen, dass ich mich in der Öffentlichkeit nicht klar genug positioniert hatte.«

Als George Floyd, ein Afroamerikaner aus Minneapolis, im Juni 2020 bei einem Polizeieinsatz auf tragische Weise sein Leben verlor, brachen weltweit Proteste aus. Taylor nutzte ihre Reichweite, um die mangelhafte Rechenschaftspflicht und das Problem von Rassismus bei den Strafverfolgungsbehörden anzuprangern. »Rassenungerechtigkeit ist auf kommunaler und auf staatlicher Ebene tief in vielen Regierungen verwurzelt, und daran muss sich etwas ändern. Aber damit sich die Politik ändert, müssen wir Leute wählen, die gegen Polizeibrutalität und jegliche Form von Rassismus vorgehen«, tweetete sie unter dem Hashtag #BlackLivesMatter. In einem an Donald Trump gerichteten Tweet fügte sie hinzu: »Nachdem Sie Ihre gesamte Amtszeit über Öl in die Flammen des Rechtsextremismus und des Rassismus schütteten, spielen Sie jetzt den moralisch Überlegenen und drohen mit Gewalt? Wir werden Sie im November aus dem Amt wählen.«

Taylor begann ihre Reise als Mädchen, das durch seine ehrlichen Geschichten über das Teenagerdasein die Herzen ihrer Fans gewann. Heute ist sie ein internationaler Superstar, der auf wichtige gesellschaftliche Probleme aufmerksam macht. Ihre Entwicklung zeigt, wie stark ihr Einfluss seit damals gewachsen ist. Gleichzeitig erinnert Taylor uns daran, wie wichtig es ist, sich für das Gute und Richtige einzusetzen – auch dann, wenn wir nicht direkt davon betroffen sind. Wie Taylor 2019 in der *Vogue* sagte: »Mir wurde erst vor kurzem klar, dass ich mich auch für eine Community einsetzen kann, zu der ich selbst nicht gehöre.«

LINKS Taylor überraschte ihre begeisterten Fans bei der Premiere des *Eras*-Konzertfilms, da vorher nicht offiziell bestätigt wurde, dass sie bei dem Event anwesend sein würde.

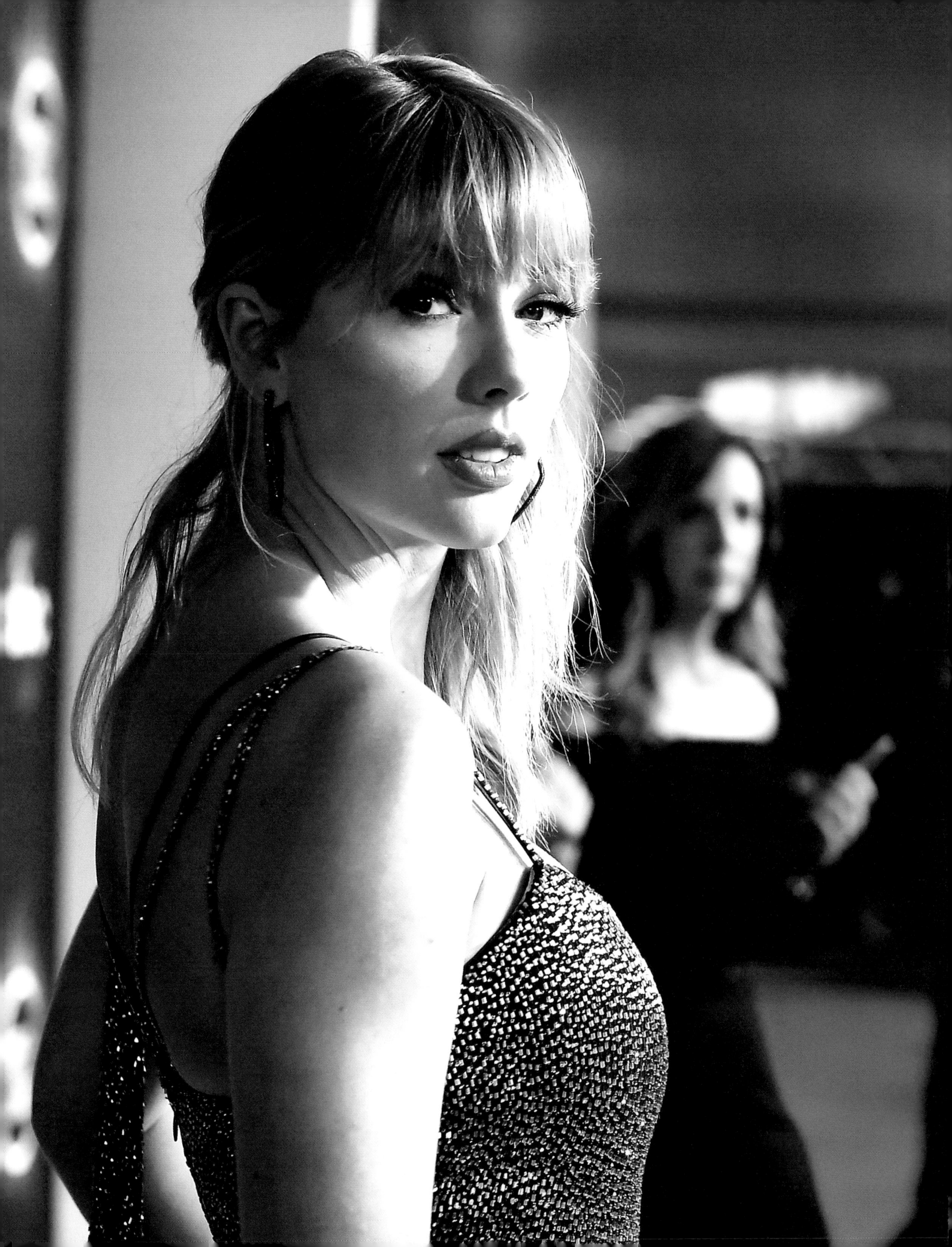

5. KAPITEL

SUPERSTAR

SUPERSTAR

Durch ihre Erfolge ist Taylor zu einer der einflussreichsten Popkultur-Ikonen der Welt aufgestiegen – und ihr Stern strahlt heller denn je.

Momentan ist Taylor zweifellos eine der berühmtesten Personen auf dem Planeten. Bei der *Eras*-Tour hat man das Gefühl, einen Superstar auf der Höhe seines Schaffens zu bewundern. Taylor hat Millionen treue Swifties, die sie anfeuern, mehr Awards, als in irgendeinem Regal Platz fänden, und mittlerweile gibt es sogar eigene Studiengänge, die sich mit ihrem Werk befassen. Taylors bisherige Karriere ist wahrlich einmalig.

PREISE UND AUSZEICHNUNGEN

Während ihrer Laufbahn hat Taylor eine erstaunliche Zahl von Awards angehäuft. Sie gewann bislang über 600 Preise und war für mehr als 1.200 nominiert. Stand jetzt hat sie 14 Grammys bekommen und ist die einzige Künstlerin überhaupt, die viermal mit dem Grammy für das »Album des Jahres« geehrt wurde, womit sie sich diesen Rekord gegenwärtig mit Frank Sinatra, Stevie Wonder und Paul Simon teilt. Außerdem umfasst ihre Awards-Sammlung zwei BRIT Awads (inklusive des prestigeträchtigen Global Icon Award), 26 Teen Choice Awards und einen Emmy für ihren Konzertfilm *AMEX Unstaged: Taylor Swift Experience* von 2015. Nicht zu vergessen 16 People's Choice Awards, drei NME Awards, 23 MTV VMAs, 40 American Music Awards, acht Academy of Country Music Awards und viele, *viele* mehr.

Als wäre das noch nicht genug, hat Taylor außerdem über 100 *Guinness*-Weltrekorde gebrochen. So stellte sie u. a. neue Bestmarken für die meisten aufeinanderfolgenden Nr. 1-Alben in den US *Billboard* 200 auf. Zudem ist sie die Künstlerin mit den meisten Singles in den US-Charts. Im Bereich Streaming dominiert sie ebenfalls. Als 2022 *Midnights* erschien, brach Taylor damit auf Spotify den Rekord für die »meisten Streams eines Albums am ersten Tag« für eine weibliche Musikerin. Im November 2023 überholte sie außerdem The Weeknd und sicherte sich den Rekord für die meisten monatlichen Zuhörer auf Spotify (über 109 Millionen).

2019, nach Taylors ersten zehn Jahren in der Musikbranche, setzte sie ihrer langen Reihe von Preisen mit zwei ganz besonderen Auszeichnungen die Krone auf: Zum einen wurde sie bei den American Music Awards zur »Künstlerin des Jahrzehnts« gekürt, zum anderen erklärte *Billboard* sie zur »Frau des Jahrzehnts«. Als sie diesen besonderen Award in Empfang nahm, sprach Taylor in einer leidenschaftlichen Dankesrede über die Mühen und Erfolge, die sie in der Industrie erlebt hatte, und betonte, wie wichtig es sei, die jüngeren weiblichen Popstars zu unterstützen und zu fördern, die nach ihr kommen werden. »In den vergangenen zehn Jahren musste ich mitansehen, wie Frauen in dieser Branche kritisiert und miteinander verglichen werden. Man erlaubt sich wegen ihres Körpers, ihres Liebeslebens oder ihres Modestils ein Urteil über sie«, so Taylor. »Haben Sie schon mal gehört, dass man so über einen männlichen Künstler redet? Dass da jemand sagt: ›Seine Songs gefallen mir richtig gut, aber er hat irgendwas an sich, das ich nicht mag?‹ Nein! Dieser Form von Kritik sind nur wir Frauen ausgesetzt! Dieser Druck hätte uns zerquetschen können«, fuhr sie fort. »Stattdessen hat er Diamanten aus uns gemacht! Es hat uns nicht umgebracht, sondern tatsächlich stärker gemacht! Aber wir müssen weiterhin für die Frauen in der Branche eintreten, in den Aufnahmestudios, hinter dem Mischpult, in den A & R-Meetings. Denn anstatt darum zu kämpfen,

---

RECHTS Taylor perfomt bei den American Music Awards im November 2019 ein sensationelles Medley ihrer Hits.

Text: Rachel Finn, Ergänzungen: Tiffany Starlow.
Bild: John Shearer/AMA2019/DCP/Getty Images.

dass man sie in dieser Industrie ernst nimmt, müssen diese Frauen noch immer darum kämpfen, überhaupt einen Fuß in die Tür zu bekommen.«

In ihrer Dankesrede sprach sie außerdem über den immensen Druck von Seiten der Öffentlichkeit und der Medien und darüber, wie schwer es sein kann, die unmöglichen Erwartungen zu erfüllen, die man Frauen im Scheinwerferlicht aufzwängt. »In meinen Zwanzigern sagten sie, ich würde mit zu vielen Männern ausgehen. Also hörte ich damit auf und blieb Single. Jahrelang. Dann heißt es, auf meinem Album *Red* wären zu viele Songs über Trennungen. Also machte ich ein Album darüber, wie ich nach New York ziehe und zu dem Schluss gelange, dass mein Leben mehr Spaß macht, wenn ich mich allein auf meine Freunde konzentriere. Da sagten sie plötzlich, meine Musik hätte sich zu sehr verändert, als dass ich noch Country machen könne. Na, gut, hier habt ihr einen kompletten Genrewechsel und ein waschechtes Pop-Album namens *1989*. Dann hieß es, ich zeige der Welt zu viele Bilder von mir und meinen Freundinnen. Okay, höre ich damit eben auch auf. Und jetzt bin ich auch noch eine berechnende Manipulatorin anstatt einer smarten Geschäftsfrau? Wie ihr wollt, dann verschwinde ich eben für ein paar Jahre aus der Öffentlichkeit. Ihr wollt mich als Schurkin brandmarken? Hier habt ihr ein Album mit dem Titel *Reputation* und genügend Schlangen für alle!«

AUF DER GROSSEN LEINWAND

Neben ihrer Musikkarriere hat Taylor auch den ein oder anderen Ausflug in die Welt der Schauspielerei gewagt. Sie hatte Auftritte in mehreren TV-Serien und Filmen, angefangen mit einer Folge von *CSI: Vegas* im Jahr 2009, wo sie Hayley Jones spielt, einen rebellischen Teenager, der unter ungeklärten Umständen ums Leben kommt. Hayley hat dunkel gefärbtes Haar, ein Nasenpiercing und einen drogendealenden Freund – ein krasser Kontrast zur echten Taylor!

Während *CSI* ihr Fernsehdebüt darstellte, hatte Taylor 2010 in der romantischen Komödie *Valentinstag* ihren ersten Auftritt auf der Kinoleinwand. Der Film begleitet mehrere miteinander verbundene Figuren, die am 14. Februar Liebesglück und Herzeleid erfahren. Taylor spielt Felicia, die nervige, überschwängliche High-School-Freundin von William, für den es die erste Beziehung überhaupt ist. William wird von Taylors Ex Taylor Lautner verkörpert. Die Fans tauften das Paar, das sich damals am Set kennenlernte, auf den Spitznamen »Taylor Squared« (Taylor hoch zwei). Während der Dreharbeiten 2009 gingen die beiden ein paar Monate miteinander aus, aber als der Streifen im darauffolgenden Jahr in die Kinos kam, hatten sie sich schon wieder getrennt. Lautner verriet später, dass es in Taylors Song ›Back to December‹ tatsächlich um ihre Beziehung geht. 2011 sagte Taylor in einem Interview mit Glamour über ihre Trennung: »Er ist einer meiner besten Freunde. Er ist großartig und wir werden uns immer nahestehen. Dafür bin ich sehr dankbar.«

— ✦ —

RECHTS Taylor auf dem Roten Teppich bei den Grammy Awards 2013.

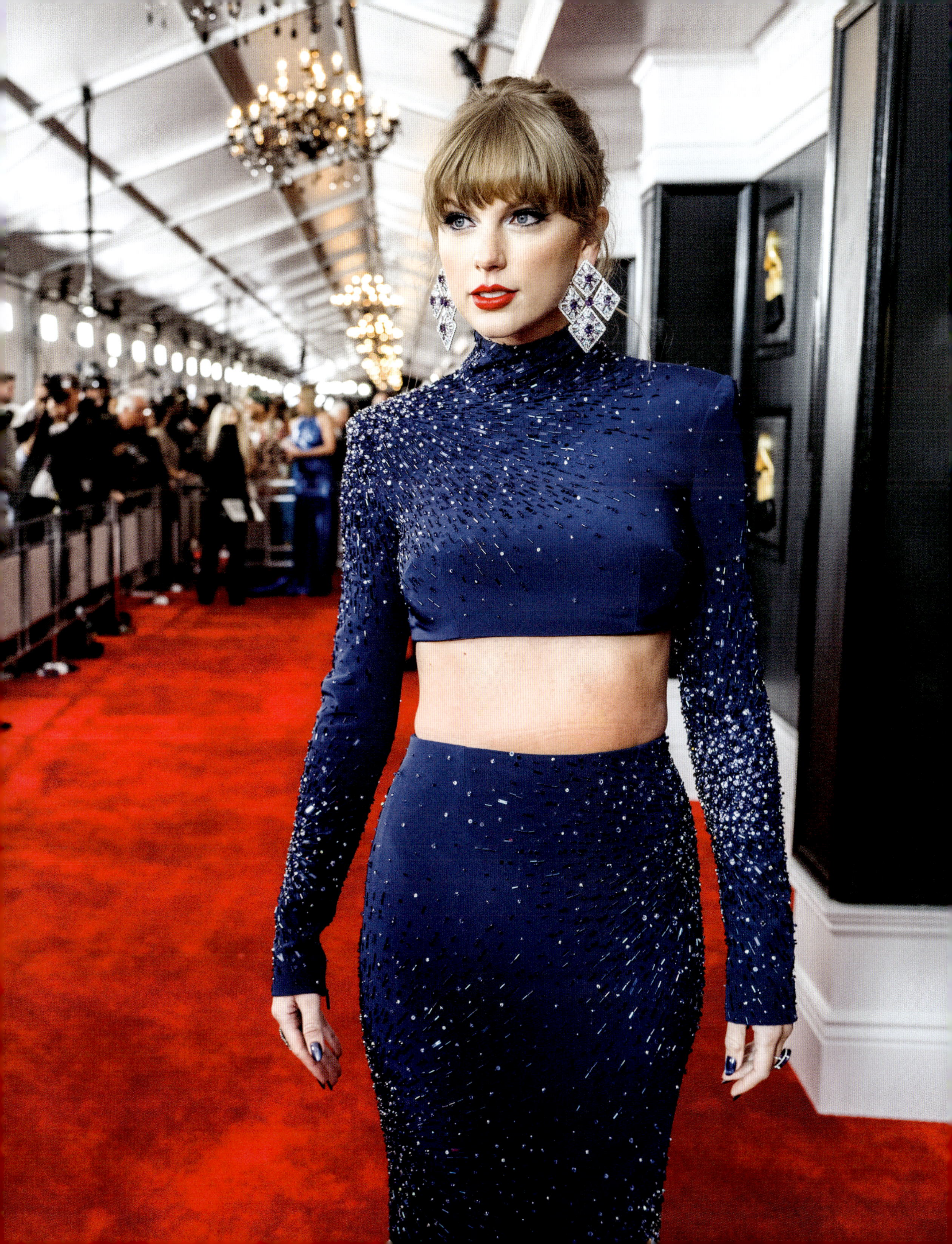

TAYLOR SWIFT. DER AUFSTIEG EINES SUPERSTARS

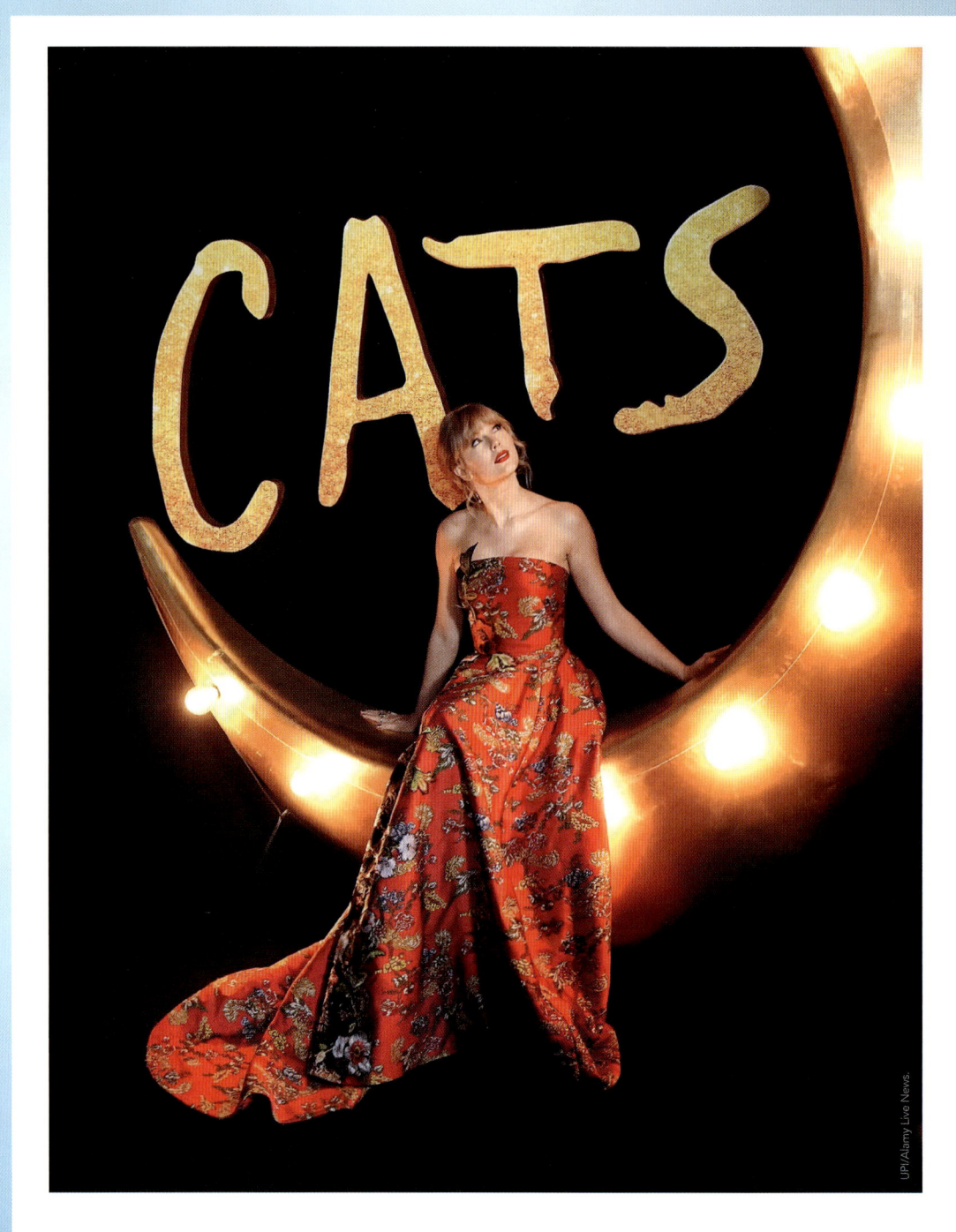

CATS-PREMIERE | NEW YORK CITY | 16. DEZEMBER 2019

SUPERSTAR

»Taylor hat ihren Einfluss genutzt, um auf die Mühen und Nöte vieler Leute in der Musikbranche aufmerksam zu machen.«

2012 versuchte sich Taylor als Synchronsprecherin. In *Der Lorax*, einer Verfilmung des gleichnamigen Kinderbuchklassikers von Dr. Seuss, spricht sie die Rolle der Audrey. Im Gegensatz zu ihren Musikkonzerten oder vorigen Film- und Fernsehauftritten sah Taylor sich hier einer völlig neuen Herausforderung gegenüber: einem animierten Charakter eine Stimme zu verleihen. »Das erfordert eine ganz andere Art von Kreativität«, erklärte sie dazu. »Es ist etwas anderes, als Lieder zu singen, die man selbst geschrieben hat. Man sitzt allein in einer Kabine und spricht mit sich selbst.«

Taylors bis dato meistdiskutierte Rolle war vermutlich ihr Auftritt in *Cats*. Die Filmadaption des Musicals von Andrew Lloyd Webber ist hochkarätig besetzt: Taylor spielt hier an der Seite von James Corden, Judi Dench, Jason Derulo, Idris Elba, Rebel Wilson und vielen weiteren bekannten Namen den Part der Bombalurina. Ihr großer Moment kommt gegen Ende des Films, wenn sie mit britischem Akzent den Song ›Macavity‹ aus dem Musical zum Besten gibt, bevor sie die anderen Katzen mit Katzenminze überschüttet. Und über alles weitere breiten wir besser den Mantel des Schweigens.

Sie mag in dem Film zwar nur ein paar Minuten zu sehen sein, aber hinter den Kulissen war sie um einiges stärker involviert – tatsächlich schrieben sie und *Cats*-Schöpfer Andrew Lloyd Webber gemeinsam einen völlig neuen Song für die Adaption, ›Beautiful Ghosts‹. Im Film wird das Lied von der Hauptfigur (oder sollten wir eher sagen: Hauptkatze?) Victoria gesungen, gespielt von der Ballett-Tänzerin Francesca Hayward. Später hörte man außerdem Judi Denchs Figur, Old Deuteronomy, eine abgespeckte Version des Songs singen, bevor Taylors Version in ihrer ganzen Pracht den Abspann untermalt. Taylor zufolge geht es in dem Lied um das Gefühl von Dazugehörigkeit: »›Beautiful Ghosts‹ wird von einer jungen Stimme gesungen, die sich fragt, ob sie je bessere Zeiten erleben wird. Sie will ein Teil von etwas sein, so wie alle anderen auch. Sie sehnt sich danach, hat aber gleichzeitig schreckliche Angst davor, nie diese wundervollen Geister vergangener Tage zu haben, auf die sie im Alter zurückblicken kann.«

Cats entpuppte sich als kritischer und finanzieller Flop. Trotzdem sagt Taylor, dass sie es großartig fand, an dem Film zu arbeiten. »Ich hatte eine großartige Zeit, während wir diesen völlig verrückten Film machten«, erklärte sie gegenüber *Variety*. »Ich werde garantiert nicht im Nachhinein sagen, dass es mir doch nicht so toll gefallen hat, denn sonst hätte ich niemals Andrew Lloyd Webber kennengelernt oder gesehen, wie er arbeitet, und jetzt ist er ein Freund von mir. Außerdem durfte ich mit den großartigsten Tänzern und Schauspielern zusammenarbeiten, die man sich nur denken kann. Von mir werdet ihr also keine Beschwerden hören.«

Auch, wenn Taylor im Laufe der Jahre immer wieder als Schauspielerin aufgetreten ist, besteht doch kein Zweifel daran, dass die Musik nach wie vor ihre einzig wahre Liebe ist und sie nur Rollen annimmt, mit denen sie sich verbunden fühlt, statt einfach bloß auf Ruhm und Geld zu schielen. (Nicht, dass sie das noch nötig hätte, schließlich hat sie von beidem mehr als genug!) »Wenn ich mir die Karrieren von Schauspielern ansehe, die ich wirklich bewundere, dann erkenne ich da einen präzisen Entscheidungsprozess«, erklärte sie. »Bei der Wahl ihrer Rollen geht es ihnen um das, was sie lieben. Wenn sie ein Projekt annehmen, stürzen sie sich mit aller Hingabe hinein. Sie spielen nur Charaktere, die sie nicht mehr aus dem Kopf bekommen.«

Abgesehen von ihren Ausflügen vor die Kamera hat Taylor auch hinter den Kulissen großes Talent bewiesen. In den letzten Jahren hat sie nämlich nicht nur bei vielen ihrer eigenen Musikvideos Regie geführt, sondern ebenso bei *All Too Well: The Short Film* von 2021, einem Kurzfilm, für den sie sogar mehrere Awards und einhelliges Kritikerlob erntete.

EINFLUSS IN DER MUSIKINDUSTRIE

Taylor hat ihren Einfluss in den letzten Jahren nicht bloß genutzt, um politische und gesellschaftliche Themen anzusprechen, sondern auch, um auf die Sorgen und Nöte vieler Menschen in der Musikbranche aufmerksam zu machen, in der Hoffnung, so dafür zu sorgen, dass die nächste Generation junger, weniger erfahrener Künstlerinnen und Künstler nicht mit denselben Problemen kämpfen muss. So »boykottierte« Taylor beispielsweise 2014 und 2017 Spotify, als sie ihre Alben von dem Streamingdienst zurückzog, um ein Zeichen gegen die ihrer Meinung nach ungerechte Bezahlung der Musikschaffenden auf der Plattform zu setzen. Auf *Yahoo!* erklärte Taylor diese vielbeachtete Entscheidung seinerzeit mit den Worten: »Ich kann nur sagen, dass die Musiklandschaft sich so schnell verändert, dass sich die Musikindustrie so schnell verändert, dass sich alles Neue für mich ein bisschen wie ein großes Experiment anfühlt, einschließlich Spotify. Und ich

LINKS Taylor bei der Weltpremiere der Verfilmung von *Cats* in New York. Gemeinsam mit Musical-Legende Andrew Lloyd Webber schrieb sie außerdem den Song ›Beautiful Ghosts‹ für die Adaption.

»Taylor hat eine erstaunliche Menge an Auszeichnungen angehäuft: Sie gewann über 600 Awards und war für mehr als 1.200 nominiert.«

RECHTS 2019 gewann Taylor ihren 29. American Music Award und wurde somit zur meistausgezeichneten Künstlerin in der Geschichte des Events. Bei der Verleihung 2022 (im Bild) stieg die Gesamtzahl ihrer AMAs sogar auf 40.

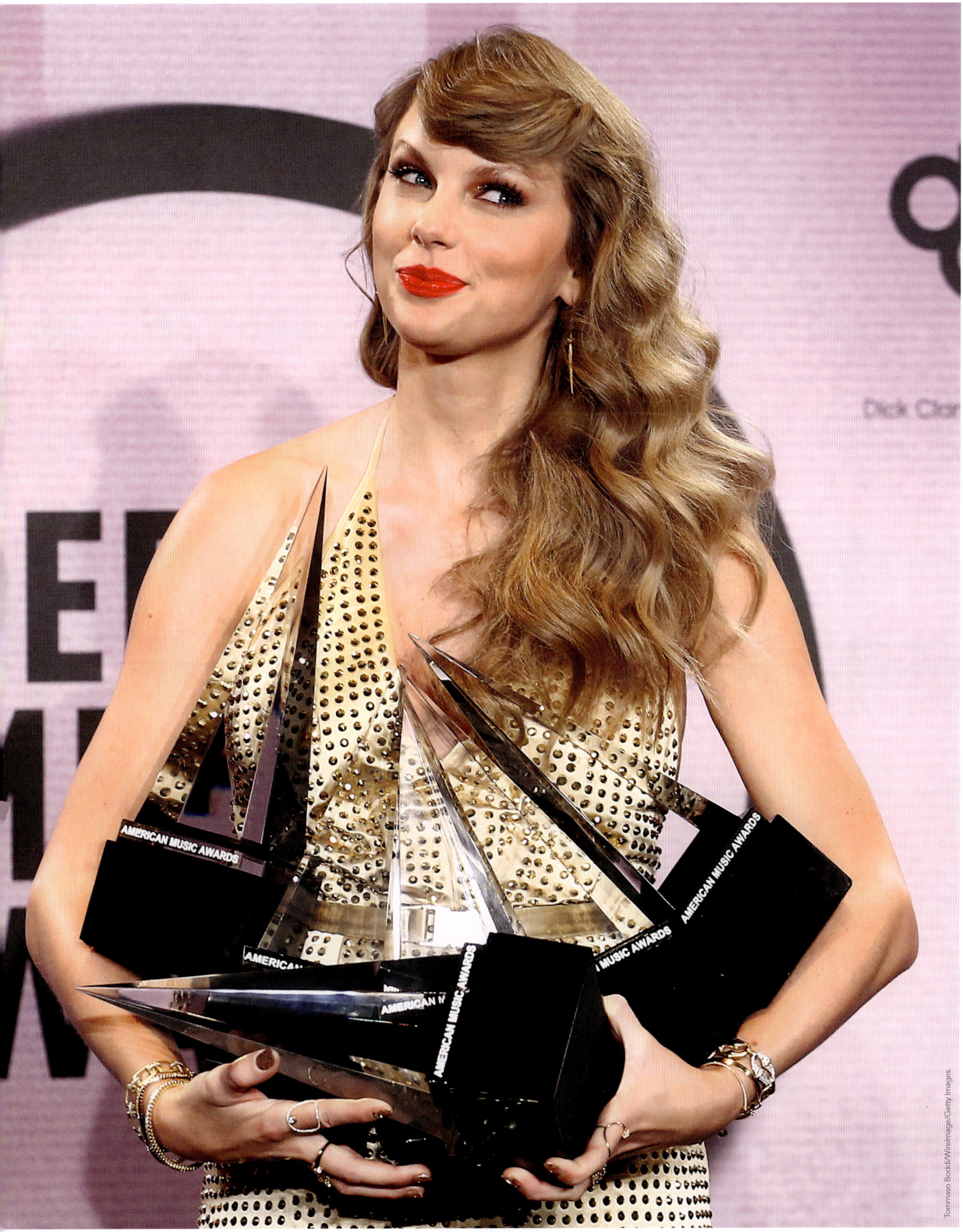

Tommaso Boddi/WireImage/Getty Images

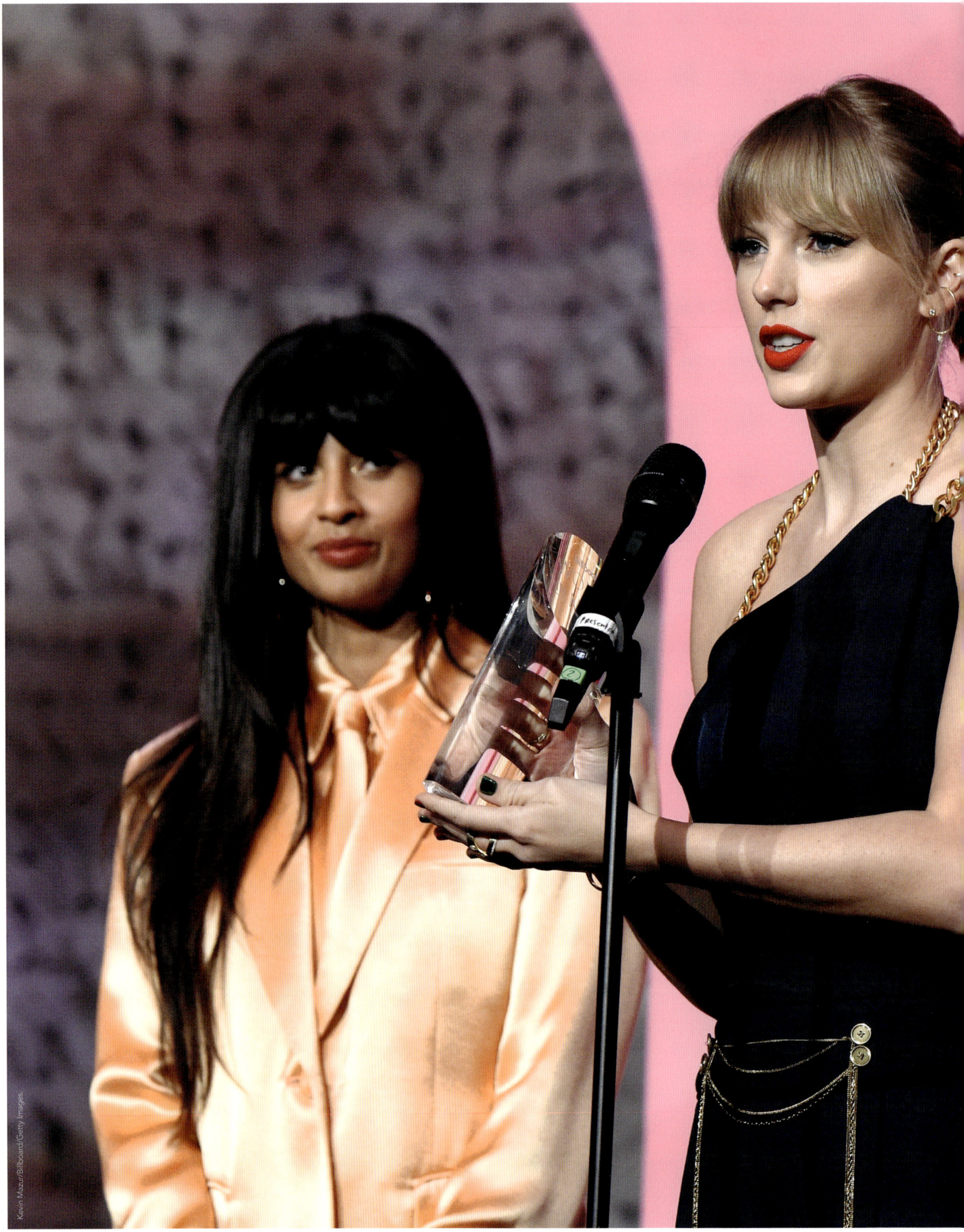
Kevin Mazur/Billboard/Getty Images.

bin nicht bereit, mein Lebenswerk für ein Experiment zur Verfügung zu stellen, wenn ich nicht das Gefühl habe, dass die Texter, die Produzenten, die Künstler und die Urheber der Musik gerecht dafür entlohnt werden. Ich kann einfach nicht gutheißen, dass hier der Eindruck vermittelt wird, Musik wäre wertlos und sollte kostenfrei sein. Anfangs dachte ich: ›Ich lass es auf einen Versuch ankommen – mal sehen, wie sich das anfühlt.‹ Aber für mich hat es sich nicht richtig angefühlt.«

Es ist schwierig, abzuschätzen, wie viel ein Streamingdienst einem Künstler pro Stream eines Songs bezahlt, da hier häufig eine Vielzahl von Faktoren zum Tragen kommen, beispielsweise, in welchem Land der Zuhörer lebt, ob er einen kostenlosen oder einen Premium-Account hat, welche Tantiemen der Künstler mit der Plattform ausgehandelt hat, ja, sogar der Wechselkurs und die damit verbundenen Preisunterschiede zwischen den Regionen spielen eine Rolle. Allerdings standen Streaminganbieter schon oft in der Kritik, dass sie den Kreativen für ihre Arbeit keinen fairen Anteil zugestehen, vor allem im Vergleich zu physischen Musikträgern. Schätzungen zufolge zahlt Spotify pro Stream ungefähr 0,004 $ (oder 0,0037 €) aus – nicht unbedingt eine stolze Summe, zumal jeder, vom Künstler über den Songwriter und den Produzenten bis hin zum Plattenlabel, etwas davon bekommt! Dieses Vergütungssystem stellt vor allem Nachwuchskünstler vor gewaltige Probleme, da sie es oft nicht schaffen, die Tausenden und Abertausenden von Streams anzuhäufen, die nötig sind, um so einen akzeptablen Gewinn zu machen.

Taylors Kritik beschränkte sich jedoch nicht auf Spotify. Im Juni 2015 stellte sie Apple Music an den Pranger, als bekannt wurde, dass Künstler keinen einzigen Cent für Streams bekamen, wenn Nutzer ihre Songs im Rahmen eines kostenlosen dreimonatigen Probeabos hörten. Sie nannte dieses Vorgehen ›schockierend‹ und ›enttäuschend‹ und schrieb auf Tumblr: »Hier geht es nicht um mich. Zum Glück bin ich schon bei Album Nummer fünf und verdiene mit meinen Live-Shows genügend Geld für mich, meine Band, meine Crew und mein gesamtes Management. Hier geht es um die neuen Künstler oder Bands, die gerade ihre erste Single veröffentlicht haben und nicht für ihren Erfolg bezahlt werden. Es geht um die jungen Songwriter, die gerade ihre ersten Prozente bekommen und gehofft haben, die Tantiemen würden sie von ihren Schulden befreien.«

Nur ein paar Tage später gab Apple Music nach und verkündete, dass künftig auch Tantiemen ausgezahlt werden würden, die während des Probeabos anfielen. In der darauffolgenden Woche ließ Taylor bekanntgeben, dass sie ihre Musik – einschließlich ihres neuen Albums *1989* – doch auf der Plattform zugänglich machen würde. »Dies ist schlichtweg das erste Mal, dass mein Bauchgefühl mir sagt, dass es richtig ist, mein Album zu streamen«, tweetete sie. »Danke, Apple,

— ✦ —

LINKS Im Dezember 2019 überreichte Jameela Jamil Taylor beim *Billboard's* »Women in Music«-Event die Auszeichnung als »Frau des Jahrzehnts«. Als sie den Preis entgegennahm, hielt Taylor eine inspirierende Dankesrede.

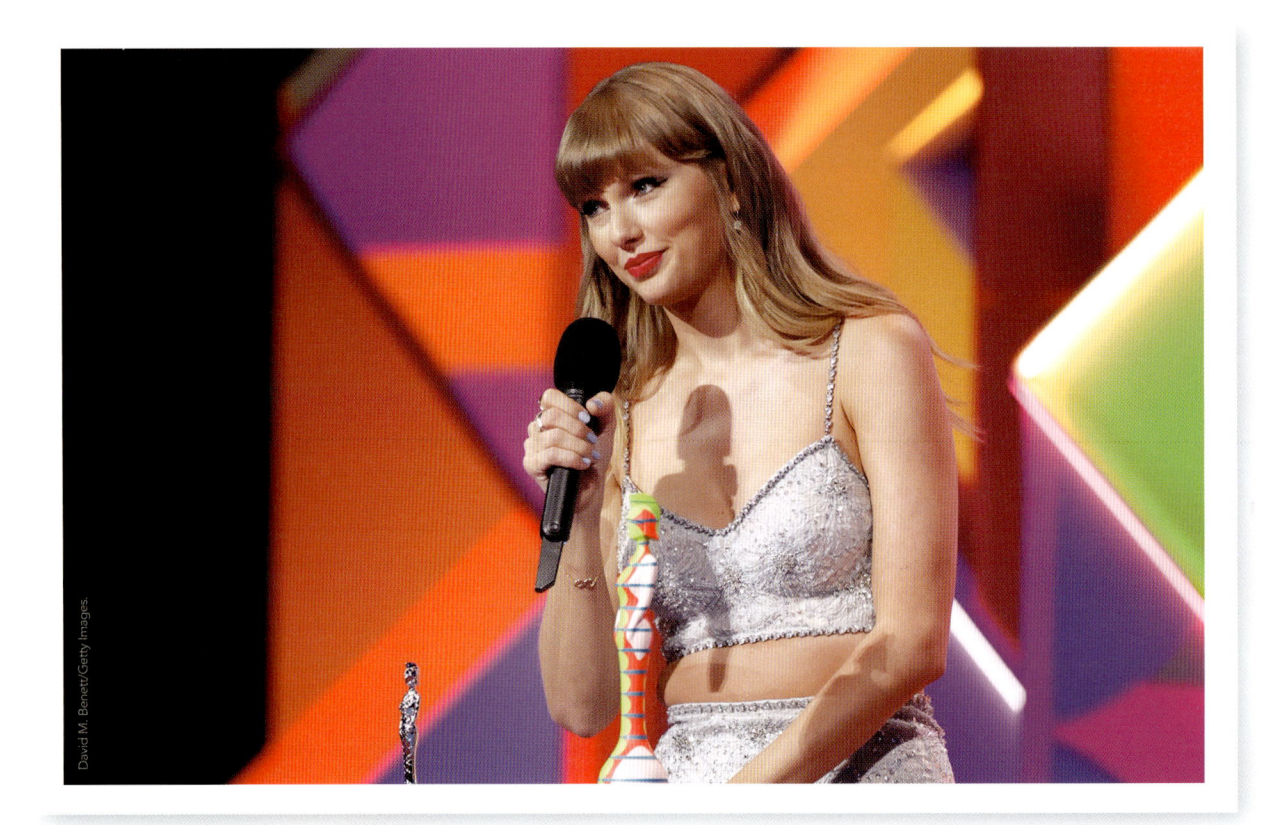

dass ihr euch umentschieden habt!« Spätestens, als sie 2016 in einem Werbespot für Apple auftrat – in dem sie dabei zu sehen ist, wie sie auf einem Laufband joggt und anschließend runterfällt, während sie einer von Apple Music zusammengestellten Playlist namens #GYMFLOW lauscht –, schien der Disput endgültig beigelegt zu sein.

Im Juni 2017 war Taylors Musik schließlich auch bei Spotify wieder verfügbar. Taylor hat es vielleicht nicht geschafft, höhere Auszahlungen für Künstler durchzusetzen, doch dafür setzte sie ein ziemlich bemerkenswertes Zeichen für einen Wandel hin zum Besseren, als sie 2018 einen neuen Plattenvertrag abschloss. Als ihr Vertrag mit Big Machine Group in diesem Jahr auslief, beschloss Taylor, bei der Universal Music Group und Republic Records zu unterschreiben. Im Gegensatz zu den bis dahin üblichen Plattendeals enthielt dieser Vertrag jedoch eine Klausel, die besagt, dass das Label Taylor beim Verkauf von Anteilen, die das Unternehmen an Spotify hält, einen Teil des Erlöses auszahlen muss ... und das Label willigte ein. Taylor sagte, dass dieser Deal ihr »mehr bedeutet als alles andere«, da sie abgesehen davon auch die Rechte an allen künftigen Master-Aufnahmen behält, die sie für ihr neues Label produziert. »Das ist ein erster Schritt in Richtung einer positiven Entwicklung für uns Künstler – ein Ziel, für das ich mich immer und auf jede mögliche Weise einsetzen werde.«

Neben ihrem Einsatz für eine gerechte Bezahlung von Künstlerinnen und Künstlern kämpft Taylor außerdem dafür, die Musikindustrie zu einem gerechteren Ort zu machen, zu einem Ort, wo junge Frauen mehr Unterstützung erfahren. Als sie 2014 von *Billboard* mit dem »Woman of the Year«-Award ausgezeichnet wurde, sagte sie: »Ich glaube wirklich, dass wir einer jüngeren Generation von Musikern weiterhin etwas bieten müssen, damit sie diesen Weg einschlagen. Irgendwo da draußen sitzt eure zukünftige ›Frau des Jahres‹ nämlich gerade im Klavierunterricht oder singt im Mädchenchor, und wir müssen sie unterstützen – hier und heute!«

Als sie Jahre später von *Billboard* zur »Frau des Jahrzehnts« gekürt wurde, verwies sie auf ihre Ansprache von 2014. »Ich habe gehört, dass ein 11-jähriges Mädchen aus Kalifornien genau zu dem Zeitpunkt, als ich diese Rede hielt, tatsächlich gerade Klavierunterricht hatte und im Mädchenchor sang. Und dieses Jahr wurde sie im Alter von gerade mal 17 Jahren zur ›Frau des Jahres‹ ernannt. Ihr Name ist Billie Eilish«, so Taylor. »Und das ist genau die Art von Geschichte, an die wir jeden Tag denken sollten, wenn wir in dieser Branche unseren Job machen. Wir müssen an die Geschichten denken, in denen die Träume von Menschen wahr werden und sie Musik erschaffen und sie für die Leute spielen. An die Geschichten darüber, dass Fans sich mit der Musik identifizieren und ihr Tag dadurch ein bisschen leichter wird oder ihr Abend schö-

---

OBEN Im Mai 2021 wurde Taylor zur ersten weiblichen Künstlerin (und zur fünften Nicht-Britin), die bei den BRIT Awards mit dem Global Icon Award ausgezeichnet wurde.

RECHTS Bei den Nashville Songwriter Awards im September 2022 wurde Taylor zur Songwriterin/Künstlerin des Jahrzehnts gekürt.

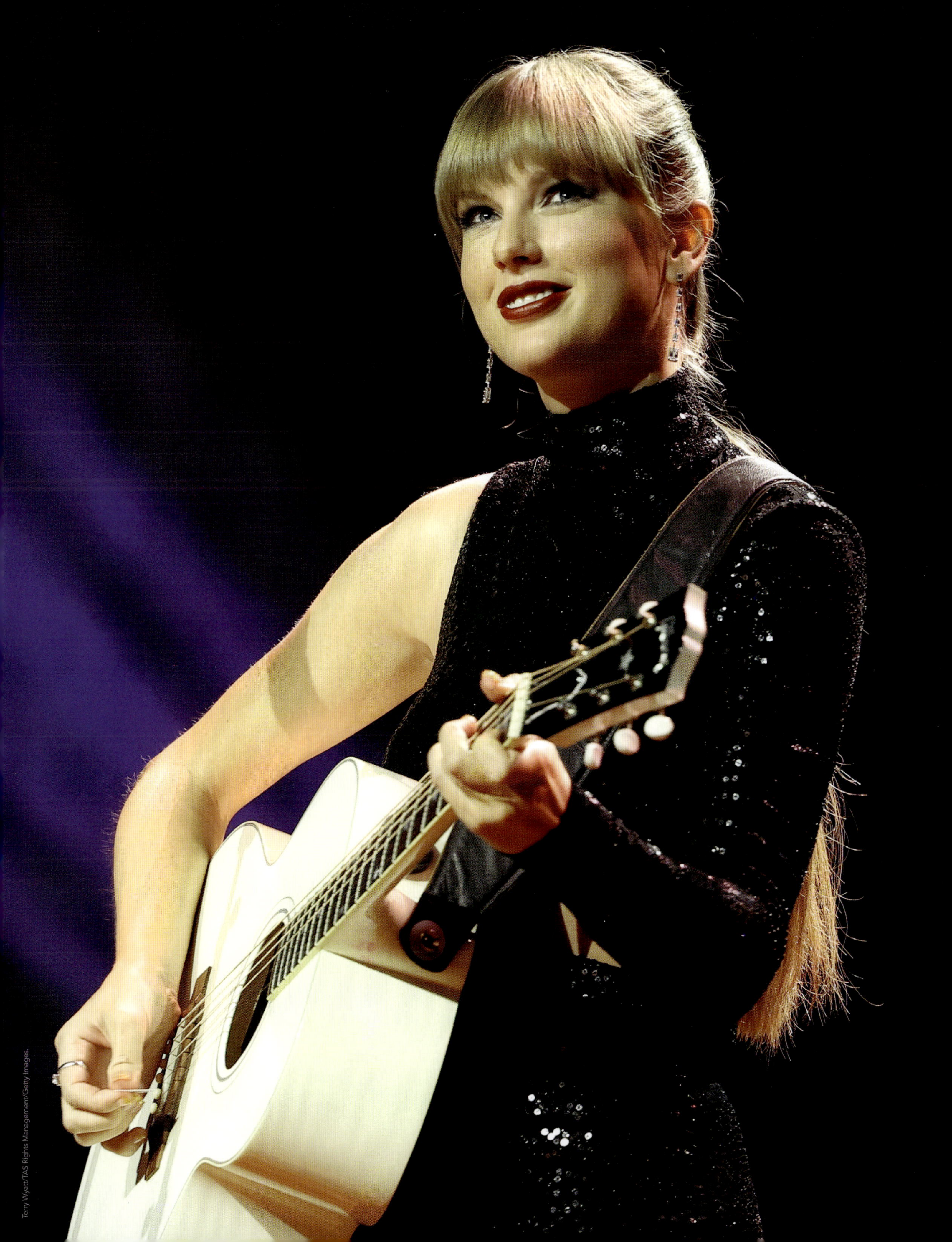

Terry Wyatt/TAS Rights Management/Getty Images.

TAYLOR SWIFT. DER AUFSTIEG EINES SUPERSTARS

»Trotz ihres makellosen, selbstsicheren Auftretens ist Taylor unglaublich selbstkritisch.«

ner oder ihre Liebe heiliger oder ihr Herzschmerz sie weniger einsam macht.«

Doch nicht nur auf junge weibliche Popstars hat Taylor großen Einfluss – sondern auf junge Frauen in allen Bereichen, die gern Musik machen würden. 2018 stellte der Gitarrenhersteller Fender fest, dass in dem Jahr 50% aller Gitarren von Frauen gekauft wurden – etwas, das Fender den »Taylor-Swift-Faktor« nannte. Das deutet darauf hin, dass, obwohl sich Taylors neuere Alben immer weiter von dem gitarrengetriebenen Country-Sound entfernt haben, mit dem sie ursprünglich berühmt wurde, diese Musik auch heute noch Mädchen überall auf der Welt dazu inspiriert, Musikerinnen zu werden.

MISS AMERICANA: TAYLOR HINTER DEN KULISSEN

Einen besonders intimen Einblick in Taylors Leben und ihre Karriere bekamen die Fans im Januar 2020 – in Form der Dokumentation *Miss Americana*. Die Filmemacherin Lana Wilson zeichnet hier anhand von Interviews, Archivmaterial, Heimvideos und Konzertaufnahmen mehrere Jahre im Leben der Sängerin nach; konkret entstand die Doku während der Produktion von Taylors Studioalben Nummer sechs und sieben, *Reputation* und *Lover*.

Der Film offenbart Taylors innerste Gedanken und zeigt, dass sie trotz ihres makellosen, selbstsicheren Auftretens unglaublich selbstkritisch ist. Sie setzt sich unter immensen Druck, um gute Musik zu machen, gut zu ihren Fans zu sein und »als gut betrachtet zu werden«, wie sie an einer Stelle sagt.

»Mein gesamter Moralkodex dreht sich darum, dass die Leute mich als guten Menschen ansehen«, gesteht sie in einer frühen Szene des Films. »Anerkennung war für mich schon immer unglaublich erfüllend. Damit fing es an. Ich wurde die Person, die alle in mir sehen wollten.« In einem Moment, der besonders tief blicken lässt, erfährt Taylor, dass *Reputation* nicht in den großen Grammy-Kategorien nominiert wurde. Doch anstatt das Album zu verteidigen, sagt sie bloß: »Ist schon in Ordnung. Ich muss eben ein besseres Album machen.«

In der Dokumentation spricht Taylor auch offen über die Tatsache, dass sie sich trotz ihres Erfolgs manchmal einsam oder isoliert fühlt. Tatsächlich ist es genau dieser Erfolg, der bisweilen eine Distanz zwischen ihr und den Personen um sie herum schafft, weil es ihr schwerfällt, jemanden zu finden, bei dem sie bereit ist, sich ihm anzuvertrauen, eine Bindung zu ihm aufzubauen. Als sie darüber spricht, wie sie zweimal in Folge den Grammy für das »Album des Jahres« abgeräumt

hat, verrät sie: »Das war's – mein Leben war nie besser! Das war alles, was du je wolltest. Das war alles, worauf du seit jeher hingearbeitet hast ... Aber dann stehst du oben auf diesem Gipfel, schaust dich um, und plötzlich denkst du: ›Oh, Gott, und was jetzt?‹ Ich hatte keinen Partner, mit dem ich abklatschen konnte, weil wir es gemeinsam so weit gebracht hatten. Ich hatte niemanden, der wirklich nachvollziehen konnte, was in mir vorging ... Natürlich war meine Mom dabei, aber ich fragte mich: Sollte es nicht jemanden geben, den ich jetzt am liebsten sofort anrufen wollen würde?«

Außerdem spricht sie in der Dokumentation zum ersten Mal über ihre Essstörung, die durch ihr Leben in der Öffentlichkeit zu einem noch größeren Problem geworden war. In einer Szene sitzt sie auf der Rückbank eines Wagens und gesteht: »Mit den Jahren habe ich gelernt, dass es nicht gut für mich ist, ständig Bilder von mir zu sehen. Ich lasse mich häufig von irgendwas aus der Fassung bringen, sei es nun ein Foto von mir, auf dem mir mein Bauch zu dick vorkommt, oder wenn jemand sagt, ich würde aussehen, als wäre ich schwanger oder sowas. Das nagt an mir und triggert mich, ein bisschen zu hungern. Ich höre einfach auf, zu essen.«

Zum Glück hat Taylor im Laufe der Zeit gelernt, damit umzugehen, und das Problem in den Griff bekommen. »Ich bin heute viel zufriedener mit mir als früher«, fügt sie hinzu. »Mir ist nicht mehr so wichtig, ob jemand meint, ich hätte zugenommen. Die Tatsache, dass ich jetzt Kleidergröße 38 und nicht mehr 30 trage, macht mein Leben einfach besser.«

Durch die Dokumentation bekamen die Fans auch einen besseren Eindruck von den Schattenseiten des Ruhms. So wird beispielsweise ein besonders dramatischer Zwischenfall erwähnt, als ein Stalker in ihr Apartment einbrach – und in ihrem Bett schlief! Das war nur eins von vielen Ereignissen, die Taylor letztlich dazu bewogen, ihre politischen Ansichten deutlicher zur Sprache zu bringen, etwa, um die Senatorin von Tennessee, Marsha Blackburn, zu kritisieren, die sich gegen die erneute Billigung des »Violence Against Women Act« zum Schutz von Frauen vor Gewalt ausgesprochen und auch gegen die Schwulenehe gestimmt hatte.

RECHTS Taylor und Brendon Urie performen im Mai 2019 ›ME!‹ bei den *Billboard* Music Awards. Das sollte nicht die einzige Zusammenarbeit der beiden bleiben, denn Brendons Band Panic! at the Disco wirkte später auch an Taylors Song ›Electric Touch‹ mit.

BILLBOARD MUSIC AWARDS | LAS VEGAS | 1. MAI 2019

Dia Dipasupil/Getty Images

Nicht jeder befürwortete Taylors Entscheidung, sich politisch zu äußern. Selbst einige Mitglieder ihres Teams sorgten sich, dass sie so womöglich die Öffentlichkeit gegen sie aufbringen und vielleicht sogar ihre eigene Sicherheit gefährden würde. Als Beispiel dafür, dass solche Bedenken gar nicht so weit hergeholt waren, führt Taylor in *Miss Americana* The Chicks an, eine Country-Band, die in Ungnade gefallen war, nachdem sie 2003 Präsident Bush und seine Invasion im Irak kritisiert hatte. In der hyper-patriotischen Phase nach den Anschlägen vom 11. September weigerten sich einige Radiosender, ihre Musik zu spielen, und die Bandmitglieder erhielten Morddrohungen. »Ich will Glitzer lieben und trotzdem auf die Doppelmoral in unserer Gesellschaft hinweisen dürfen«, sagt Taylor später im Film. »Ich will Pink tragen und dennoch sagen dürfen, was ich über Politik denke. Ich finde nicht, dass diese Dinge einander ausschließen müssen ... Ich will einfach auf der richtigen Seite der Geschichte stehen.«

Die Doku bietet auch viele herzerwärmende Momente, zum Beispiel, als Taylor mit ihrem damaligen Partner Joe Alwyn über ihre Beziehung spricht. Joe hat zwar einen Auftritt im Film, ist aber nur kurz zu sehen ... was an Taylors Entscheidung liegt, dass ihre Beziehung nur sie und Joe etwas anging, wie Taylor erklärt. »Ich verliebte mich in jemanden, der ein wundervoll normales, ausgeglichenes, bodenständiges Leben führt«, verrät sie. »Und wir haben gemeinsam beschlossen, dass unsere Beziehung privat bleibt.«

Nachdem sie jahrelang so viel von sich mit der Welt geteilt hatte und Genugtuung daraus zog, was andere von ihr hielten, hatte die Beziehung zu Alwyn ihr geholfen, losgelöst von den Meinungen und Ansichten anderer Freude in ihrem Leben zu finden. »Ich wurde darauf trainiert, glücklich zu sein, aber nicht auf diese Weise«, erklärt sie. »Denn für dieses Glück war niemand außer uns selbst nötig.«

Bei einem Abendessen im Haus ihrer Kindheitsfreundin Abigail sprechen die beiden über gemeinsame Bekannte aus früheren Tagen, die inzwischen Eltern wurden, und Taylor verrät, was sie darüber denkt, später mal eine eigene Familie zu gründen. »Ein Teil von mir fühlt sich, als wäre ich 57. Aber da ist noch ein anderer Teil, der absolut nicht bereit ist, schon Kinder zu haben ... Ich kann mir den Luxus nicht leisten, mich mit solchen Dingen auseinanderzusetzen, weil die nächsten zwei Jahre meines Lebens immer schon verplant sind. In zwei Monaten werden sie mit mir über die Termine für die nächste Tour sprechen wollen.«

Miss Americana bot den Zuschauern Gelegenheit, die offene, nachdenkliche Frau hinter der coolen, unerschütterlichen Berühmtheit zu sehen. Man braucht unglaubliche Entschlossenheit, um auch nur die Hälfte dessen zu erreichen, was Taylor erreicht hat. Trotzdem hat das alles bei ihr stets wie ein Kinderspiel ausgesehen – und genau darum ist Taylor ein echter Superstar.

LINKS Taylor bekam im Mai 2022 von der New York University die Ehrendoktorwürde verliehen und hielt eine inspirierende Rede.

UNTEN Taylor beim Toronto International Film Festival im September 2022. Sie hat in den letzten Jahren viel Lob für ihr Talent als Regisseurin geerntet.

✦

»In einer gespaltenen Welt, in der zu viele Institutionen versagen, hat Taylor Swift einen Weg gefunden, Grenzen zu durchbrechen und den Leuten Licht zu bringen. Niemand sonst auf diesem Planeten versteht es so gut, so viele Menschen zu bewegen.«

—✦—

TIME-CHEFREDAKTEUR SAM JACOBS AUF DIE FRAGE, WARUM TAYLOR ZUR »PERSON DES JAHRES 2023« GEKÜRT WURDE

RECHTS Taylor bei der *TIME* 100 Gala 2019. Im Dezember 2023 wurde sie von dem Magazin zur »Person des Jahres« gekürt. »Ich denke viel über dieses Jahr nach – und über all die Jahre, die mich hierhergeführt haben«, sagte sie, als sie von dieser Ehre erfuhr. »Ich kann mich gar nicht genug dafür bedanken.«

Zitat: Sam Jacobs, Time.com. Bild: Kristina Bumphrey/Starpix/Shutterstock.

6. KAPITEL
ERAS & DIE ZUKUNFT

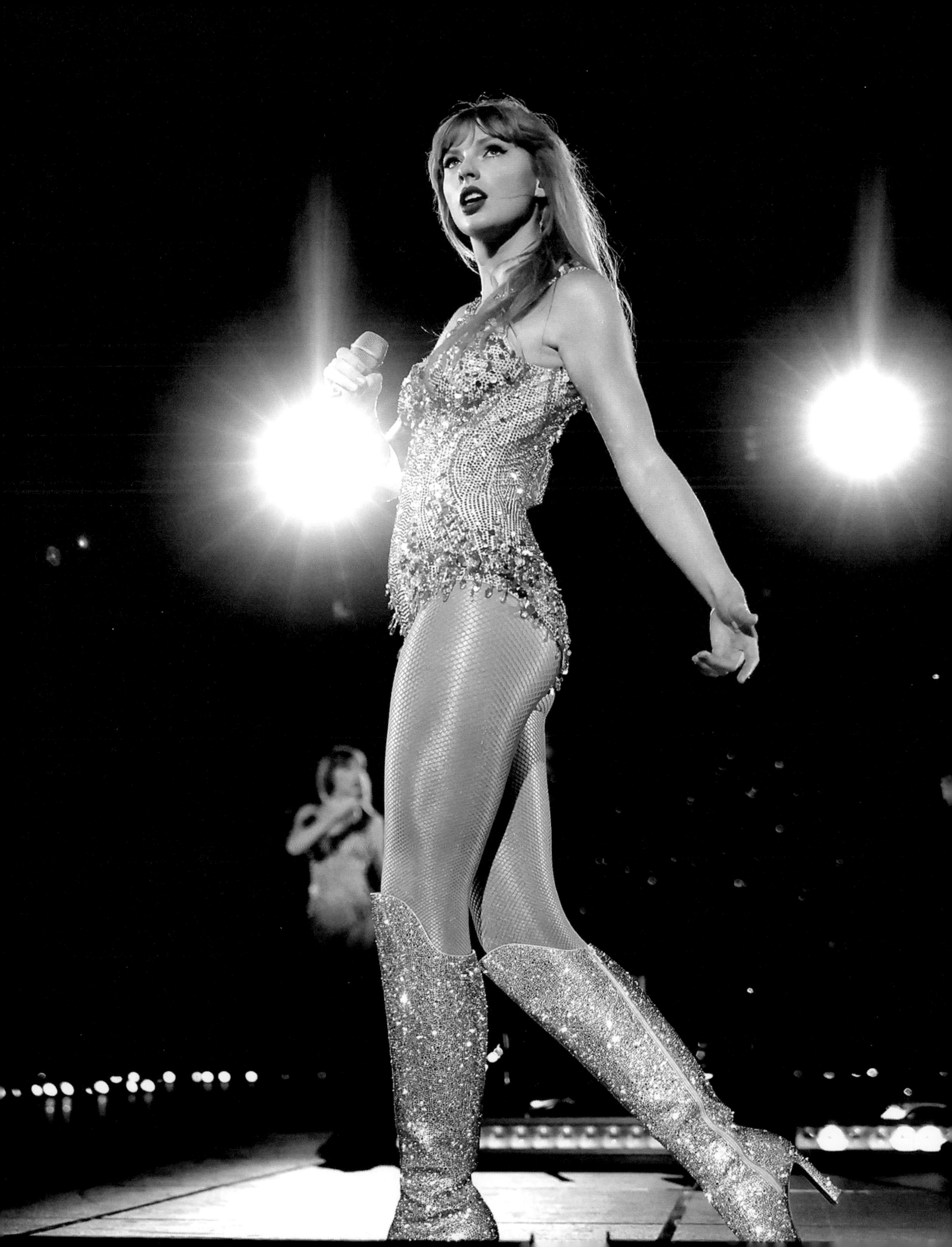

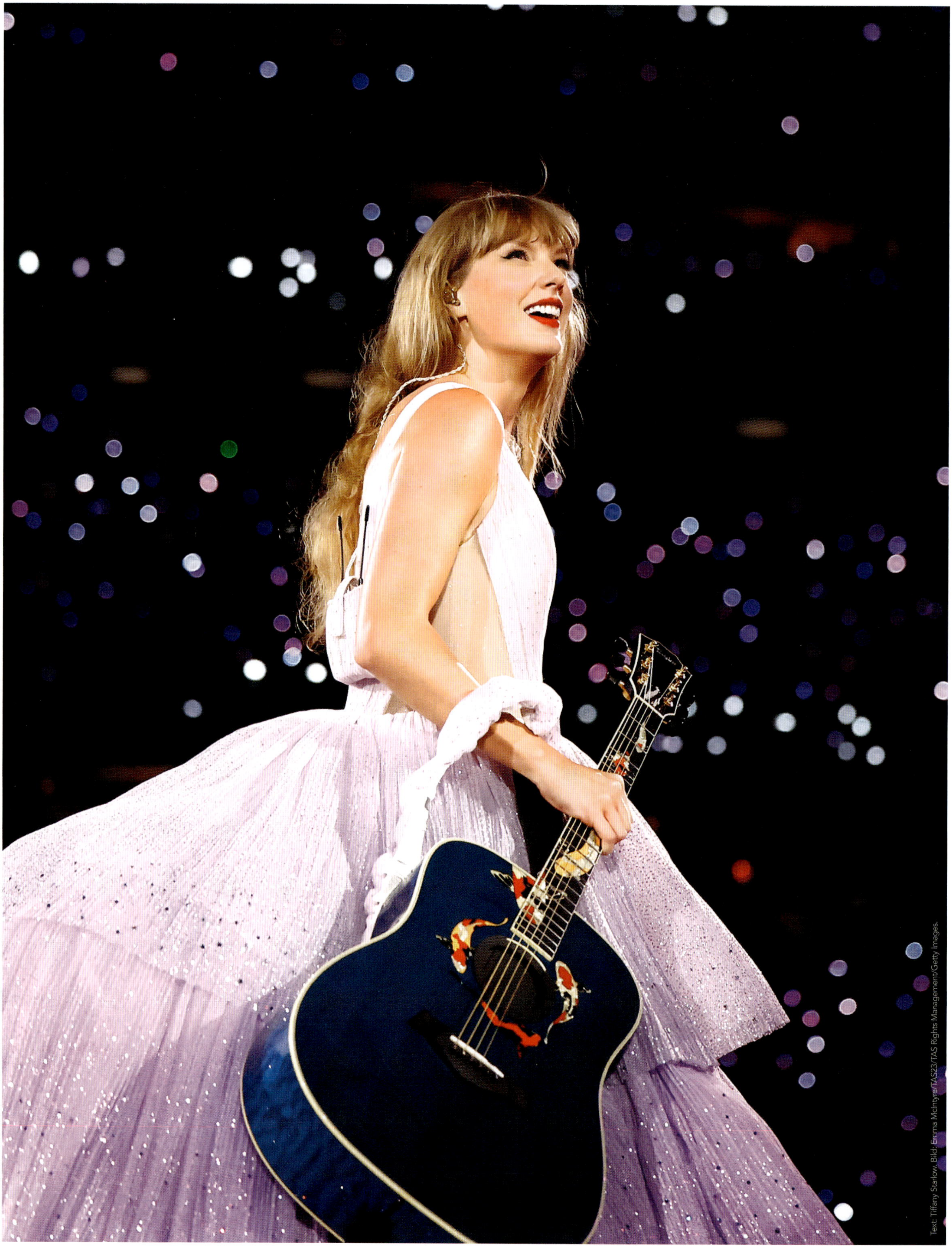

ERAS & DIE ZUKUNFT

Mit einer atemberaubenden Greatest-Hits-Tour, die die Welt im Sturm erobert, erreicht Taylors Karriere schwindelerregende neue Höhen. Aber wohin führt sie die nächste Ära?

Das Wort »Ikone« wird heutzutage ziemlich häufig bemüht, doch im Fall von Taylor Swift ist diese Bezeichnung zweifellos gerechtfertigt. Es gibt nicht viele Künstlerinnen und Künstler, die seit fast 20 Jahren erfolgreich im Geschäft sind. Doch dass dieser kritische, kommerzielle Erfolg mehrere Genres abdeckt und weltweit immer neue, beispiellose Dimensionen annimmt – sowas gab es praktisch noch nie.

Mit der *Eras*-Tour, die auf der ganzen Welt für Furore sorgt, hat Taylors Starpower ihren vorläufigen Höhepunkt erreicht. Doch wie sieht nach einer solch karriereumspannenden Mammut-Tournee der nächste Schritt aus? Lasst uns einen genaueren Blick auf das *Eras*-Phänomen und das, was die kommenden Jahre für Taylor bereithalten könnten, werfen..

»ES HAT LANGE GEDAUERT ...«

Machen wir eine kleine Zeitreise, zurück in den Sommer 2019, als *Lover* an der Spitze der Albumcharts stand und Hits wie ›ME!‹, ›You Need to Calm Down‹ und ›The Man‹ im Radio rauf und runter liefen. Taylor war dabei, ihre *Lover Fest*-Tour zu planen, die das neue Album begleiten sollte, und freute sich darauf, 2020 wieder auf der Bühne zu stehen. Im Rahmen ihrer Shows im Vereinigten Königreich sollte sie sogar als Headlinerin beim Glastonbury Festival auftreten – ein unvergessliches Highlight in der Karriere jedes Musikers.

Dann kam das Coronavirus. Angesichts der verheerenden globalen Pandemie entschied Taylor schweren Herzens, ihre Tournee zu verschieben, ehe sie sie später vollends absagte. »Ich bin schrecklich traurig, dass ich euch dieses Jahr nicht auf meinen Konzerten sehen werde, aber ich weiß, dass es die richtige Entscheidung ist«, verkündete sie damals. »Bitte, bitte, denkt an eure Gesundheit und eure Sicherheit. Ich sehe euch auf der Bühne wieder, sobald es irgendwie geht, aber im Moment zählt vor allem, diese Quarantäne ernst zu nehmen – um unser aller Willen.«

Die Welt ging in den Lockdown und Taylor versüßte den Swifties diese schwere Zeit mit dem überraschenden Release von *Folklore* und *Evermore*. Doch aus 2020 wurde 2021, und noch immer war Social Distancing das Gebot der Stunde. Der Gedanke, je wieder Live-Musik zu erleben, wirkte mehr und mehr wie ein Wunschtraum. Wir begannen uns allmählich zu fragen, ob es jemals eine Rückkehr zur Normalität geben würde. Doch dank der unermüdlichen Bemühungen von Medizinern und Wissenschaftlern und der Entwicklung und Bereitstellung von Covid-Impfstoffen konnten die Lockdowns nach und nach gelockert werden, bis schließlich wieder öffentliche Versammlungen und Events möglich waren.

Schnellvorlauf zum November 2022. Kurz nach der Veröffentlichung von *Midnights* machte Taylor in der Show *Good Morning America* eine wichtige Ankündigung: »Ich will euch etwas sagen, auf das ich mich schon seit einer ganzen Weile freue. Etwas, das ich eine Ewigkeit geplant habe, und jetzt kann ich es euch endlich erzählen: Ich gehe wieder auf Tour! Diese Tournee heißt die *Eras*-Tour und ist eine Reise durch alle musikalischen Äras meiner Karriere.«

Die *Eras*-Tour ist Taylors sechste Tournee und die erste seit der *Reputation*-Stadiontour 2018. Seitdem hatte Taylor vier neue Alben und zwei Re-Recordings rausgebracht, daher war das übliche Vorgehen, eine Show um ein einzelnes Album

---

LINKS Taylor sagte, die *Eras*-Tour sei »mit Abstand die elektrisierendste Erfahrung« ihres Lebens.

herum zu konzipieren, keine Option, wie Taylor ihrem Publikum während des Konzerts selbst erklärt. »Bei meinen früheren Tourneen lief es immer so ab: Ich plane ein Album und spiele dann die Tour. Jetzt fanden wir uns aber an diesem Punkt wieder, wo ich zu fünf Alben keine Tour gemacht hatte, und die Leute kamen zu mir und fragten: ›Was hast du jetzt vor? Machst du eine Tour mit allen Alben oder so? Soll das dann 'ne Dreieinhalb-Stunden-Show werden?‹ Worauf ich erwiderte: Ja, genau das werde ich tun! Und diese Tournee wird die Eras-Tour heißen. Wir sehen uns dort!«

DIE ERAS-TOUR

Der Startschuss für das am heißesten ersehnte musikalische Event des Jahrzehnts fiel am 17. März 2023 in »Swift City« bzw. Glendale, Arizona, das zu Ehren von Taylor kurzzeitig umbenannt wurde. Die Zuschauer wussten zwar, dass die Show eine Reise durch Taylors musikalische Äras sein würde, doch abgesehen davon hatten sie keine Ahnung, was sie erwartet. Wie würde Taylor so viele Hits und so viele verschiedene Musikstile in eine einzige Show packen? Wie sich zeigte, lautete die Antwort: auf absolut spektakuläre Weise! Als hätte je irgendwer daran gezweifelt!

»Ich kann gar nicht sagen, wie sehr ich euch vermisst habe«, sagte Taylor den Fans am emotionsgeladenen ersten Abend der Tour. Man sah ihr überdeutlich an, wie glücklich sie war, wieder diese persönliche Verbindung zu den Fans zu spüren, die ihr so wichtig sind. Bereits an diesem allerersten Abend brach die Eras-Tour einen langjährigen Rekord, denn mit 69.000 Zuschauern wurde die Show zum meistbesuchten Konzert einer weiblichen Künstlerin in der Geschichte der USA. Bis dahin hatte Madonna diesen Rekord gehalten – und das seit 1987.

Die Show selbst ist Taylors bislang ehrgeizigstes Konzertprojekt. Mit einer Länge von fast dreieinhalb Stunden und über 40 Songs, perfekt choreografierten Tänzen, beweglichen Hydraulikplattformen, atmosphärischen Setdesigns, einer magischen Lichtshow und Spezialeffekten, ganz zu schweigen von mehreren Kostümwechseln, denn Taylor präsentiert sich in einer ganzen Reihe atemberaubender Outfits. Allen zehn »Äras« ihrer bisherigen Karriere ist jeweils ein eigener Akt gewidmet, jeder mit anderen Kostümen, die eine Hommage an Taylors ikonischste Looks darstellen.

Obwohl der Großteil der Setliste immer derselbe ist, wäre Taylor nicht Taylor, wenn sie darüber hinaus nicht auch ein paar Überraschungen für ihre Fans parat hätte. Während des Akustik-Sets spielt sie bei jedem Konzert zwei andere Songs – einen mit Gitarre, einen am Piano –, damit jedes Konzert auf der Tour einzigartig bleibt. Ein paar Shows hat sie auch für besondere Ankündigungen genutzt, sodass ihre Fans die

---

OBEN Die Eras-Tour demonstriert auf bemerkenswerte Weise die wirtschaftliche Macht von Frauen.

RECHTS Taylor beginnt ihre Eras-Konzerte mit dem Lover-Akt, wobei ›Miss Americana & the Heartbreak Prince‹ den Songreigen eröffnet.

Bild: Kevin Mazur/TAS Rights Management/Getty Images.

TAYLOR SWIFT. DER AUFSTIEG EINES SUPERSTARS

ERAS-TOUR | ARIZONA | 18. MÄRZ 2023

ERAS & DIE ZUKUNFT

»Es überrascht wohl niemanden, dass die *Eras*-Tour in den verschiedensten Kategorien immer neue Rekorde aufstellt.«

Ersten waren, die von den Neuaufnahmen beliebter Alben erfuhren oder brandneue Musikvideos zu sehen bekamen.

Bei einigen Konzerten sind zudem Stargäste aufgetreten. Neben einer ganzen Riege großartiger Support-Acts wie HAIM, Phoebe Bridgers und Paramore holt Taylor oft noch andere Künstler für einen gemeinsamen Song auf die Bühne, darunter u. a. Jack Antonoff, Aaron Dessner und Ice Spice. Bei der Show in Kansas City im Juli 2023 verwöhnte Taylor die Menge erst mit der Premiere ihres Videos zu ›I Can See You‹, ehe sie eine zweite Überraschung folgen ließ, indem sie die Stars des Videos – Taylor Lautner, Joey King und Presley Cash – auf die Bühne rief.

Es überrascht wohl niemanden, dass die *Eras*-Tour in den verschiedensten Kategorien immer neue Rekorde aufstellt – die meisten Ticketverkäufe, die meisten Zuschauer in bestimmten Hallen, der meiste Umsatz, usw. Es gibt schlichtweg zu viele Bestmarken, um sie hier alle aufzuzählen, doch zwei der herausragendsten Rekorde sind zweifellos folgende: die meisten verkauften Tickets innerhalb eines einzigen Tages und die finanziell erfolgreichste Tour einer weiblichen Künstlerin aller Zeiten (womit Taylor die bisherige Rekordhalterin Madonna überflügelte). Und garantiert wird Taylor noch weitere Rekorde brechen, während die *Eras*-Tour sie bis Ende 2024 rund um die Welt führt.

Die Tournee wurde als das »musikalische Event des Jahrzehnts« bezeichnet, und tatsächlich fällt es schwer, sich vorzustellen, dass irgendjemand – oder zumindest irgendein *anderer* Künstler – es in absehbarer Zukunft mit diesem kulturellen, wirtschaftlichen Phänomen aufnehmen kann.

NEUE RE-RECORDINGS

Als hätte sie mit einer riesigen, ausverkauften Stadion-Welttournee und aufwändigen, dreistündigen Konzerten noch nicht genug um die Ohren, hat Taylor seit Beginn der *Eras*-Tour außerdem zwei weitere *Taylor's Versions* veröffentlicht (Stand: Mitte 2024).

Aufgrund der Hinweise, die Taylor gestreut hatte, hatten viele Swifties ganz richtig vermutet, dass *Speak Now* nach *Red* von 2021 die nächste Neuaufnahme sein würde. In den Musikvideos ihrer *Midnights*-Singles finden sich mehrere Easter Eggs, die auf *Speak Now* hindeuten, und die LED-Armbänder, die an die Zuschauer der *Eras*-Konzerte verteilt wurden, leuchteten am Ende der Show violett. Nach diesen Hinweisen kündigte Taylor am 5. Mai 2023 bei ihrem ersten Auftritt in Nashville schließlich offiziell an, dass das Album bereits in gerade mal zwei Monaten, am 7. Juli 2023, erscheinen würde.

Um diesen Anlass gebührend zu feiern, erweiterte sie die Setlist und baute ›Long Live‹ in den *Speak Now*-Akt des Konzerts ein, der zuvor bloß aus ›Enchanted‹ bestand.

Auch für *Taylor's Version* von *1989* gab es versteckte Hinweise. Als im Oktober 2022 beispielsweise das Musikvideo zu ›Bejeweled‹ Premiere feierte, bemerkten scharfsichtige Fans, dass Taylor mit dem Aufzug drei Stockwerke nach oben fährt, und später noch mal zwei – ein Fingerzeig auf ihr drittes und ihr fünftes Album. Und am Ende des Videos zu ›I Can See You‹ (das erstmals beim Konzert in Kansas City im Juli 2023 gezeigt wurde) fahren unsere Helden auf einer Brücke unter einem Durchfahrtsbegrenzungsschild mit der Aufschrift »1989tv« hindurch. Tatsächlich bestätigte Taylor beim letzten Konzert des ersten US-Tourabschnitts in Los Angeles schließlich die Vermutungen der Fans, indem sie ankündigte, dass *1989 (Taylor's Version)* am 27. Oktober 2023 erscheinen würde. Als finales Easter Egg hatte sie während der Show extra neue, blaue Versionen einiger Bühnenoutfits getragen.

Das *Taylor's Versions*-Projekt, das für Taylor gleichermaßen eine Herzensangelegenheit und eine Frage des Prinzips ist, ist mittlerweile fast abgeschlossen. Während wir auf die nächste entsprechende Ankündigung warten, nehmen wir Taylors neue Musikvideos und Touraufnahmen genau unter die Lupe, um so vielleicht Hinweise darauf zu entdecken, was als Nächstes kommt!

TAYLORMANIA

Die Vorfreude, die Aufregung, der Hype und die schiere Hysterie, die die *Eras*-Tour auslöste, hat es in dieser Größenordnung wahrscheinlich seit Mitte der 1960er Jahre nicht mehr gegeben, als die Beatles auf dem Höhepunkt ihrer Popularität standen. Die »Beatlemania« war damals ein kulturelles Phänomen, bei dem das Publikum regelrecht in einen Rausch verfiel; die Bewunderung und die Leidenschaft der Fans für die »Pilzköpfe« überstiegen alles, was irgendein Prominenter bis dahin erlebt hatte.

Es überrascht nicht, dass in dieser Hinsicht Parallelen zwischen den Fab Four und Taylor Swift gezogen werden. Von der riesigen Nachfrage nach Eintrittskarten über rekordverdächtige Besucherzahlen bis hin zu einer Fanbase, die

LINKS Der 2. Akt des *Eras*-Konzerts ist *Fearless* gewidmet. Hier lässt Taylor ihre berühmte Herz-Geste wiederaufleben, um zu zeigen, wie sehr sie ihre Fans liebt.

»Die Vorfreude, die Aufregung, den Hype und die schiere Hysterie, die die *Eras*-Tour auslöste, hat es wahrscheinlich seit der Beatlemania in den 1960ern nicht mehr gegeben.«

RECHTS Im *Reputation*-Akt tragen die Tänzer einige von Taylors ikonischsten Outfits – eine Hommage an das Musikvideo zu ›Look What You Made Me Do‹.

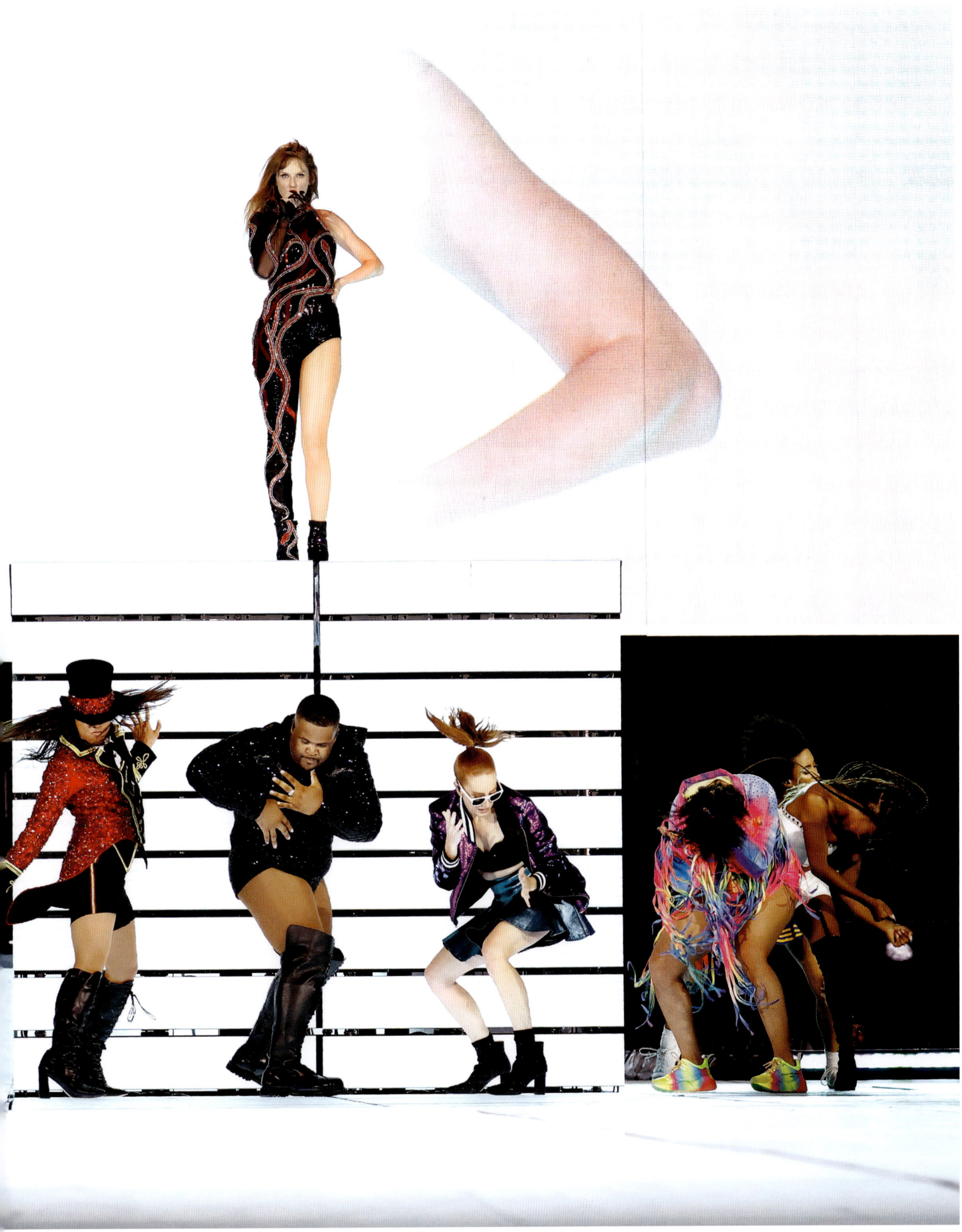

treuer hinter ihrem Idol steht als jede andere, hat Taylors Celebrity-Status dank der *Eras*-Tour noch nie dagewesene Ausmaße erreicht. Die Fans scheuen weder Kosten noch Mühen, um *Eras*-Tickets in die Hände zu bekommen – in den Sozialen Medien konnte man Fotos von Leuten sehen, die gleich mehrere Geräte nutzten, um durch die Warteschlangen der Online-Tickethändler zu kommen, während andere ewig anstanden, um ihre Karten persönlich zu kaufen. Einige Swifties zelteten sogar wochenlang vor den Stadien, in denen die Shows stattfanden, um sicherzugehen, dass sie einen Platz in der ersten Reihe bekamen.

Doch während die Beatles seinerzeit ein metaphorisches Erdbeben auslösten, bringt Taylor die Erde buchstäblich zum Zittern. Bei ihren beiden Shows in Seattle im Juli 2023 maßen Seismologen Aktivität, die mit einem Beben der Stärke 2,3 vergleichbar war, in diesem Falls aber auf das Publikum, das Soundsystem oder beides zurückgeführt wurden. Taylor ist nun mal eine echte Naturgewalt!

Obwohl die *Eras*-Konzerte in riesigen Stadien stattfinden, wollte Taylor den Fans das Gefühl geben, ebenfalls ein Teil der Show zu sein. Hierzu erhält jeder Zuschauer ein leuchtendes LED-Armband, das während der Show in koordinierten Farbmustern pulsiert. Bei ›Look What You Made Me Do‹ im *Reputation*-Akt erzeugen die Armbänder so den Effekt einer riesigen Schlange, die sich durch die Arena windet. Doch diese Hi-Tech-Armbänder sind meist nicht das Einzige, das die Handgelenke der Konzertbesucher ziert, denn die Swifties hatten sich von einer Zeile aus ›Your're On Your Own, Kid‹ inspirieren lassen und fertigen oft eigene Freundschaftsbänder, die sie vor der Show mit anderen Fans tauschen – eine tolle Möglichkeit, um andere Menschen kennenzulernen und sich als Teil der Swiftie-Community zu fühlen!

Doch die intensiven Emotionen, die das Publikum während der *Eras*-Konzerte durchlebt, haben manchmal auch eher bizarre Folgen. Einige Fans berichteten nach den Konzerten von Amnesie – sie hätten zwar einen fantastischen Abend gehabt, könnten sich aber kaum daran erinnern, was eigentlich genau passiert ist. Psychologen zufolge lässt sich dieses seltsame Phänomen vermutlich auf das emotional und sensorisch überwältigende Erlebnis der Show selbst zurückführen, die die Fans an ihre Grenzen bringt, von der Musik über die Choreografien und die Spezialeffekte bis hin zur Suche nach Easter Eggs, die Kameradschaft mit den anderen Besuchern und so weiter. Das alles zu erfassen, ist für unser Gehirn nicht einfach, weswegen manche Eindrücke einfach nicht verarbeitet werden können. Man vermutet, dass die Erinnerungen vieler Swifties wieder zurückkehren könnten, wenn sie sich die Setlist noch einmal anhören. Womöglich könnte aber auch ein zweiter Besuch der *Eras*-Tour ihrem Gedächtnis auf die Sprünge helfen …

RECHTS Im *Folklore*-Akt trägt Taylor ein hinreißendes, fließendes, grünes Kleid, das von Alberta Ferretti entworfen wurde.

UNTEN Während des *Evermore*-Akts verwandelt sich die Bühne in eine verträumte Waldlandschaft, moosbedecktes Piano inklusive.

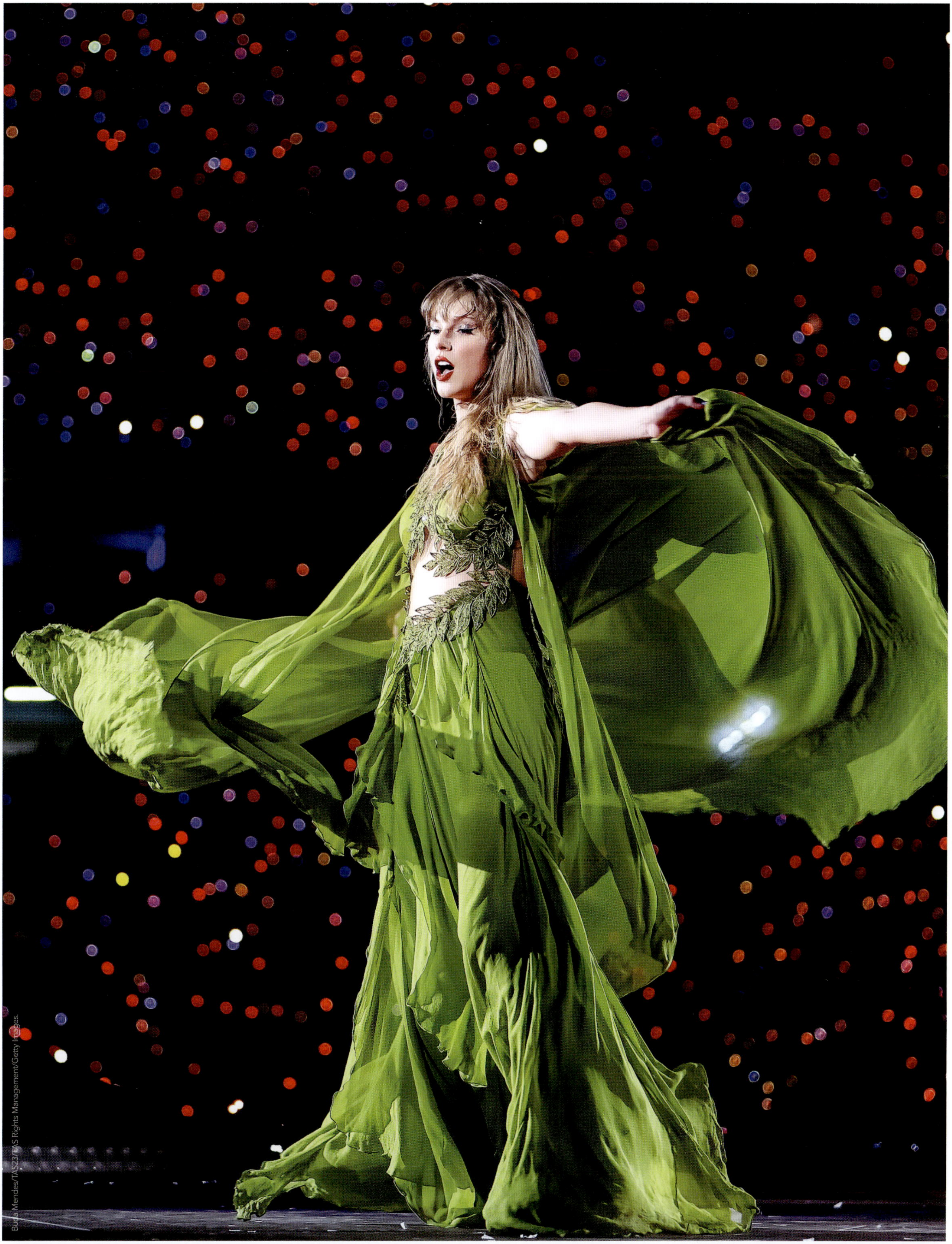

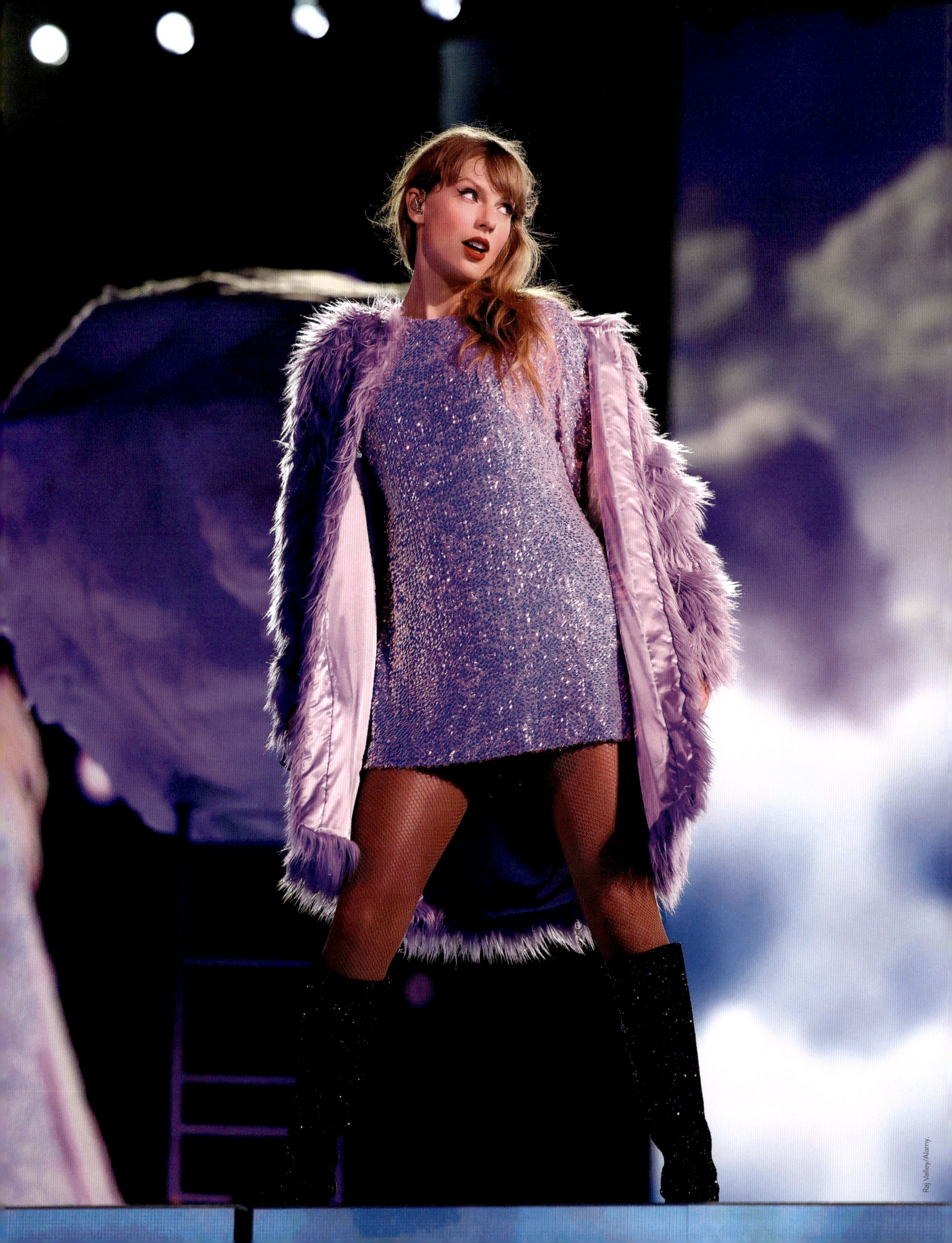

Raj Valley/Alamy.

DER ERAS-KONZERTFILM

Die vielen Millionen Fans, die keine Tickets für die Konzerte ergattern konnten (und die, die da waren, aber schon wieder alles vergessen hatten), waren hocherfreut, als Taylor verkündete, dass Eras auch ins Kino kommen würde. »Die Eras-Tour ist die bedeutsamste, elektrisierendste Erfahrung meines bisherigen Lebens und ich bin überglücklich, euch mitteilen zu können, dass sie bald auch auf der großen Leinwand zu sehen sein wird«, teilte sie in den Sozialen Medien mit.

Taylor Swift: The Eras Tour wurde bei den drei Konzerten in Los Angeles während des ersten US-Abschnitts der Tournee aufgenommen und bietet den Zuschauern ein einzigartiges Erlebnis, da hier Augenblicke aller drei Shows miteinander kombiniert wurden. Taylor wählte bei der Veröffentlichung einen ungewöhnlichen Ansatz, da sie den Konzertfilm in den USA nicht von einem Studio vertreiben ließ, sondern einen Deal mit der Kinokette AMC Theatres schloss. Dies erlaubte es ihr, die Eintrittspreise selbst zu bestimmen (symbolische 19,89 $ pro Ticket oder Snacks und Getränke für 13,13 $, in Anlehnung an Taylors Glückszahl). Außerdem konnte sie so festlegen, wann der Film gezeigt wurde. So etwas hatte es bis dahin noch nie gegeben und demonstriert einmal mehr die unglaubliche Starpower, die es Taylor erlaubt, die Industrie aufzumischen, den Status Quo in Frage zu stellen und ihren eigenen Weg zu gehen.

Am 11. Oktober 2023 wurde der Freiluft-Einkaufskomplex The Grove in L. A. für die Premiere von Eras abgeriegelt und Tausende Swifties drängten sich am Straßenrand in der Hoffnung, Taylor zu sehen. Sie nahm sich beim Gang über den Roten Teppich viel Zeit, um Autogramme zu geben und Fotos mit den Fans zu machen. Außerdem besuchte sie alle 13 Kinosäle des Grove, in denen der Film lief – im Publikum saßen Journalisten, Promis, das Eras-Team und eigens eingeladene Fans –, und hielt vor der Vorführung eine dreiminütige Ansprache, bevor die Lichter gedämpft wurden. »Ich glaube, die Fans ... und die Tänzer, ihr alle ... werdet sehen, dass ihr eine der Hauptfiguren in diesem Film seid«, sagte sie. »Ich liebe euch so sehr. Ich weiß wirklich zu schätzen, dass ihr heute Abend hier seid. Dies ist eine unvergessliche Erinnerung für mich und ihr seid ein Teil davon.«

Genau wie die Tour selbst brach auch der Film jede Menge Rekorde. Taylor Swift: The Eras Tour übertrumpfte Justin Bieber: Never Say Never und wurde zum erfolgreichsten Konzertfilm aller Zeiten. In nur drei Stunden hatte er außerdem den Rekord für die meisten Ticketvorverkäufe in der Geschichte der Kinokette AMC gebrochen. Tatsächlich konnten sich diese Vorverkäufe sogar mit Blockbustern wie Avengers: Endgame und Star Wars: Das Erwachen der Macht messen. Weltweit spielte der Film in den Lichtspielhäusern über 250 Millionen US-Dollar ein, und das, obwohl er immer bloß von Donnerstag bis Sonntag gezeigt wurde.

LINKS Die letzte Ära der Show ist Midnights gewidmet und wird vom verträumten ›Lavender Haze‹ eingeläutet.

OBEN Taylor auf dem Roten Teppich bei der Weltpremiere des Konzertfilms Taylor Swift: The Eras Tour (Oktober 2023).

Allerdings hatte Taylor auch gute Nachrichten für alle, die *Eras* im Kino verpasst haben (und für die Millionen Fans, die den Film wieder und wieder sehen wollen), denn bald darauf kündigte sie eine längere Version des Films als Video-on-Demand an. Diese »Extended Version« enthält drei zusätzliche Songs – ›Wildest Dreams‹, ›The Archer‹ und ›Long Live‹ –, die in der Kinoversion fehlten, um die Laufzeit zu straffen. Der Film erschien am 13. Dezember 2023 online in den USA und in Kanada (ein passendes Geschenk zu Taylors 34. Geburtstag) und wenig später auch im Rest der Welt.

SWIFTONOMICS

Im Gegensatz zu Taylors Befürchtung, man würde sie für ein Monster halten, »das unaufhaltsam auf eure Lieblingsstadt zustapft«, ist ein Besuch von Taylor Swift immer ein Grund zum Feiern – und zwar nicht nur für Swifties. Denn große Namen ziehen noch größere Zuschauermengen an, und die können die lokale Wirtschaft gehörig ankurbeln.

Denn hier geht es nicht bloß um die Ticketverkäufe. Für viele Swifties ist die *Eras*-Tour ein einmaliges Erlebnis, das sie wie einen Urlaub angehen. Die Fans reisen an, buchen Hotelzimmer und Unterkünfte, gehen essen, kaufen Merchandise und so weiter. So fließt ein gewaltiger Geldbetrag in die jeweilige Region. Laut TIME belaufen sich die Ausgaben »normaler« Konzertbesucher im Schnitt auf das Dreifache des Ticketpreises. Gibt also jemand 100 US-Dollar für ein Ticket aus, kommen nochmal 300 US-Dollar für das ganze Drumherum obendrauf. Bei der *Eras*-Tour hingegen liegt das Verhältnis bei 1.300 bis 1.500 US-Dollar pro 100 US-Dollar-Ticketkosten.

Die Tourismuszentrale von Cincinnati, Ohio, schätzt, dass die beiden *Eras*-Konzerte dort dank der Anreise von 120.000 Fans für die Stadt Einnahmen von rund 90 Millionen US-Dollar bedeuteten. Und als Taylor in Glendale, Arizona, auftrat, spülte *Eras* bereits am ersten Abend mehr Geld in die Kassen der örtlichen Geschäfte als der Super Bowl, der ein paar Monate zuvor im selben Stadion stattgefunden hatte.

»Hier geht es nicht nur um Musik oder um Storytelling oder eine Marke«, erklärte Dan Egan von Betterment (einer US-amerikanischen Finanzberatungsgruppe) gegenüber der BBC. »Taylor ist die Pionierin eines neuen Wirtschaftsmodells. Die Städte leiden unter chronischem Geldmangel und der wirtschaftliche Effekt, den Taylor Swift mitbringt, verschafft ihnen zusätzliche Mittel, um in die öffentliche Infrastruktur, den Verkehr, die Sicherheit und die Stadtplanung zu investieren.«

Im Juni 2023 schätzte das Marktforschungsinstitut Question Pro, dass die *Eras*-Tour für die US-Wirtschaft Verbraucherausgaben von knapp fünf Milliarden US-Dollar generiert hat, was umso beeindruckender ist, wenn man bedenkt, dass

LINKS Taylor und ihre fantastischen Background-Sängerinnen. Von links nach rechts: Jeslyn Gorman, Melanie Nyema, Taylor, Kamilah Marshall und Eliotte Nicole.

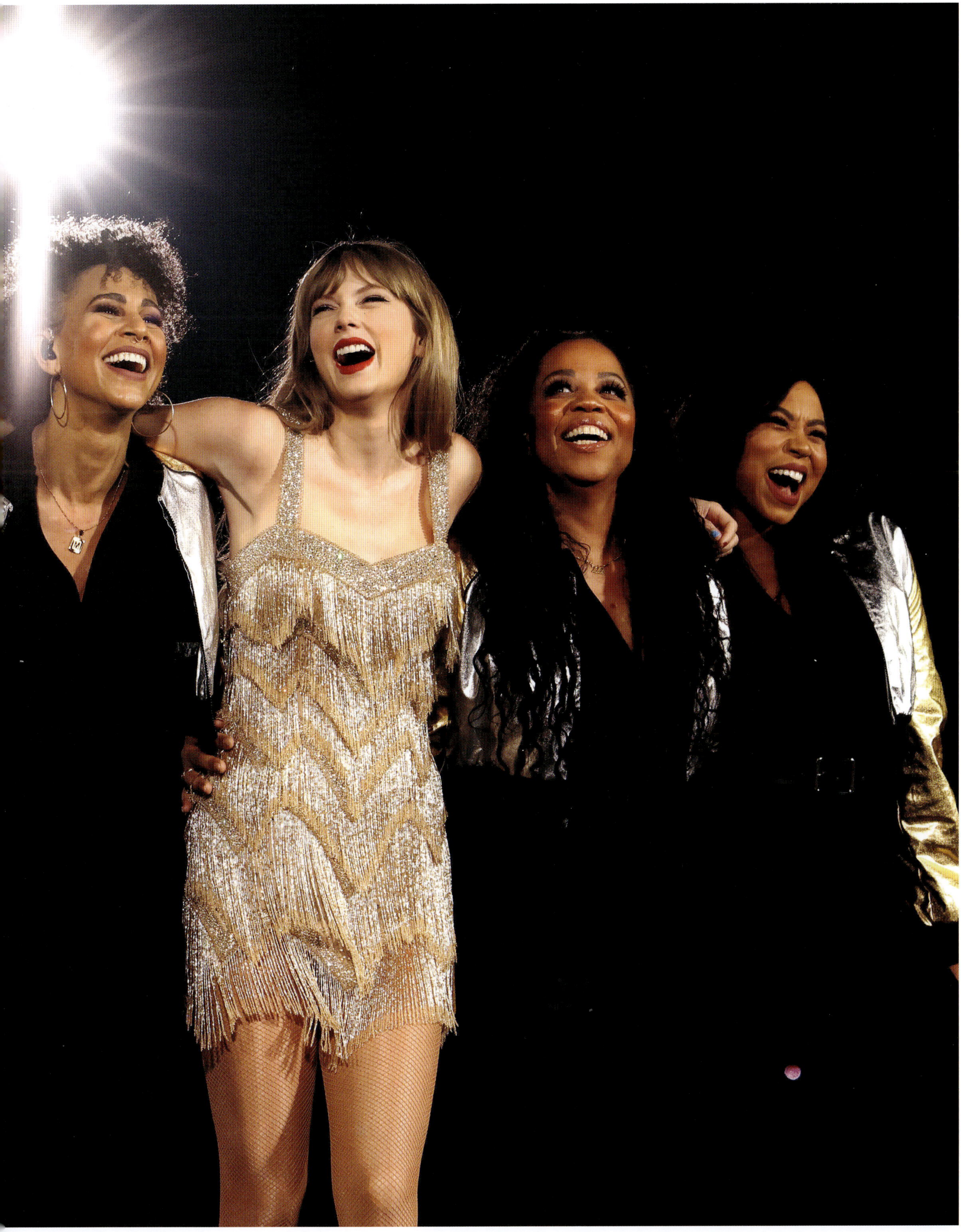

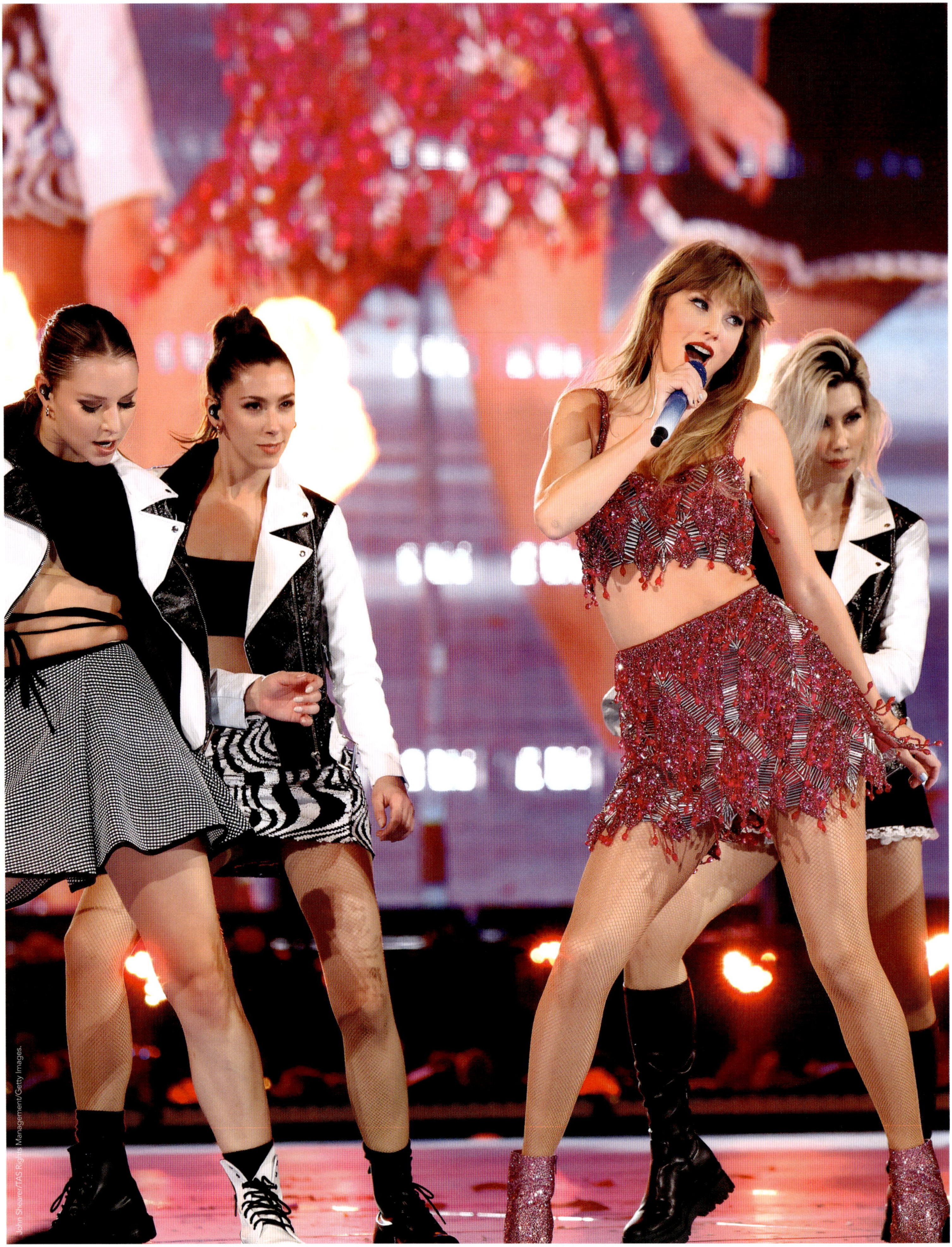

ERAS & DIE ZUKUNFT

»Zweifellos fragen sich die Fans, wohin Taylor ihre nächste Ära führt ...«

Taylor zu diesem Zeitpunkt gerade mal seit vier Monaten auf Tour war. Um diese Zahlen besser verständlich zu machen, erklärte der Vorsitzende von Question Pro, Dan Fleetwood: »Wäre Taylor Swift eine Staatswirtschaft, wäre sie stärker als die von 50 anderen Ländern zusammen.«

Keine Frage: Die Tour ist finanziell ein Megaerfolg. Zur Halbzeit der 140 geplanten Konzerte berichtete das Live-Musik-Magazin *Pollstar*, dass *Eras* bereits den bisherigen Rekordhalter, die 330 Shows umfassende *Farewell Yellow Brick Road*-Tour von Elton John, überflügelt hatte und zur erfolgreichsten Tournee der Geschichte avanciert war. Außerdem ist *Eras* die erste Tour überhaupt, die über eine Milliarde US-Dollar eingespielt hat.

Doch nicht nur die Wirtschaft profitiert von dieser Mega-Tournee. Im Oktober 2023 berichtete *Forbes*, dass Taylor – mit gerade mal 33 Jahren – in den Club der Milliardäre aufgestiegen ist. Ihr Vermögen wird auf 1,1 Milliarden US-Dollar geschätzt, wovon ungefähr die Hälfte aus Musiktantiemen und Tourneen stammen soll. Beispielsweise brachten ihr die Konzerte des ersten Abschnitts der *Eras*-Tour in Nordamerika abzüglich Steuern fast 200 Millionen US-Dollar ein. Hinzu kommen 35 Millionen US-Dollar für den Film *Taylor Swift: The Eras Tour* – und das allein in den ersten beiden Wochen! Weitere 500 Millionen US-Dollar ihres Vermögens verdankt sie ihren älteren Alben, deren Wert durch die Neuaufnahmen nochmals beträchtlich gestiegen ist.

Was Taylors Erfolg noch beeindruckender macht, ist laut *Forbes* die Tatsache, dass sie diesen finanziellen Meilenstein als erste Künstlerin überhaupt – egal, ob männlich oder weiblich – nur durch ihre Musik und ihre Live-Performances geknackt hat. Andere Musiker im Club der Milliardäre verdanken einen Großteil ihres Wohlstands lukrativen Geschäften und Investitionen außerhalb der Musikindustrie, beispielsweise Rihannas Fenty Beauty oder Jay-Zs Champagnermarke Armand de Brignac.

Doch Taylor wäre nicht Taylor, wenn sie nicht auch Wege gefunden hätte, ihren Fans während ihrer Tournee etwas zurückzugeben. In jeder US-amerikanischen Stadt, die sie mit der *Eras*-Tour besuchte, ließ sie den lokalen Tafeln eine Spende zukommen. Dabei ging es ihr nicht um Publicity, denn sie selbst verlor darüber kein Wort. Vielmehr wandten sich mehrere der bedachten Hilfsorganisationen an die Presse oder nutzten die Sozialen Medien, um Taylor für ihre großzügige Unterstützung zu danken.

Wie *TMZ* und *ET* im August 2023 berichteten, hatte Taylor allen Fahrern, die während der ersten US-Etappe der *Eras*-Tour für sie arbeiteten, jeweils einen Bonus in Höhe von 100.000 US-Dollar ausbezahlt – summa summarum belief sich die Gesamtsumme auf fünf Millionen US-Dollar. Mike Scherkenbach, dessen Transportunternehmen schon an mehreren von Taylors Tourneen beteiligt war, verriet, dass allein schon dieser Bonus das Zehnfache dessen ist, was ein Fahrer für seine Dienste ganz regulär von einem so berühmten Künstler erhält. »Taylor hat diesen Leuten eine Summe geschenkt, die ihr Leben verändert«, so Scherkenbach gegenüber dem *Rolling Stone*. »Viele der Fahrer haben kein eigenes Haus, aber jetzt haben sie die Möglichkeit, eine Anzahlung für ein Eigenheim zu leisten. Das macht mich unglaublich glücklich. Diese unfassbar großzügige Geste ändert für viele dieser Menschen alles.«

UND WIE GEHT'S WEITER ...?

Momentan sind nur zwei von Taylors früheren Alben noch nicht als Neuaufnahme erschienen: *Taylor Swift* und *Reputation*. Es wird darüber spekuliert, dass sie sich diese beiden Platten ganz bewusst bis zum Schluss aufgehoben hat – und dass sie sie womöglich sogar gleichzeitig veröffentlichen wird –, um so im wahrsten Sinne des Wortes ihren Namen (*Taylor Swift*) und ihren Ruf (*Reputation*) zurückzufordern. Das wäre in jedem Fall ein passender, symbolträchtiger Abschluss des Projekts »Taylor's Versions«. Ob an dieser Vermutung tatsächlich etwas dran ist, wird die Zeit zeigen. Doch so oder so können wir uns kaum vorstellen, was für eine Erleichterung es für Taylor persönlich sein muss, dieses ehrgeizige Vorhaben allen Widrigkeiten zum Trotz zu vollenden. Dann gehören ihr endlich die Master-Aufnahmen all ihrer Songs und sie wird wieder die Kontrolle über ihre ganze Musik haben.

Mindestens bis Dezember 2024 wird Taylor zudem weiterhin mit der *Eras*-Tour unterwegs sein und Konzerte in Südamerika, Asien, Ozeanien und Europa spielen, bevor sie für ihre letzten Konzerte nach Nordamerika zurückkehrt. Doch schon lange, bevor bei der allerletzten Show schließlich der Vorhang fällt, werden die Fans sich fragen, wohin sie wohl ihre nächste Ära führt. Das heißt, sofern sie ihr elftes Album nicht bereits während ihrer Mammuttour veröffentlicht. Denn wie wir alle wissen, ist Taylor niemand, der sich auf seinen Lorbeeren ausruht. Eine globale Pandemie wäre der perfekte Vorwand gewesen, um sich eine wohlverdiente Auszeit zu nehmen, doch stattdessen hat Taylor während der Lockdowns 2020 nicht bloß ein, sondern gleich zwei Alben

LINKS Das achte Set der *Eras*-Konzerte wird von *1989* bestimmt und besticht mit energetischen Tanzchoreografien, Feuereffekten und Pyrotechnik.

produziert. Wenn die Muse sie küsst, ist ihre Kreativität nicht zu bremsen, Welttournee hin oder her. Außerdem wurde sie im Herbst 2023 mehrmals in den Electric Lady Studios in New York gesehen. Gut möglich, dass ihre Besuche dort ihren nächsten Neuaufnahmen galten, doch vielleicht beginnt Taylors nächste Ära auch schon viel früher, als wir denken. Sollte sie hingegen beschließen, sich doch mal einen langen Urlaub zu gönnen, hat sie natürlich ebenfalls unsere volle Unterstützung – wenn es jemand verdient hat, ein bisschen die Füße hochzulegen, dann Taylor!

Abgesehen von ihren Musikprojekten ist bereits bekannt, dass sie in nächster Zukunft auch wieder auf dem Regiestuhl Platz nimmt: Im Dezember 2022 wurde offiziell angekündigt, dass sie bei einer Produktion von Searchlight Pictures (dem Studio hinter Oscar-Gewinnern wie *Nomadland* und *The Shape of Water*) ihr Debüt als Spielfilm-Regisseurin geben wird. Die Präsidenten von Searchlight, David Greenbaum und Matthew Greenfield, erklärten hierzu in einem Statement: »Taylor ist eine Künstlerin und Geschichtenerzählerin, wie es sie in jeder Generation nur einmal gibt. Es ist uns eine große Freude und ein Privileg, mit ihr zusammenzuarbeiten, wenn sie zu dieser aufregenden neuen kreativen Reise aufbricht.«

Über Story oder Besetzung des Films wurde bislang zwar noch nichts verlautbart, aber Taylor hat durch viele Musikvideos und *All Too Well: The Short Film* bereits bewiesen, dass sie eine talentierte Regisseurin ist. Falls bei diesem neuen Projekt alles gut läuft, könnte sie Hollywood als weitere Spielwiese für ihre faszinierenden Geschichten erweisen.

Und darüber hinaus ... Wer weiß?

Taylor hat ein Talent dafür, uns mit Dingen zu überraschen, die nicht mal die aufmerksamsten, scharfsichtigsten Swifties kommen sehen. Angesichts ihrer Liebe für Broadway-Aufführungen, die sich in ihren spektakulären Bühnenshows widerspiegelt, besteht vielleicht die Möglichkeit, dass Taylor eines Tages ein Musical schreibt. Wir wären jedenfalls die Ersten, die sich für Tickets anstellen, keine Frage!

Und warum gehen wir überhaupt davon aus, dass Taylor sich immer nur auf Musik und Film beschränkt? Sie ist eine der einflussreichsten Personen der Welt, intelligent und redegewandt, eine leidenschaftliche Aktivistin mit Geschäftssinn ... Womöglich wird Taylor ja eines Tages Präsidentin Swift? Schließlich ist schon Seltsameres passiert. Ausschließen kann man bei Taylor gar nichts.

Taylor besitzt die außergewöhnliche Gabe, sich den Erwartungen der Kritiker zu entziehen und die ihrer Fans zu übertreffen. Angesichts ihrer Arbeitsmoral und Kreativität sind ihrer Karriere praktisch keine Grenzen gesetzt. Und was immer die Zukunft auch für Taylor bereithält, wir werden bei jedem Schritt ihres Weges hinter ihr stehen.

—✦—

OBEN & RECHTS Taylors Debütalbum hat bei der *Eras*-Tour zwar kein eigenes Kapitel, aber während des Akustik-Sets spielt sie oft Songs von *Taylor Swift*. Bei jedem Konzert spielt sie zwei Überraschungslieder, eines auf der Gitarre, eines am Piano, die sich von Konzert zu Konzert unterscheiden.

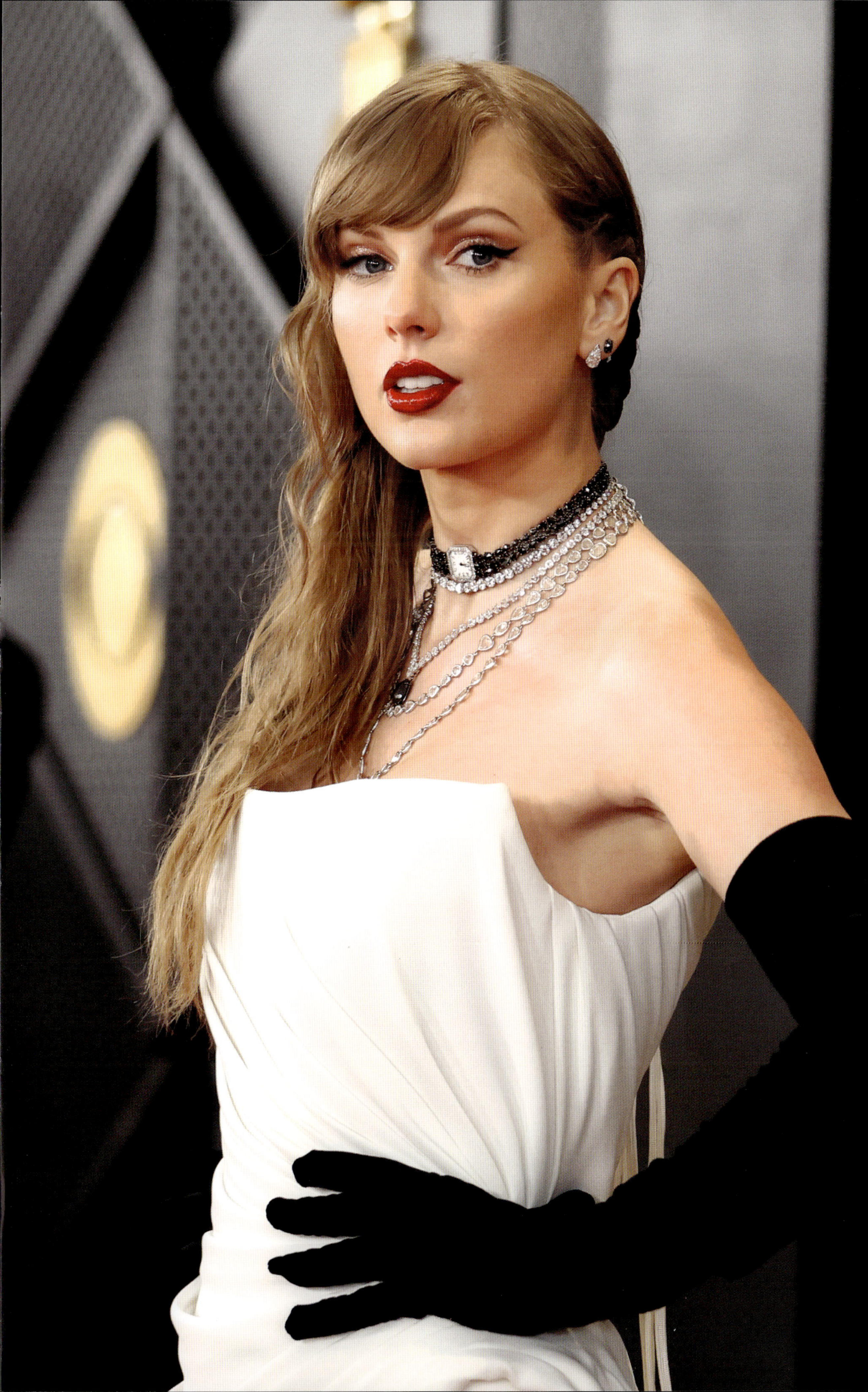

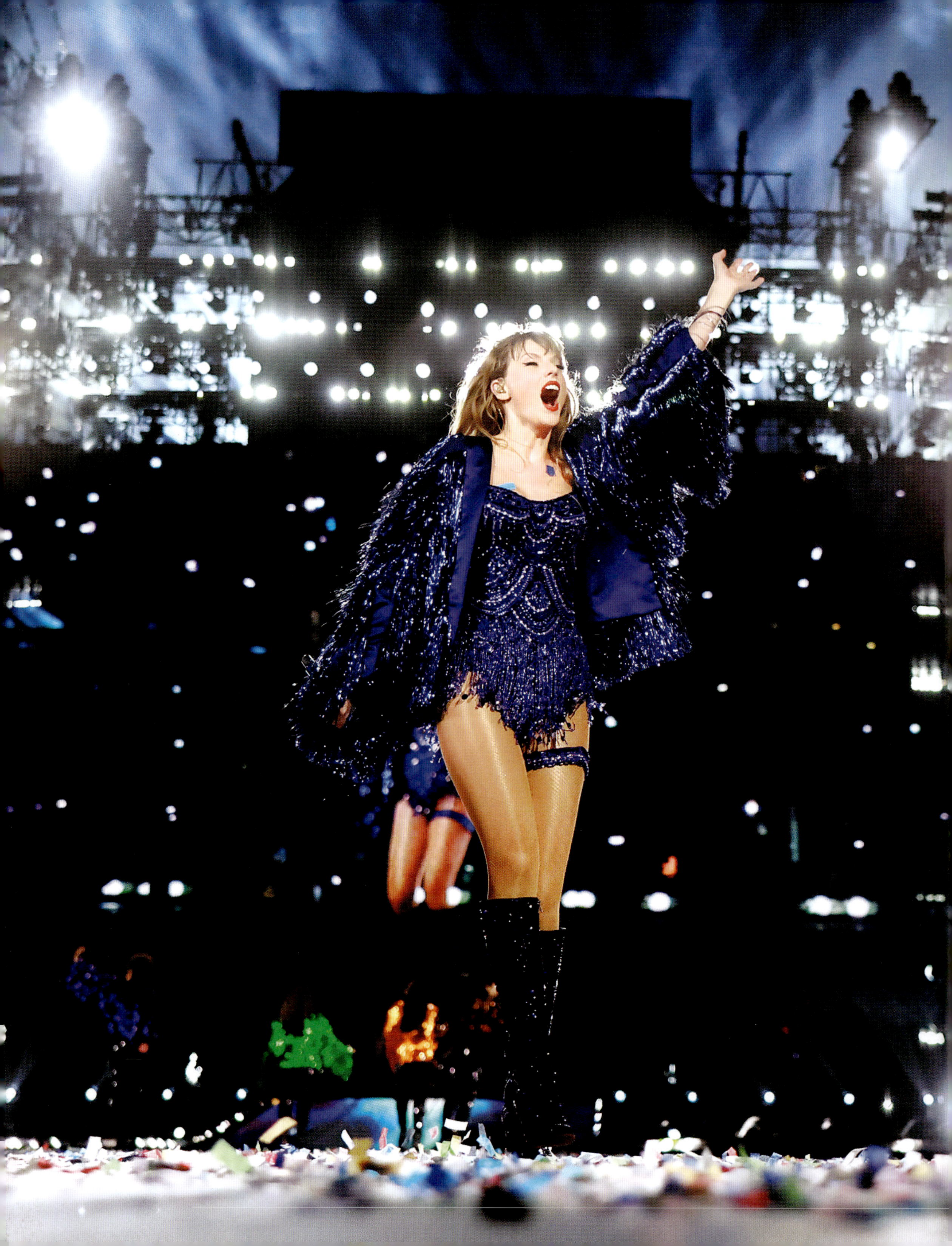

»Ganz egal, was im Leben passiert, seid gut zu den Menschen. Gut zu anderen zu sein, ist das schönste Vermächtnis, das man hinterlassen kann.«

LINKS Beim großen Finale spielt Taylor ›Karma‹. Die Show endet mit feierlicher Atmosphäre, Konfetti und einem Feuerwerk.